Words Preview

KB264764

Words Preview

strength 힘
effect 효과
blocker 방해물, 차단제
signal 신호
mental 정신의
physical 신체의
exhaustion 피로
as opposed to ~이 아니라, ~와는 대조적으로
take up ~을 차지하다
significant 상당한
limited 제한된
attention 주의 (집중), 주목
reaction 반응
lose track of ~을 놓치다[잊다], ~와 접촉이 끊어지다
situation 상황
colour 색을 입히다
impression 인상

Reading 10

merely 단지, 그저
down time 휴식 시간, 가동되지 않는 시간
in a rush 허겁지겁, 서둘러
responsibility 책임
cut back on ~을 줄이다
research 연구
reveal 밝히다
a number of 많은
carry out ~을 수행하다
maintain 유지하다
enable ~할 수 있게 하다
function 기능하다
at one's best 최상의 수준으로
form 형성하다
pathway 경로
insight 통찰
focus 정신을 집중하다
pay attention 주의를 기울이다
respond 반응하다
lack 부족
cause 일으키다
evidence 증거
risk 위험
develop 발생시키다

Reading 11

payment 지불
similarly 마찬가지로, 비슷하게
bill 청구서
employ 이용하다, 쓰다
illusion 환상
shifting 이동
relieve 경감시키다, 덜다
desire 욕망, 욕구
perceive 인식하다, 지각하다
value 가치

Reading 12

capacity 능력
disconnect 단절
have trouble -ing ~하는 데 어려움이 있다
struggle 애쓰다, 노력하다
talk around 둘러서 말하다
rationalize 합리화하다
obviously 분명히
personality 성격
competence 능력
rationally 이성적으로

Reading 13

reflective 성찰적인
journal 일기를 쓰다
spring break (학교의) 봄방학
value 가치
positive 긍정적인
result 결과
focus on ~에 집중하다
former 전자의
confident 자신감 있는
deal with ~을 다루다, 처리하다
latter 후자의
support 지지하다, 지탱하다
gain 얻다, 획득하다
meaningful 의미 있는

Reading 14

electric 전기의, 전기를 이용하는
offer 제공하다
expect 기대하다
cruise (천천히) 달리다[돌아다니다]
share (남에게) 이야기하다, 공유하다
departure 출발
original 원래의
accessibility 접근 가능성
service animal 도우미 동물
disabled 장애의, 불편한
additional 추가의
minimum 최소한의
infant 유아
cancel 취소하다
due to ~ 때문에, ~에 기인하는
refund 환불

Reading 15

code 코딩하다, 부호화하다
requirement 자격, 필요조건
design 계획하다, 설계하다
development 개발
cost 비용
apply 신청하다, 지원하다
sign up for ~을 신청하다
registration form 등록 신청서
preparation 준비(물)

Reading 16

learning materials 학습자료
age group 연령 집단
notably 특히, 현저히
gap 차이, 간격

Reading 17

Caribbean 카리브해의
colony 식민지
descendant 후손
slave 노예
customs 세관
volunteer for ~에 자원입대하다, 지원하다
medicine 의학, 약
treat 치료하다
mental 정신의
publish 출판하다
resign 사임하다
government 정부
independence 독립
movement 운동
develop (병·문제가) 생기다
cancer 암
argue for ~에 찬성론을 펴다, 지지하다

Reading 18

diagnose 진단하다
syndrome 증후군
socialize 사회화하다
climate change 기후 변화
vegan 채식주의자
refuse 거부하다
carbon footprint 탄소 발자국(온실 효과를 유발하는 이산화탄소의 배출량)
skip 빼먹다, 거르다
parliament 의회
strike 파업
protest 항의하다; 시위, 항의
catch the attention of ~의 관심[주의]을 끌다
icon 우상, 상징, 아이콘

Reading 19

known for ~로 알려진
research 연구
return 돌아오다
prosper 번창하다
devote 쏟다, 바치다
grind 갈다
tiny 아주 작은
object 물체, 물건
Dutch 네덜란드어
unusual 드문
curiosity 호기심
endless 끝없는
come in handy 도움이 되다, 쓸모가 있다
microscope 현미경

pay attention to ~에 주의를 기울이다
observation 관찰
hire 고용하다
describe 설명하다

Reading 20
feed 먹이를 주다, 먹이다
call it a day 일과를 끝내다
on the way back to ~로 돌아가는[돌아오는] 길에
ahead of ~보다 앞서
well 우물
opening 구멍, 틈
weak 약한
fall in ~에 빠지다
immediately 즉시
barely 거의 ~ 아닌
race 급히[쏜살같이] 가다

Reading 21
stiff 경직된, 뻣뻣한
slip 살짝 건네다
typewritten 타자로 친
discharge 퇴거, 내보냄
awkward 어색한
hallway 복도
feel like -ing ~하고 싶다
cheerily 씩씩하게
run over ~을 치다
diagnose 진단하다
terminal illness 불치병

Reading 22
finalist 최종 입상 후보자
including ~을 포함하여
principal 교장
present 수여하다
academic 학업의
award 상
row 열, 줄
gather 모이다
wipe 닦다
sweaty 땀에 젖은
handkerchief 손수건
pale 창백한
uneasy 불안한
rank 평가하다, 순위[등급]를 매기다
confidence 자신감
applause 박수갈채

Reading 23
imagination 상상력
expand 확장하다
context 맥락
precisely 구체적으로

explore 탐구하다
pleasurable 즐거운
perspective 시각
currently 현재, 지금
direct 방향을 맞추다
meaningful 의미 있는
influence 영향을 미치다
impact 영향

Reading 24
drip (액체가) 똑똑[방울방울] 떨어지다
tap 수도꼭지
tick (시계 등이) 똑딱거리다
circumstance 상황, 사정
mind 상관하다, 신경을 쓰다
naturally 당연히, 물론
play a trick on ~을 속이다
annoying 짜증나는, 귀찮은
irritation 짜증
unbearable 참을[견딜] 수 없는
be capable of ~할 수 있다
attend to ~에 주의하다
framing 프레이밍, 짜 맞추기, 구성

Reading 25
morals 도덕, 윤리(학)
performance 연주
necessarily 반드시
accomplished 숙달된
tragic 비극적인
in nature 사실상
somehow 어떻게든
uplift 고양시키다
on the other hand 반면에
doubtful 미덥지 못한
character 사람, 등장인물
composer 작곡가
show off 과시하다, 자랑하다
communicate 전달하다
honestly 정직하게

Reading 26
filmmaker 영화 제작자
expense 필요 경비로 취급하다; (필요) 경비
entire 전체의
economic 경제의
related 관련된
earn 벌다
estimate 추산하다
box office 매표소
stationery 문구류
originally 원래, 본래
release 개봉하다
domestic 국내의
situation 상황
demonstrate 보여 주다, 실증하다
properly 적절히

match 조화시키다, 맞추다

Reading 27
artificial 인공의
expose 노출시키다
on average 평균적으로
associated with ~과 연관된
obesity 비만
prove 입증하다
disrupt 방해하다
upset 어지럽히다
hormone 호르몬
stimulation 자극
noticeable 눈에 띄는
potential 가능한, 잠재적인
remove 제거하다
unwanted 원치 않는
source 원천

Reading 28
rub 비비다
friction 마찰(력)
force 힘
surface 표면
slide 미끄러지다
opposite to 반대편의
direction 방향
amount 양
material 물질
produce 발생시키다
slip 미끄러지다
grip 붙잡다

Reading 29
reserve (~을 위해 따로) 준비하다
accept 받아들이다
console 위로하다
excel 뛰어나다
individual 개별적인
political 정치적인, 정치와 관련된
enabler 조력자, 남을 도와준다고 생각하지만 실제로는 남을 망치는 사람
alike 둘 다, 똑같이
barely 거의 ~ 않는
dismiss 묵살하다
declare 선언하다

Reading 30
contribute to ~에 기여하다
provide 제공하다
medium 수단
develop 개발하다
exhibit 나타내다
innovative 혁신적인
display 드러내다, 보이다
taste 취향
represent 드러내다
link 연결하다

Words Preview

sociable 사교적인
aspect 측면
along with ~과 함께, ~에 덧붙여
opportunity 기회
identity 정체성

instruct 지시하다
crew 선원
stuff (틈을) 막다
concentrate 집중하다
distract 주의를 산만하게 하다

Reading 38
journey 여정, 여행
shorten 줄이다
misery 비참함
impatience 조급함
judgment 비난, 비판
frustration 좌절
anger 분노
shift 바뀌다
unknowingly 무심코
cut off 끼어들다
in traffic 차량 흐름에서
splash (액체류를) 튀기다
pen (글을) 쓰다
review 후기
miserable 비참한
pool 수영장
statement 진술
deny 부정하다

Unit 12 빈칸 완성하기 1 (단어)

Reading 31
evolve 진화하다
species 종(種)
development 발달
attention 주의
point at ~을 가리키다
object 물체
gaze at ~을 응시하다
conscious 의식적인
overhear (몰래) 엿듣다
parental 부모의
conversation 대화

Reading 32
generalization 일반화
specific 구체적인
humanize 인간미 있게 만들다
fine 훌륭한
main character 주인공
up front 대놓고
heroic 영웅적인, 대담한
brave 용감한
tragic 비극적인
detailed 세밀한
engaging 마음을 끄는

Unit 14 밑줄 친 부분 파악하기

Reading 35
myth 신화
punish 처벌하다
near ~에 가까이 가다
seek 찾다, 추구하다
guidance 안내(자), 지침
removed 동떨어진
organization 조직
straightforward 간단한
monotonous 단조로운
in solitude 혼자서, 외로이
despite ~에도 불구하고
pressure 압박
opportunity 기회
reward 보상
earn 얻다
deserve 마땅히 ~을 받을만하다

Reading 36
psychology 심리학
professor 교수
raise 들어올리다
management 관리
principle 원리
absolute 절대적인
straight 계속
severe 심각한
nod 끄덕이다
agreement 동의

Unit 16 복합 문단 독해하기

Reading 39
china 도자기
linen 침구류
rapidly 빠르게
auctioneer 경매인
weather-beaten 햇볕에 거칠어진
additional 추가적인
request 요청, 요청하다
pull out ~을 꺼내다
handkerchief 손수건
rub 문지르다
pluck (현을) 뜯다[퉁기다]
string 줄
out-of-place 자리에 맞지 않는
object 물건
compose oneself 마음을 가라앉히다
proceeding 행사
in tune with ~과 가락을 맞춘, ~과 조화된

Unit 13 빈칸 완성하기 2 (표현이나 문장)

Reading 33
spend (시간 등을) 쓰다, 보내다
cause 유발하다
lack 부족, 결핍; 부족하다, ~이 없다
in order to ~하기 위해
waste 낭비
genuine 진짜의
except ~을 제외하고
task 과업
depend on ~에 달려 있다
valuable 귀중한
focus on ~에 초점을 맞추다

Reading 34
be interested in ~에 관심이 있다
contract 계약
tip 조언
myth 신화
captain 선장
victim 희생자
irresistible 저항[거부]할 수 없는
otherwise 그렇게 하지 않으면
resist 저항하다

Unit 15 장문 독해하기

Reading 37
describe 묘사하다
break out 발생하다
survive 살아남다
conventional 전통적인, 통상적인
sensible 합리적인
general 장군
unify 통합하다
uncertain 분명하지 않은
shift 움직이다, 이동하다
practical 실질적인
dimension 측면
complicated 복잡한
motive 동기
direction 방향
inadequate 부적절한
indicate 가리키다

Reading 40
granddad 할아버지
playground 운동장
surround 둘러싸다
completely 완전히
ignore 무시하다
make fun of ~을 놀리다
lean against ~에 기대다
fence 울타리
exhausted 지친
make arrangements for ~을 위해 준비하다
judge 판단하다
exclaim 소리치다
reply 대답하다
spot 발견하다

Reading ∞ master 중등

수능 plus 내신

Level 3

◀ **WRITERS** ▶

오건석 조금희 차민경 류은정 신채영 이진옥

◀ **STAFF** ▶

발행인 정선욱
퍼블리싱 총괄 남형주
개발·기획 김태원 박하영
디자인 김정인 차혜린
유통·마케팅 서준성 김지희
제작 김한길 김경수

Reading master 중등 **Level 3** 202306 제2판 1쇄 202507 제2판 5쇄

펴낸곳 이투스에듀(주) 서울시 서초구 남부순환로 2547
고객센터 1599-3225
등록번호 제2007-000035호
ISBN 979-11-389-1414-7 [53740]

기본 독해부터 수능 독해까지 한번에 완성

Reading master 중등

수능+내신

"한 권의 독해서로 독해 기본기도 쌓고,
수능식 영어 지문 독해까지 할 수는 없을까?"

Reading master 중등은 이와 같은 고민으로 태어났습니다.

수능 경향을 담되,
어휘 및 문장 구조는 중등 수준에 맞는 지문으로 구성하였습니다.

Level별로 단어 수와 렉사일 지수로 중등 난이도를 적용하며
수능 영어식 지문과 문제로 구성하여
Reading master 중등 한 권으로
'영어 독해'를 완성하도록 담아냈습니다.

Level 1	Level 2	Level 3
Words: 120-140 Lexile: 500-700	Words: 140-150 Lexile: 700-900	Words: 150-160 Lexile: 800-1000

* LEXILE® measures(렉사일 지수)는 MetaMetrics® 라는 미국 교육연구소에서 개발한 가장 공신력 있는 읽기 지수입니다.

How to Study

Step 1

독해의 기본을 위한
Reading Key

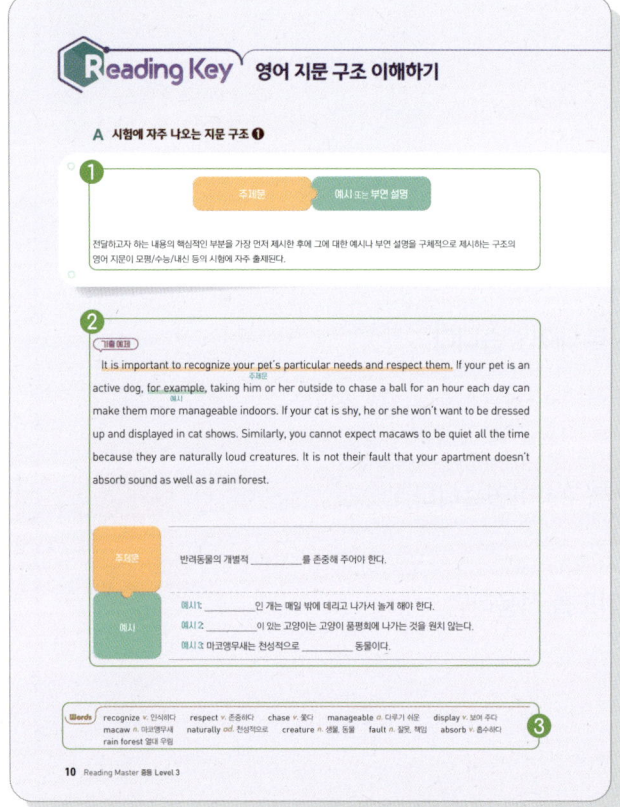

Step 2

수능 유형의 대표 문제 + 내신형 문제로
독해 실력 완성

---

❶ 도식화로 확인하고 간략한 설명으로 이해하는 독해 비법

❷ 각 레벨 수준에 맞게 응용된 교육청·평가원 모의평가 및 수능 기출 문제로 핵심 독해 스킬 습득

❸ 독해 지문 속 어휘 실력 강화

---

❶ 수능 유형의 대표 문제 제시

❷ 원어민의 지문 음원 QR 코드 제시

❸ 어떤 부분에 지문 이해의 중점을 두어야 하는 지 Mini Quiz를 통해 가이드

❹ 문제 해결을 위한 다양한 독해 전략과 Reading 비법을 제공

❺ 독해 유형별 지문에 적용되는 Reading Skill 연습으로 글의 구조 분석

Workbook으로
내신 대비 및 직독직해 연습

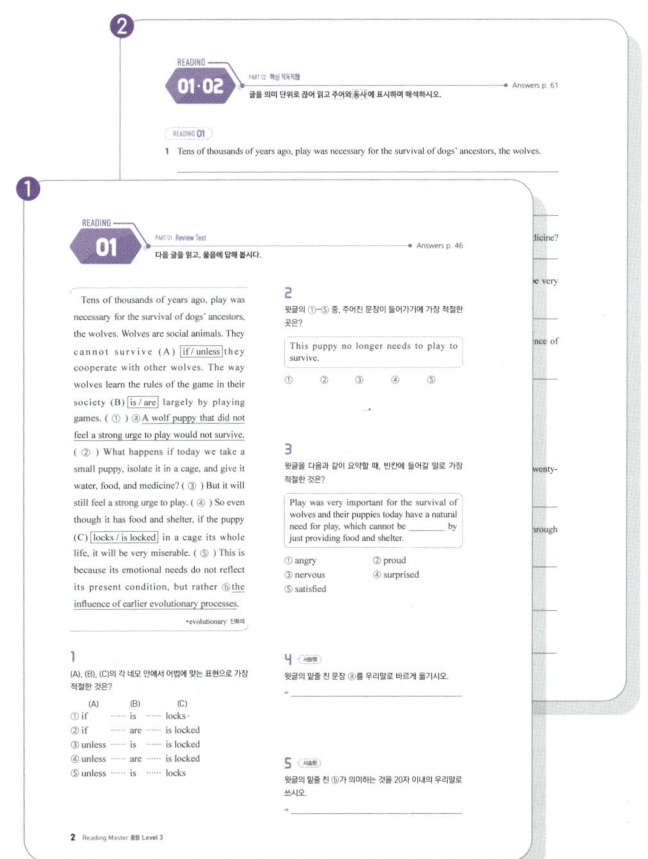

1 글을 읽고 답할 수 없는 질문은?

① Did wolves live alone tens of thousands of years ago?
② How do wolves learn how to behave in their society?
③ What should wolves eat to survive and reproduce in the wild?
④ What would have happened to a wolf puppy that didn't play with others?
⑤ How would a puppy feel when it is locked in a cage its entire life?

2 글의 내용과 일치하면 T, 일치하지 않으면 F를 쓰시오.

(1) Wolves cooperated with each other to survive. _____
(2) Puppies' emotional needs reflect their present condition. _____

3 ‹Summary› 다음 빈칸에 적절한 단어를 글에서 찾아 쓰시오. (단, 어형 변화 가능)

Although dogs do not need to play to [1]_____ like their ancestors, wolves, they still want to play because their emotional needs are [2]_____ by earlier evolutionary processes.

Words

necessary a. 필요한
survival n. 생존
ancestor n. 조상
social a. 사회적인
unless conj. ~하지 않는 한, ~이 아닌 한
cooperate v. 협력하다
largely ad. 주로
urge n. 충동
isolate v. 격리하다, 떼어 놓다
cage n. 우리
medicine n. 약
need v. 필요하다 n. 욕구, 필요
shelter v. 은신처, 거주지
lock v. 가두다
miserable a. 비참한
emotional a. 감정적인
reflect v. 반영하다
present a. 현재의
condition n. 상태
rather ad. 오히려
influence n. 영향
process n. 과정

직독직해 Skill 다음을 의미 단위로 끊어 읽고(/), 주어(S)와 동사(V)에 표시해 봅시다.

· A wolf puppy that did not feel a strong urge to play would not survive.

Unit 01 **15**

READING 01·02 PART 02 핵심 직독직해
글을 의미 단위로 끊어 읽고 주어와 동사에 표시하며 해석하시오.
Answers p. 61

READING 01

1 Tens of thousands of years ago, play was necessary for the survival of dogs' ancestors, the wolves.

READING 01 PART 01 Review Test
다음 글을 읽고, 물음에 답해 봅시다.
Answers p. 46

Tens of thousands of years ago, play was necessary for the survival of dogs' ancestors, the wolves. Wolves are social animals. They cannot survive (A) if / unless they cooperate with other wolves. The way wolves learn the rules of the game in their society (B) is / are largely by playing games. (①) ⓐ A wolf puppy that did not feel a strong urge to play would not survive. (②) What happens if today we take a small puppy, isolate it in a cage, and give it water, food, and medicine? (③) But it will still feel a strong urge to play. (④) So even though it has food and shelter, if the puppy (C) locks / is locked in a cage its whole life, it will be very miserable. (⑤) This is because its emotional needs do not reflect its present condition, but rather ⓑ the influence of earlier evolutionary processes.

*evolutionary: 진화의

1
(A), (B), (C)의 각 네모 안에서 어법에 맞는 표현으로 가장 적절한 것은?

(A) ...... (B) ...... (C)
① if ...... is ...... locks
② if ...... are ...... is locked
③ unless ...... is ...... is locked
④ unless ...... are ...... is locked
⑤ unless ...... is ...... locks

2
윗글의 ①~⑤ 중, 주어진 문장이 들어가기에 가장 적절한 곳은?

This puppy no longer needs to play to survive.

① ② ③ ④ ⑤

3
윗글을 다음과 같이 요약할 때, 빈칸에 들어갈 말로 가장 적절한 것은?

Play was very important for the survival of wolves and their puppies today have a natural need for play, which cannot be _____ by just providing food and shelter.

① angry ② proud
③ nervous ④ surprised
⑤ satisfied

4 서술형
윗글의 밑줄 친 문장 ⓐ를 우리말로 바르게 옮기시오.

5 서술형
윗글의 밑줄 친 ⓑ가 의미하는 것을 20자 이내의 우리말로 쓰시오.

2 Reading Master 중등 Level 3

---

6 지문의 완벽한 이해를 돕는 다양한 독해 내신 문제 및 지문 구조화 연습

7 독해 지문 속 어휘 실력 강화

8 의미 단위 끊어 읽기 방식의 직독직해와 주어와 동사 찾기를 통해 정확한 문장 해석 연습

1 Review Test 지문별 내신 문제 및 서술형 문제 완벽 대비

2 핵심 직독직해 지문별 주요 문장의 직독직해 및 주어와 동사 찾기를 통해 정확한 문장 해석과 독해 속도를 높이는 연습

Contents

Chapter

01

중심 내용 파악하기

Reading Key 영어 지문 구조 이해하기

A 시험에 자주 나오는 지문 구조 ❶

| 주제문 | 예시 또는 **부연 설명** |

전달하고자 하는 내용의 핵심적인 부분을 가장 먼저 제시한 후에 그에 대한 예시나 부연 설명을 구체적으로 제시하는 구조의
영어 지문이 모평/수능/내신 등의 시험에 자주 출제된다.

(기출 예제)

It is important to recognize your pet's particular needs and respect them. If your pet is an
주제문
active dog, for example, taking him or her outside to chase a ball for an hour each day can
예시
make them more manageable indoors. If your cat is shy, he or she won't want to be dressed
up and displayed in cat shows. Similarly, you cannot expect macaws to be quiet all the time
because they are naturally loud creatures. It is not their fault that your apartment doesn't
absorb sound as well as a rain forest.

주제문: 반려동물의 개별적 _____ 를 존중해 주어야 한다.

예시:
예시 1: _____ 인 개는 매일 밖에 데리고 나가서 놀게 해야 한다.
예시 2: _____ 이 있는 고양이는 고양이 품평회에 나가는 것을 원치 않는다.
예시 3: 마코앵무새는 천성적으로 _____ 동물이다.

Words recognize *v.* 인식하다   respect *v.* 존중하다   chase *v.* 쫓다   manageable *a.* 다루기 쉬운   display *v.* 보여 주다
macaw *n.* 마코앵무새   naturally *ad.* 천성적으로   creature *n.* 생물, 동물   fault *n.* 잘못, 책임   absorb *v.* 흡수하다
rain forest 열대 우림

B 시험에 자주 나오는 지문 구조 ❷

예시 또는 소재 소개	주제문

주제와 관련 있는 소재를 소개하거나 사례를 먼저 제시한 후에 글쓴이가 전달하고자 하는 주제를 마지막에 결론처럼 제시하는 구조의 영어 지문이 모평/수능/내신 등의 시험에 자주 출제된다.

기출 예제

  An interesting study about facial expressions was recently published by the American
Psychological Association. Fifteen Chinese people and fifteen Scottish people took part in
the study. They looked at emotion-neutral faces on a computer screen and then categorized
the facial expressions as happy, sad, surprised, fearful, or angry. The study found that the
Chinese participants focused more on the eyes to tell facial expressions, while the Scottish
participants paid more attention to the eyebrows and mouth. This means that people from
different cultures perceive emotions differently. That is, facial expressions are not the
"universal language of emotions."

소재 소개	_____ 에 관한 흥미로운 연구
주제문	_____ 가 다르면 사람들은 _____ 을 다르게 인식하며, _____ _____ 은 _____ 언어가 아니다.

Words facial expression 얼굴 표정   publish v. 발표하다, 출판하다   take part in ~에 참여하다   emotion-neutral a. 감정 중립적인
categorize v. 분류하다   participant n. 참가자   perceive v. 인식하다   universal a. 보편적인

C 시험에 자주 나오는 지문 구조 ❸

일반적인 이야기	반론(주제문)

일반적인 상식 또는 당연하게 생각되는 사실로 글을 시작한 후, '그렇지만 더 중요한 것이 있다'는 반론을 통해 글을 읽는 사람들의 주의를 집중시키는 구조의 영어 지문이 모평/수능/내신 등의 시험에 자주 출제된다.

기출 예제

Sometimes we forget to stay in touch with the people we've known for a long time. Then, we suddenly realize that we've lost touch and feel a sense of distance and try to fix things. We call people we haven't spoken to in ages and hope that one small effort will erase the months and years of distance we've created. However, this rarely works: relationships aren't
반론
kept up with big one-time fixes. They need regular attention, like a car needs oil changes regularly. It's better to stay in touch consistently rather than try to fix things all at once.
주제문

일반적인 이야기	사람들은 때때로 지인들과 오랫동안 _____ 않다가 한 번에 _____을 없애려고 노력한다.
반론(주제문)	사람들과의 _____를 지속하려면 _____ 연락해야 한다.

Words stay in touch 연락하고 지내다   realize v. 깨닫다   lose touch 연락이 끊기다   distance n. 거리   rarely ad. 거의 ~ 않다
relationship n. 관계   keep up 지속하다   regular a. 정기적인, 규칙적인   consistently ad. 일관성 있게, 지속적으로
at once 한꺼번에

D 시험에 자주 나오는 지문 구조 ④

| 주제문 | 예시나 근거 | 주제문 |

처음 글을 시작할 때 주제를 언급하고 나서 소재를 소개하거나, 사례를 제시한 후 마지막에 글쓴이가 말하고자 하는 주제를 결론처럼 제시하는 구조의 글이다.
cf. 주제문이 명확하게 드러나지 않지만 주제를 함의하고 있는 단락도 있으니 이 점에도 유의한다.

기출 예제

It's good to give compliments to people now and then because everyone likes to be liked
<주제문>
and receive compliments. Sometimes people tell social lies to make others feel good, like
saying "I love your new haircut!" even if they don't really mean it. These lies can actually
benefit our relationships with others. They make us feel good when we see that our lies
<근거문>
please other people, and they can help us avoid uncomfortable conversations. Telling the
<근거문>
truth all the time can hurt someone's confidence and self-esteem, so social lies can be
helpful in making people feel good about themselves.
<주제문>

주제문	_____ 것은 모든 사람들에게 좋다.
근거(예시)	– 다른 사람들과의 _____를 이롭게 할 수 있다. – _____ 대화를 피할 수 있게 한다.
주제문	_____ 거짓말은 사람들의 기분을 좋게 만드는 데 도움이 될 수 있다.

Words compliment *n.* 칭찬   now and then 때때로   mean *v.* 의미하다, 뜻하다   benefit *v.* 이롭게 하다, 이익을 얻다
please *v.* 즐겁게 하다   avoid *v.* 피하다   uncomfortable *a.* 불편한   all the time 항상   confidence *n.* 자신감
self-esteem *n.* 자존감

READING 01

다음 글의 주제로 가장 적절한 것은?

Tens of thousands of years ago, play was necessary for the survival of dogs' ancestors, the wolves. Wolves are social animals. They cannot survive unless they cooperate with

5

other wolves. The way wolves learn the rules of the game in their society is largely by playing games. A wolf puppy that did not feel a strong urge to play would not survive. What happens if today we take a small puppy, isolate it in a cage, and give it water, food, 10 and medicine? This puppy no longer needs to play to survive. But it will still feel a strong urge to play. So even though it has food and shelter, if the puppy is locked in a cage its whole life, it will be very miserable. This is because its emotional needs do not reflect its present condition, but rather the influence of earlier 15 evolutionary processes.

*evolutionary: 진화의

① role of communication in the evolutionary process of dogs
② evolutionary explanation for puppies' need to play
③ training games for puppies to fix their bad habits
④ importance of socialization for puppies' health
⑤ physical similarities between dogs and wolves

Mini Quiz

마지막 문장의 'its present condition'이 의미하는 한 문장을 찾아 밑줄을 그어 봅시다.

Reading 비법

글에서 다루고 있는 중심 소재와 중심 내용을 정확히 이해하고, 이를 종합해 주제를 파악한다.

Reading Skill   주제문과 근거문을 찾아 다음 표를 완성해 봅시다.

주제문	생존에 필수적이었던 _____ 에 대한 욕구가 강아지에게 여전히 남아 있다.
근거문	• 음식과 은신처가 있어도 만약 강아지를 평생 우리에 가두어 두면 강아지는 매우 _____ 할 것이다. • 강아지의 감정적인 욕구는 자신의 현재 상태보다는 초기 _____ 과정의 영향을 반영한다.

1 글을 읽고 답할 수 <u>없는</u> 질문은?

① Did wolves live alone tens of thousands of years ago?

② How do wolves learn how to behave in their society?

③ What should wolves eat to survive and reproduce in the wild?

④ What would have happened to a wolf puppy that didn't play with others?

⑤ How would a puppy feel when it is locked in a cage its entire life?

2 글의 내용과 일치하면 T, 일치하지 <u>않으면</u> F를 쓰시오.

(1) Wolves cooperated with each other to survive. _____

(2) Puppies' emotional needs reflect their present condition.

_____

3 | Summary | 다음 빈칸에 적절한 단어를 글에서 찾아 쓰시오. (단, 어형 변화 가능)

> Although dogs do not need to play to ⁽¹⁾_____ like their ancestors, wolves, they still want to play because their emotional needs are ⁽²⁾_____ by earlier evolutionary processes.

Words

necessary *a.* 필요한
survival *n.* 생존
ancestor *n.* 조상
social *a.* 사회적인
unless *conj.* ~하지 않는 한, ~이 아닌 한
cooperate *v.* 협력하다
largely *ad.* 주로
urge *n.* 충동
isolate *v.* 격리하다, 떼어 놓다
cage *n.* 우리
medicine *n.* 약
need *v.* 필요하다
　　　 n. 욕구, 필요
shelter *n.* 은신처, 거주지
lock *v.* 가두다
miserable *a.* 비참한
emotional *a.* 감정적인
reflect *v.* 반영하다
present *a.* 현재의
condition *n.* 상태
rather *ad.* 오히려
influence *n.* 영향
process *n.* 과정

직독직해 Skill 다음을 의미 단위로 끊어 읽고(/), 주어(S)와 동사(V)에 표시해 봅시다.

• A wolf puppy that did not feel a strong urge to play would not survive.

_____

다음 글의 주제로 가장 적절한 것은?

Most of life's stressors are more like marathons than sprints. If we give it everything we've got in the first mile, how are we going to get through the other twenty-five? In today's world, we're dealing with new stresses coming at us, even as we try to find our way through a chronic stress situation. You may be dealing with ⁵ a new baby when an urgent situation comes up at work. Or you may be getting into a fight with your spouse when you're trying to figure out how to pay the bills. So it doesn't make sense to put all of your energy into dealing with one type of stress — you need to keep reserves on hand for the unexpected crisis that will inevitably ¹⁰ rear its head. When stressors are layered on each other without time for recovery, you can get ill. So allow yourself just to do what's most important and allow time for rest, rather than trying to do everything all the time.

¹⁵

*inevitably: 필연적으로

① necessary skills to solve family problems
② negative effects of stress on relationships
③ possible solutions to common family problems
④ effective stress management for stresses in life
⑤ importance of exercise in reducing everyday stress

Mini Quiz

여덟 번째 줄의 'it'이 가리키는 것을 찾아 밑줄을 그어 봅시다.

Reading 비법

반복되는 단어와 내용을 찾고, 그에 대한 글쓴이의 설명을 이해해 글의 주제를 추론한다.

Reading Skill

주제문과 근거문을 찾아 다음 표를 완성해 봅시다.

주제문	하나의 스트레스에 대처하기 위해 모든 에너지를 _____.
근거문	• 우리는 만성적인 스트레스 상황에 대처하면서도 우리에게 다가오는 _____ 스트레스에 대처하고 있다. • 스트레스 요인들이 회복할 시간 없이 쌓이면 _____에 걸릴 수 있다.

1 글에서 언급한 스트레스 요인의 특성으로 가장 적절한 것은?

① social
② useful
③ relative
④ continuous
⑤ changeable

Words

stressor *n.* 스트레스 요인
sprint *n.* 단거리 경주
deal with ～에 대처하다
chronic *a.* 만성의
urgent *a.* 긴급한
spouse *n.* 배우자
bill *n.* 청구서, 고지서
reserve *n.* 여력, 비축
unexpected *a.* 예상치 못한
crisis *n.* 위기
rear one's head 드러나다,
고개를 들다
layer *v.* 층층이 쌓다
recovery *n.* 회복
ill *a.* 병든, 아픈

2 글의 내용과 일치하면 T, 일치하지 <u>않으면</u> F를 쓰시오.

(1) When we have much stress, we can get ill. _____
(2) We need to take a rest after dealing with all the stress situations. _____

3 | Summary | 다음 빈칸에 적절한 단어를 글에서 찾아 쓰시오.

> We should not use (1)_____ of our energy to deal with a stressful situation because we will (2)_____ encounter another crisis.

직독직해 Skill 다음을 의미 단위로 끊어 읽고(/), 주어(S)와 동사(V)에 표시해 봅시다.

· Most of life's stressors are more like marathons than sprints.

_____

READING 03

다음 글의 주제로 가장 적절한 것은?

The whole of human society operates on knowing the future weather. For example, farmers in India know when the monsoon rains will come next year, and so they know when to plant the crops. Farmers in Indonesia know there are two monsoon rains each year, so next year they can have two harvests. This is based ⁵ on their knowledge of the past, as the monsoons have always come at about the same time each year in living memory. But the need to predict goes deeper than this: it influences every part of our lives. Our houses, roads, railways, airports, offices, and so on are all designed for the local climate. For example, in England ¹⁰ all the houses have central heating, as the outside temperature is usually below 20℃, but no air conditioning, as temperatures rarely go beyond 26℃, while in Australia the opposite is true: most houses have air conditioning but rarely central heating.

① difficulties in predicting the weather correctly
② new technologies dealing with climate change
③ weather patterns influenced by rising temperatures
④ knowledge of the climate widely affecting our lives
⑤ traditional wisdom helping our survival in harsh climates

Mini Quiz

여덟 번째 줄의 'it'이 가리키는 것을 찾아 밑줄을 그어 봅시다.

Reading 비법

글에서 제시하는 예시를 이해하고 종합하여 글의 주제를 찾는다.

Reading Skill 주제문과 근거문을 찾아 다음 표를 완성해 봅시다.

주제문	_____는 우리 생활 전반에 영향을 미친다.
근거문	• 인간 사회 전체는 미래의 _____를 아는 것을 기반으로 운영된다. • 집, 도로, 철도, 공항, 사무실 등은 모두 해당 지역의 _____에 맞추어 설계된다.

1 글을 읽고 답할 수 있는 질문은?

① How much does it rain in Indonesia each year?
② What is the highest temperature recorded in Australia?
③ When did Australian people start using air conditioning?
④ How can Indians predict when the monsoon rains will come?
⑤ How does the weather affect indoor heating and cooling systems?

Words

operate *v.* 운영되다, 돌아가다
monsoon *n.* 몬순(특히 인도양에서 여름은 남서, 겨울은 북동에서 부는 계절풍)
plant *v.* 심다
crop *n.* 작물
harvest *n.* 수확
predict *v.* 예측하다
influence *v.* 영향을 미치다
railway *n.* 철도
design *v.* 설계하다
local *a.* 지역의
climate *n.* 기후
central heating 중앙난방
temperature *n.* 기온
below *prep.* ~ 미만의, ~ 아래에
opposite *n.* 정반대

2 다음 빈칸에 적절한 단어를 글에서 찾아 쓰시오.

> Human society uses information on the local c＿＿＿＿＿＿ for decision making in agriculture, houses, and other aspects of life.

3 | Summary Map | 다음 빈칸에 적절한 단어를 글에서 찾아 넣어 도표를 완성하시오.

국가	날씨에 대한 정보	날씨에 따른 대처 방안
Indonesia	There are two monsoon rains each year.	They can have two ⁽¹⁾＿＿＿＿＿.
England	The outside temperature is usually ⁽²⁾＿＿＿＿＿ 20℃.	They have central heating, but no air conditioning.

직독직해 Skill 다음을 의미 단위로 끊어 읽고(/), 주어(S)와 동사(V)에 표시해 봅시다.

· For example, farmers in India know when the monsoon rains will come next year, and so they know when to plant the crops.

＿＿＿＿＿＿＿＿＿＿＿＿＿＿＿＿＿＿＿＿＿＿＿＿＿＿

다음 글의 제목으로 가장 적절한 것은?

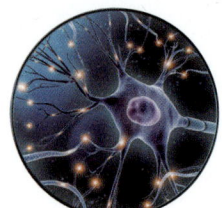

Our memories are very sensitive to cortisol levels. The hippocampus is the area of the brain that plays important roles in learning and memory formation, and it's directly affected by changes in cortisol levels. I'm sure this has happened 5 to you: you arrive at an exam, more or less prepared but very nervous, and your mind goes blank. But you studied for it! This is easily explained: what has happened is that your hippocampus is blocked by a sudden rise in cortisol. Anticipatory nerves, stemming from worries like "I might fail, I don't know what's 10 going to happen, I can't remember, they're sure to ask about the things I didn't review" block the hippocampus and the memory. It means that our fears, unfounded to begin with, end up becoming reality. 15

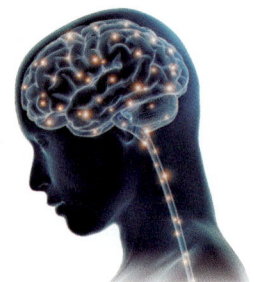

*cortisol: 코르티솔(부신 피질에서 생기는 스테로이드 호르몬의 일종)
**hippocampus: 해마   ***anticipatory: 예측되는

① How to Improve Your Memory Effectively
② Intelligence Does Not Ensure Academic Success
③ Why We Forget What We Studied during an Exam
④ Review: The Best Strategy for Getting a Good Grade
⑤ What Happens in Your Brain When You Study at Night

Mini Quiz

글을 읽으면서 주제문을 찾아 밑줄을 그어 봅시다.

Reading 비법

글의 내용을 정확히 이해한 후, 글의 내용과 가장 잘 이어지는 제목을 골라야 한다.

Reading Skill

주제문과 근거문을 찾아 다음 표를 완성해 봅시다.

주제문	우리의 기억은 코르티솔 농도에 매우 _____ 하다.
근거문	• 해마는 코르티솔 _____의 변화에 직접적인 영향을 받는다. • 준비가 된 상태로 시험장에 도착하지만, 매우 긴장하고 정신은 _____. • 코르티솔의 갑작스러운 _____으로 인해 해마가 방해받은 것이다.

1 글에서 언급된 내용으로 적절한 것은?

① where cortisol is made
② the best time for studying
③ the size of the hippocampus
④ the role of the hippocampus
⑤ how to reduce cortisol levels

2 글의 내용과 일치하도록 괄호 안에 주어진 단어를 바르게 배열하시오.

The level of cortisol affects (which, our hippocampus, remembering, and, is related to, learning).

3 I Summary I 다음 빈칸에 적절한 단어를 글에서 찾아 쓰시오.

> If you worry too much and feel very (1)_____, cortisol can (2)_____ the hippocampus, which is responsible for memory.

직독직해 Skill 다음을 의미 단위로 끊어 읽고(/), 주어(S)와 동사(V)에 표시해 봅시다.

· ~ what has happened is that your hippocampus is blocked by a sudden rise in cortisol.

_____

READING 05

다음 글의 제목으로 가장 적절한 것은?

One way that music can lead game players in the right direction is through the *absence* of music. A player will notice when the music that represented a specific location gently disappears. This creates relative quietness and gives the player the impression that there is nothing left to do or see in that area. The game developers ⁵ intentionally create a sense of *nothingness* by removing the music, hoping to subconsciously motivate the player to go elsewhere. This is a time-honored technique that has been used across many game genres, from old-school adventure games to modern shooting games. While it is not a particularly refined approach, it ¹⁰ can be very effective. When removing the music for this purpose, we should try to be as subtle as possible, so that the player notices the change on a subconscious level. When handled correctly, the player should only feel a sense of slight dissatisfaction with the game's "emptiness" in that area, leading to a desire to explore ¹⁵ other places.

① How Technology Changed Game Music
② How Game Music Reduces Players' Stress
③ Video Games: A Tool to Increase Learning
④ Why Non-Gamers Are Attracted to Game Music
⑤ Game Music: A Guide to Keep the Players on Track

Mini Quiz

열한 번째 줄의 'this purpose' 가 의미하는 바를 찾아 밑줄을 그어 봅시다.

Reading 비법

글에서 말하고자 하는 바를 비유적으로 잘 표현한 제목을 찾는다.

Reading Skill 주제문과 근거문을 찾아 다음 표를 완성해 봅시다.

주제문	음악이 _____를 올바른 방향으로 이끌 수 있는 한 가지 방법은 음악이 없는 것이다.
근거문	• 게임 개발자는 의도적으로 음악을 _____하여 '없음'의 느낌을 만든다. • 플레이어는 공허함을 느끼고 다른 장소를 _____하려는 욕구가 생긴다.

1 글을 읽고 알 수 있는 내용이 <u>아닌</u> 것은?

① 게임에서 특정한 장소를 나타내는 음악이 있다.

② 음악이 들리지 않으면 게임 플레이어에게 공허한 느낌을 준다.

③ 다양한 음악이 사용되면 게임 플레이어가 게임에 흥미를 느낀다.

④ 슈팅 게임에 게임 음악을 없애는 기법이 사용되었다.

⑤ 게임 개발자는 의도적으로 음악을 제거하기도 한다.

2 글의 내용과 일치하면 T, 일치하지 <u>않으면</u> F를 쓰시오.

(1) 게임 플레이어는 공허함을 느끼면 게임 속 다른 장소로 이동한다. _____

(2) 음악을 서서히 잦아들게 하여 게임 플레이어를 이동시키는 기법은 최근부터 사용되었다. _____

3 | Summary | 글의 내용과 일치하도록 괄호 안에 주어진 단어를 바르게 배열하시오.

In order to move the game player to another location of the game, game developers (the music, disappear, have, gently).

Words

direction *n.* 방향

absence *n.* 부재, 없음

represent *v.* 나타내다

specific *a.* 특정한

relative *a.* 상대적인

impression *n.* 인상

intentionally *ad.* 의도적으로

sense *n.* 느낌

remove *v.* 제거하다

subconsciously *ad.* 잠재의식적으로

motivate *v.* 동기를 부여하다

elsewhere *ad.* 다른 곳으로

time-honored *a.* 유서 깊은

technique *n.* 기법

genre *n.* 장르

old-school *a.* 구식의

adventure game 어드벤처 게임(컴퓨터 게임의 일종)

modern *a.* 현대의

refined *a.* 세련된

effective *a.* 효과적인

purpose *n.* 목적

subtle *a.* 미묘한, 감지하기 힘든

dissatisfaction *n.* 불만

emptiness *n.* 공허함, 허무

desire *n.* 욕구

explore *v.* 탐색[탐구]하다

직독직해 Skill 다음을 의미 단위로 끊어 읽고(/), 주어(S)와 동사(V)에 표시해 봅시다.

· This creates relative quietness and gives the player the impression that there is nothing left to do or see in that area.

_____

다음 글의 제목으로 가장 적절한 것은?　　　　　기출 응용

　Our ability to accurately recognize and label emotions is often referred to as *emotional granularity*. In the words of Harvard psychologist Susan David, "Learning to label emotions with a more nuanced vocabulary can be absolutely transformative." David explains that if we don't have a rich emotional vocabulary, 5 it is difficult to communicate our needs and to get the support that we need from others. But those who are able to distinguish between a range of various emotions "do much, much better at managing the ups and downs of ordinary existence than those who see everything in black and white." In fact, research shows that the 10 process of labeling emotional experience is related to greater emotional regulation and psychosocial well-being.

*granularity: 입자도, 입상(粒狀)
**nuanced: 미묘한 차이가 있는

Mini Quiz

여섯 번째 줄의 'it'이 가리키는 것을 찾아 밑줄을 그어 봅시다.

① True Friendship Endures Emotional Arguments
② Detailed Labeling of Emotions Is Beneficial
③ Labeling Emotions: Easier Said Than Done
④ Categorize and Label Tasks for Efficiency
⑤ Be Brave and Communicate Your Needs

Reading 비법

학자의 주장과 연구 결과의 내용에 주목하고, 이를 잘 포괄하는 제목을 고른다.

Reading Skill　주제문과 근거문을 찾아 다음 표를 완성해 봅시다.

주제문	감정을 정확히 인식하고 감정에 _____ 붙일 수 있는 것은 유익하다.
근거문	• 다양한 _____을 구별할 수 있는 사람은 평범한 생활 속에서 겪는 좋은 일과 궂은일을 잘 헤쳐 나간다. • 감정적 경험에 이름을 붙이는 과정은 더 큰 감정 _____ 및 심리 사회적인 행복과 관련되어 있다.

1 글을 읽고 답할 수 있는 질문은?

① What are some examples of effective emotional support?

② What are some ways to build a rich emotional vocabulary?

③ What emotions do most people feel when they face problems?

④ What is the best way to express your negative emotions to others?

⑤ What do we need to better communicate our needs and get support?

2 글의 내용과 일치하지 <u>않는</u> 부분을 바르게 고쳐 문장을 다시 쓰시오.

People who can recognize various emotions are less likely to handle life's challenges than those who label emotions simplistically.

3 |Summary| 다음 빈칸에 적절한 단어를 글에서 찾아 쓰시오.

> Individuals with the ability to recognize and label a variety of (1)_____ accurately can have better communication, (2)_____ control, and psychosocial well-being.

Words

accurately *ad.* 정확하게
recognize *v.* 인식하다
label *v.* 이름을 붙이다
refer to ~ as ... ~을 …이라고 부르다
psychologist *n.* 심리학자
vocabulary *n.* 어휘
absolutely *ad.* 절대적으로
transformative *a.* (사람을) 변화시키는
explain *v.* 설명하다
communicate *v.* 전달하다
support *n.* 지지, 후원
distinguish *v.* 구별하다
a range of 다양한
manage *v.* (문제·곤경을 헤치며) 살아가다
ups and downs 좋은 일과 궂은일, 성쇠
ordinary *a.* 평범한
existence *n.* 생활
in black and white 흑백 논리로
related to ~에 관련된
regulation *n.* 통제
psychosocial *a.* 심리 사회적인
well-being *n.* 행복

직독직해 Skill 다음을 의미 단위로 끊어 읽고(/), 주어(S)와 동사(V)에 표시해 봅시다.

· Our ability to accurately recognize and label emotions is often referred to as *emotional granularity*.

_____

READING 07

다음 글의 목적으로 가장 적절한 것은?

Dear Ms. Kelly Grace,

We attended a concert where you were the featured cellist, and we were absolutely fascinated by your talent. Your ability to bring the sound of the cello to life left a lasting impression on us. My fiancé and I have always been fans of classical music, and having live cello at our wedding ceremony would make it even more special. We are getting married on April 21 at Grand Plaza Hotel. We would be honored if you could join us and play our favorite piece, *Ave Maria* by Franz Schubert. Your performance will not only add elegance to the event but also make it truly unforgettable for us and our guests. Please let us know if you are available on the said date and what your fee would be for your performance. Thank you for your time.

Warm regards,
Ann Langers & Sam Tround

Mini Quiz

글을 읽으면서 글의 목적이 가장 잘 나타난 문장을 찾아 밑줄을 그어 봅시다.

① 결혼식 음악 연주를 의뢰하려고
② 공연 관람 후 감상평을 전달하려고
③ 결혼식 음악 선곡에 대해 논의하려고
④ 결혼식에 참석해 준 것에 감사하려고
⑤ 선호하는 예식장 장식에 관해 설명하려고

Reading 비법

인사말과 같은 편지글의 기타 구성 요소나 상황 설명보다 본문 내용에 집중해 글쓴이의 목적을 파악한다.

Reading Skill

글의 중심 내용에 맞게 다음 표를 완성해 봅시다.

목적	결혼식에 함께하여 우리가 가장 좋아하는 프란츠 슈베르트의 '아베 마리아'를 _____ 해 주시면 영광이겠습니다.
근거문	• 귀하의 _____ 은 행사에 우아함을 더할 뿐만 아니라 우리와 우리의 하객들이 행사를 정말 잊을 수 없게 만들기도 할 것입니다. • 해당 날짜에 가능한지 여부와 공연에 대한 _____ 을 알려 주십시오.

1 글의 내용과 일치하지 <u>않는</u> 것은?

① 글쓴이는 Kelly Grace의 공연에 간 적이 있다.
② Kelly Grace는 첼로 연주자이다.
③ 4월 21일에 결혼식이 진행된다.
④ 슈베르트의 곡을 연주할 것을 부탁하였다.
⑤ 결혼식 음악 연주에 대한 비용을 제시하였다.

2 글의 내용과 일치하도록 괄호 안에 주어진 단어를 바르게 배열하시오.

Ann Langers and Sam Tround believe that (Ms. Grace, if, unforgettable, performs, at, it, their wedding, will be).

3 ｜Invitation Card｜ 빈칸에 적절한 단어를 글에서 찾아 넣어 초대장을 완성하시오.

§ **Wedding Invitation** §
The Wedding
of
Ann Langers & Sam Tround

Date & Time: (1)_____ 21, 2 p.m.
Place: (2)_____

직독직해 Skill 다음을 의미 단위로 끊어 읽고(/), 주어(S)와 동사(V)에 표시해 봅시다.

· Your performance will not only add elegance to the event but also make it truly unforgettable for us and our guests.

_____

READING 08

다음 글에서 필자가 주장하는 바로 가장 적절한 것은?   `기출 응용`

When I was in the army, my instructors would show up in my barracks room, and the first thing they would inspect was our bed. It was a simple task, but every morning we were required to make our bed to perfection. It seemed a little ridiculous at the time, but the wisdom of this simple act has been proven to me 5 many times over. If you make your bed every morning, you will have accomplished the first task of the day. It will give you a small sense of pride and it will encourage you to do another task and another. By the end of the day, that one task completed will have turned into many tasks completed. If you can't do little things right, you will never do the big things right.

10

*barracks room: (병영의) 생활관

Mini Quiz

다섯 번째 줄의 'this simple act'가 의미하는 바를 찾아 밑줄을 그어 봅시다.

① 숙면을 위해서는 침대를 깔끔하게 정돈해야 한다.
② 일의 효율성을 높이려면 협동심을 발휘해야 한다.
③ 올바른 습관을 기르려면 정해진 규칙을 따라야 한다.
④ 건강을 유지하기 위해서는 기상 시간이 일정해야 한다.
⑤ 큰일을 잘 이루려면 작은 일부터 제대로 수행해야 한다.

Reading 비법

일화의 내용을 바탕으로 글쓴이가 주장하는 바를 추론한다.

Reading Skill   주제문과 근거문을 찾아 다음 표를 완성해 봅시다.

주제문	작은 일을 제대로 할 수 없으면 _____ 을 제대로 할 수 없을 것이다.
근거문	• 매일 아침 침대를 정돈하는 것은 작은 _____ 을 주고, 또 다른 과업을 잇달아서 하게 해 준다. • 하루가 끝날 때쯤에는 완수된 하나의 과업이 _____ 개의 완수된 과업으로 변해 있을 것이다.

1 글을 읽고 답할 수 <u>없는</u> 질문은?

① Where did the writer learn the lesson?
② What did the writer have to do in the army?
③ By what time did all the tasks have to be finished?
④ How did the writer feel at first when he had to do the task?
⑤ What happened to the writer when he completed the first task?

Words

army *n.* 군대
instructor *n.* 교관
inspect *v.* 검사하다, 검열하다
task *n.* 일, 과업
require *v.* 요구하다
make one's bed (자고 나서) 침대를 정돈하다
perfection *n.* 완벽
ridiculous *a.* 우스꽝스러운
wisdom *n.* 지혜
prove *v.* 증명하다
accomplish *v.* 성취하다
pride *n.* 자부심, 자존심
complete *v.* 완수하다
turn into ~으로 변하다

2 글의 내용과 일치하도록 괄호 안에서 적절한 말을 고르시오.

The completion of his morning task (encouraged / discouraged) the writer to do another task.

3 | Summary Map | 다음 빈칸에 적절한 단어를 |보기|에서 골라 쓰시오.

보기

self-esteem   completed   guilty   perfection

making the bed to ⁽¹⁾ _____

It gives a small sense of ⁽²⁾ _____ .

It encourages to do another task.

Many tasks are ⁽³⁾ _____ by the end of the day.

직독직해 Skill 다음을 의미 단위로 끊어 읽고(/), 주어(S)와 동사(V)에 표시해 봅시다.

· ~ but the wisdom of this simple act has been proven to me many times over.

_____

READING 09

다음 글의 요지로 가장 적절한 것은?

It is now widely accepted that music can increase exercise effectiveness. That is, if we listen to music while working out, we are more likely to work out longer and harder, which will help increase endurance and strength. How does music have these kinds of effects? Music works well as a blocker for the signals of ⁵ mental tiredness and physical exhaustion that your brain receives during exercise. Listening to complex music (as opposed to simple music) is thought to take up a significant amount of our limited attention system. It may therefore reduce the number of these tiredness messages that get through, or may reduce their effect ¹⁰ on our reactions. One of the results of this is that we lose track of

how hard we have worked or how long we have been exercising. The usual reaction to this situation is to work out ¹⁵ for longer; music "colours" our impression of fatigue.

*fatigue: 피로

Mini Quiz

아홉 번째 줄의 'It'이 가리키는 것을 찾아 밑줄을 그어 봅시다.

① 유산소 운동보다 근력 운동이 스트레스 해소에 효과적이다.
② 준비 운동을 통해 운동 중 부상의 위험을 최소화할 수 있다.
③ 운동 전 가벼운 음식을 먹으면 근육 피로도를 낮출 수 있다.
④ 음악은 뇌가 정보를 체계적으로 받아들이는 데 도움을 준다.
⑤ 음악을 들으며 운동하면 주의력이 분산되어 운동 효과가 높아진다.

Reading 비법

선택지를 정확하게 이해하고, 글에서 말하고자 하는 바를 가장 잘 표현한 요지를 고른다.

Reading Skill

주제문과 근거문을 찾아 다음 표를 완성해 봅시다.

주제문	음악은 운동의 효과를 _____.
근거문	• _____ 음악은 제한된 주의력의 상당 부분을 차지한다. • _____의 수나 우리의 반응에 미치는 영향을 줄임으로써, 더 오래 운동하게 된다.

1 글을 읽고 알 수 있는 내용으로 적절한 것은?

① the benefits of working out longer
② the best time of day to exercise
③ simple exercises to lose weight
④ reasons people stop working out
⑤ the best music style for weight training

2 글의 내용과 일치하도록 빈칸에 적절한 단어를 글에서 찾아 쓰시오.

(단, 어형 변화 가능)

In order to increase the effectiveness of exercise, one should

_____ _____ _____ _____.

3 | Flow Chart | 빈칸에 적절한 단어를 글에서 찾아 넣어 스토리 맵을 완성하시오.

(단, 어형 변화 가능)

When People Work Out ...

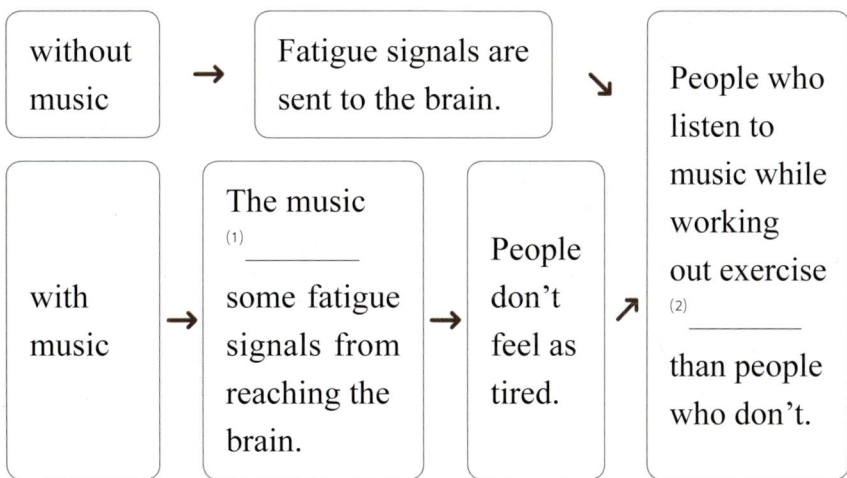

| without music | → | Fatigue signals are sent to the brain. | ↘ | |
| with music | → | The music (1) _____ some fatigue signals from reaching the brain. | → People don't feel as tired. → | People who listen to music while working out exercise (2) _____ than people who don't. |

Words

widely *ad.* 널리
effectiveness *n.* 효과(성)
work out 운동하다
endurance *n.* 지구력
strength *n.* 힘
effect *n.* 효과
blocker *n.* 방해물, 차단제
signal *n.* 신호
mental *a.* 정신의
physical *a.* 신체의
exhaustion *n.* 피로
as opposed to ~이 아니라, ~와는 대조적으로
take up ~을 차지하다
significant *a.* 상당한
limited *a.* 제한된
attention *n.* 주의 (집중), 주목
reaction *n.* 반응
lose track of ~을 놓치다[잊다], ~와 접촉이 끊어지다
situation *n.* 상황
colour *v.* 색을 입히다
impression *n.* 인상

직독직해 Skill 다음을 의미 단위로 끊어 읽고(/), 주어(S)와 동사(V)에 표시해 봅시다.

· Music works well as a blocker for the signals of mental tiredness and physical exhaustion that your brain receives during exercise.

_____

READING 10

기출 응용

다음 글의 요지로 가장 적절한 것은?

  Many people view sleep as merely a "down time" when their brain shuts off and their body rests. In a rush to meet work, school, family, or household responsibilities, people cut back on their sleep, thinking it won't be a problem, because all of these other activities seem much more important. But research reveals 5 that a number of vital tasks carried out during sleep help to maintain good health and enable people to function at their best. While you sleep, your brain is hard at work forming the pathways necessary for learning and creating memories and new insights. Without enough sleep, you can't focus and pay attention or 10 respond quickly. A lack of sleep may even cause mood problems. In addition, growing evidence shows that a continuous lack of sleep increases the risk for developing serious diseases.

*vital: 매우 중요한

① 수면은 건강 유지와 최상의 기능 발휘에 도움이 된다.
② 업무량이 증가하면 필요한 수면 시간도 증가한다.
③ 균형 잡힌 식단을 유지하면 뇌 기능이 향상된다.
④ 불면증은 주위 사람들에게 부정적인 영향을 미친다.
⑤ 꿈의 내용은 깨어 있는 시간 동안의 경험을 반영한다.

Mini Quiz

네 번째 줄의 'it'이 가리키는 것을 찾아 밑줄을 그어 봅시다.

Reading 비법

근거에 해당하는 세부 내용을 정확하게 이해하고, 이를 종합해 요지를 찾는다.

Reading Skill 주제문과 근거문을 찾아 다음 표를 완성해 봅시다.

주제문	_____ 중에 수행되는 중요한 과업이 건강을 유지하는 데 도움이 된다.
근거문	• 충분한 수면이 없다면, 정신을 집중하고 주의를 기울이거나 _____ 반응할 수 없다. • 수면이 부족하면 _____ 문제를 일으킬 수도 있다. • 계속된 수면 부족은 심각한 _____의 발생 위험을 증가시킨다.

1 글을 읽고 답할 수 있는 질문은?

① Why do people think sleep is not as important as other activities?
② What are some good sleep habits to get a good quality sleep?
③ What percentage of the population has trouble sleeping?
④ How much sleep does the average person get at night?
⑤ How can one determine if he is getting poor sleep?

2 글의 내용과 일치하지 <u>않는</u> 부분을 바르게 고쳐 문장을 다시 쓰시오.

Cutting back on sleep decreases the risk of developing serious diseases.

→ _____

3 | Summary Chart | 빈칸에 적절한 단어를 넣어 표를 완성하시오.

수면에 대한 사람들의 생각		실제 수면의 역할
뇌 활동을 멈추고 몸이 쉬는 시간	↔	• (1)_____ 유지에 도움 • 사람들이 최상의 수준으로 기능할 수 있게 함 • 뇌가 학습하고 기억과 새로운 통찰을 형성하는 데 필요한 (2)_____를 형성함

Words

merely *ad.* 단지, 그저
down time 휴식 시간, 가동되지 않는 시간
in a rush 허겁지겁, 서둘러
responsibility *n.* 책임
cut back on ~을 줄이다
research *n.* 연구
reveal *v.* 밝히다
a number of 많은
carry out ~을 수행하다
maintain *v.* 유지하다
enable *v.* ~할 수 있게 하다
function *v.* 기능하다
at one's best 최상의 수준으로
form *v.* 형성하다
pathway *n.* 경로
insight *n.* 통찰
focus *v.* 정신을 집중하다
pay attention 주의를 기울이다
respond *v.* 반응하다
lack *n.* 부족
cause *v.* 일으키다
evidence *n.* 증거
risk *n.* 위험
develop *v.* 발생시키다

직독직해 Skill 다음을 의미 단위로 끊어 읽고(/), 주어(S)와 동사(V)에 표시해 봅시다.

• While you sleep. your brain is hard at work forming the pathways necessary for learning and creating memories and new insights.

_____

READING 11

다음 글의 내용을 한 문장으로 요약하고자 한다. 빈칸 (A), (B)에 들어갈 말로 가장 적절한 것은?

When we pay for a restaurant meal with a credit card, do we really feel like we're paying right now? Not really. We're just signing our name; the payment will be sometime in the future. Similarly, when the bill comes later, do we really feel like we're paying? Not really. At that point, we feel like we already paid 5 at the restaurant. Not only do credit card companies employ the illusion of time shifting to relieve the pain of paying, but they do it twice — once by making it feel like we are going to pay later and once by making us feel like we already paid. This way they enable us to enjoy ourselves, and spend our money, more freely. Credit 10 cards use our desire to avoid the pain of paying. And that has given them the power to shift the way we perceive value.

⬇

> As credit cards create a(n) _____(A)_____ between the time we consume and the time we pay, they _____(B)_____ the pain of paying, enabling us to spend more freely.

	(A)		(B)		(A)		(B)
①	separation	·····	strengthen	②	separation	·····	lessen
③	combination	·····	highlight	④	combination	·····	lessen
⑤	insight	·····	strengthen				

Mini Quiz

글을 읽으면서 주제문을 찾아 밑줄을 그어 봅시다.

Reading 비법

내용 요약을 위해서는 글 전체에서 반복적으로 강조되는 내용을 찾아야 한다.

Reading Skill

글의 중심 내용에 맞게 다음 표를 완성해 봅시다.

소재	_____를 이용한 소비
부연 설명	• 식당에서 신용카드를 사용할 때 → _____에 지불할 것으로 인식 • 나중에 청구서가 왔을 때 → _____에 지불한 것으로 인식
주제문	신용카드 회사는 _____을 피하고자 하는 우리의 바람을 이용한다.

Answers p. 11

1 글의 요지로 가장 적절한 것은?

① It is wise to put off payment if you can.

② Credit cards are a convenient and necessary thing.

③ We have to keep a few different credit cards just in case.

④ We should be careful not to waste money by using credit cards.

⑤ When we use credit cards, we should be careful not to lose them.

Words

payment *n.* 지불

similarly *ad.* 마찬가지로, 비슷하게

bill *n.* 청구서

employ *v.* 이용하다, 쓰다

illusion *n.* 환상

shifting *n.* 이동

relieve *v.* 경감시키다, 덜다

desire *n.* 욕망, 욕구

perceive *v.* 인식하다, 지각하다

value *n.* 가치

2 글의 내용과 일치하지 <u>않는</u> 부분을 바르게 고쳐 문장을 다시 쓰시오.

Credit card companies discourage us from spending more money.

→ _____

3 | Summary Map | 빈칸에 적절한 단어를 | 보기 | 에서 골라 쓰시오.

┤ 보기 ├

| already | time | relieve | later | credit |

Explanation of What [1] _____ **Cards Do (Example)**	
Situations	**How We Feel**
When paying in a restaurant	We feel like we're paying [2] _____.
When the bill comes later	We feel like we're [3] _____ paid.

↓

Key Point
Credit card companies use [4] _____ shifting to [5] _____ our pain of paying.

직독직해 Skill 다음을 의미 단위로 끊어 읽고(/), 주어(S)와 동사(V)에 표시해 봅시다.

· Not only do credit card companies employ the illusion of time shifting to relieve the pain of paying, but they do it twice ~.

_____

READING 12

다음 글의 내용을 한 문장으로 요약하고자 한다. 빈칸 (A), (B)에 들어갈 말로 가장 적절한 것은?

　　The part of the brain that controls our feelings has no capacity for language. It is this disconnect that makes putting our feelings into words so hard. We have trouble, for example, explaining why we married the person we married. We struggle to put into words the real reasons why we love them, so we talk around it or ⁵ rationalize it. "She's funny, she's smart," we start. But there are lots of funny and smart people in the world, and we don't love them or we don't want to marry them. There is obviously more to falling in love than just personality and competence. Rationally, we know our explanation isn't the real reason. It is how our loved ¹⁰ ones make us feel, but those feelings are really hard to put into words.

⬇

It is ＿＿＿(A)＿＿＿ to express our emotions in words because the part of the brain managing our feelings has a(n) ＿＿＿(B)＿＿＿ to produce language.

	(A)		(B)		(A)		(B)
①	natural	·····	capacity	②	natural	·····	inability
③	difficult	·····	inability	④	difficult	·····	structure
⑤	simple	·····	structure				

Mini Quiz

글을 읽으면서 주제문과 주제를 부연 설명하는 문장을 찾아 밑줄을 그어 봅시다.

Reading 비법

주제는 구체적인 예시 앞에 제시되는 경우가 많다는 것을 기억해야 한다.

Reading Skill 주제문과 예시를 찾아 다음 표를 완성해 봅시다.

주제문	감정을 통제하는 ＿＿＿＿＿의 부분은 언어에 대한 능력이 없다. → ＿＿＿＿＿을 말로 표현하는 것이 어렵다.
예시	＿＿＿＿＿ 한 이유에 대해 질문을 받으면 → 대답: 재미있어서, ＿＿＿＿＿해서 → 세상에는 재미있고 똑똑한 수많은 사람이 존재함 → 따라서 그것이 ＿＿＿＿＿가 아니다!

● Answers p. 12

1 글의 제목으로 가장 적절한 것은?

① Fall in Love with a Reliable Person
② Look at the Positive Side of Others
③ Reasons for Loving: Shallow And Deep
④ The Feeling of Love: Beyond Explanation
⑤ How to Overcome the Limitations of Language

Words

capacity *n.* 능력
disconnect *n.* 단절
have trouble -ing ~하는
데 어려움이 있다
struggle *v.* 애쓰다, 노력하다
talk around 둘러서 말하다
rationalize *v.* 합리화하다
obviously *ad.* 분명히
personality *n.* 성격
competence *n.* 능력
rationally *ad.* 이성적으로

2 글의 내용과 일치하도록 밑줄 친 부분을 바르게 고쳐 쓰시오.

There is usually <u>one reason</u> to fall in love with someone.

→ _____

3 | Complete a Dialogue | 빈칸에 적절한 단어를 |보기|에서 골라 대화를 완성하시오.

┌ 보기 ┐

love   express   trouble   funny

A: Why do you ⁽¹⁾_____ your partner?
B: Because she's funny.
A: But there are lots of ⁽²⁾_____ people in the world.
B: Well, I don't know how to ⁽³⁾_____ my feeling.
A: No wonder. Everybody has ⁽⁴⁾_____ explaining it.

직독직해 Skill 다음을 의미 단위로 끊어 읽고(/), 주어(S)와 동사(V)에 표시해 봅시다.

· The part of the brain that controls our feelings has no capacity for language.

_____

READING
13

다음 글의 내용을 한 문장으로 요약하고자 한다. 빈칸 (A), (B)에 들어갈 말로 가장 적절한 것은?
기출 응용

One of the most powerful tools to find meaning in our lives is reflective journaling — thinking back on and writing about what has happened to us. In the 1990s, Stanford University researchers asked some students on spring break to journal about their most important personal values and their daily activities. On the other ₅ hand, others were asked to write about only the good things in the day. Three weeks later, the students who had written about their values showed more positive results than the ones who had only focused on the good things. The former students were reported to be happier, healthier, and more confident about their ability to deal ₁₀ with stress than the latter ones. By reflecting on how their daily activities supported their values, students had gained a new view on those activities and choices. Little stresses and difficulties were now signs of their values in action. Suddenly, their lives were full of meaningful activities. And all they had to do was reflect on ₁₅ their experiences with their personal values.

⬇

> Journaling about daily activities believed to be ____(A)____ things, not just good ones, can make our lives more meaningful by ____(B)____ our experiences in a new way.

(A)	(B)		(A)	(B)
① factual	⋯⋯ framing		② valuable	⋯⋯ framing
③ negative	⋯⋯ imagining		④ objective	⋯⋯ imagining
⑤ demanding	⋯⋯ describing			

Mini Quiz

요약문을 읽고, 빈칸 (A), (B)에 해당하는 선택지 ①~⑤의 우리말 의미를 써 봅시다.

Reading 비법

요약문을 먼저 읽고 글 전체의 내용을 예상할 수 있다.

Reading Skill 글의 내용과 일치하도록 다음 빈칸을 완성해 봅시다.

<성찰적 일기 쓰기 실험>

가장 중요한 개인적 _____ 와 하루의 _____ 을 기록할 것을 요청받은 그룹이 _____ 것에만 집중하여 기록할 것을 요청받은 그룹보다 더 _____ 결과를 나타냄

1 글의 주제로 가장 적절한 것은?

① the importance of taking notes every day
② the difficulty of showing our own weak points
③ how to gain others' supports in daily activities
④ things to do to increase our positive experiences
⑤ the benefits of journaling about worthwhile things

2 글의 내용과 일치하도록 빈칸에 적절한 단어를 글에서 찾아 쓰시오.

> The _____ results of the former group were to be happier, _____, and more confident.

3 | Research Summary | 빈칸에 적절한 단어를 |보기|에서 골라 쓰고, 더 긍정적인 결과를 보여준 그룹에 표시 하시오.

┤ 보기 ├
good   reflective   values   confident

Writing ⁽¹⁾_____ Journaling		
Group 1	They were asked to write about personal ⁽²⁾_____.	☐
Group 2	They were asked to write only about the ⁽³⁾_____ things.	☐

직독직해 Skill 다음을 의미 단위로 끊어 읽고(/), 주어(S)와 동사(V)에 표시해 봅시다.

· Three weeks later, the students who had written about their values showed more positive results than the ones who had only focused on the good things.

_____

Words

reflective *a.* 성찰적인
journal *v.* 일기를 쓰다
spring break (학교의) 봄방학
value *n.* 가치
positive *a.* 긍정적인
result *n.* 결과
focus on ~에 집중하다
former *a.* 전자의
confident *a.* 자신감 있는
deal with ~을 다루다, 처리하다
latter *a.* 후자의
support *v.* 지지하다, 지탱하다
gain *v.* 얻다, 획득하다
meaningful *a.* 의미 있는

Chapter 02

정보 파악하기

A 정보 중심의 빠른 독해가 필요한 지문 ❶

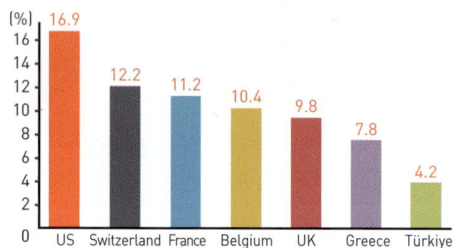

'할인 행사,' '여행 서비스' 등의 **광고**나 **안내문**, 또는 **도표**에서 주제를 찾는 것은 무의미하며, 모평/수능/내신에서도 이와 같은 글은 주제를 묻는 문제로 출제되지 않는다. 따라서 광고/안내문/도표와 같은 글에서는 글의 주제를 파악하기보다는, '무엇을, 언제 할인하는지', '어떤 여행 서비스를 제공하는지', '무엇이 증가/감소했는지' 등의 핵심 정보를 빠르게 파악하는 것이 중요하다.

기출 예제

Cornhill No Paper Cup Challenge

Join the "No Paper Cup Challenge" by Cornhill High School and help save the planet!

How to Participate

1) Record a video showing you are using a tumbler.

2) Upload the video to our school website within 24 hours.

※ The student council president will start the challenge on December 1st.

Additional Information

· The challenge will last for two weeks.

· All participants will receive T-shirts.

If you have questions about the challenge, contact us at cornhillsc@chs.edu.

글의 목적: '_____ 사용하지 않기 챌린지' 홍보

참가 방법: _____를 사용하는 비디오를 찍어 _____시간 안에 학교 웹사이트에 올리기

기간: 12월 1일부터 _____주 동안 / 기념품: _____

Words | planet n. 지구, 행성   participate v. 참가하다   tumbler n. 텀블러   student council president 학생회장
additional a. 추가의   last v. 계속되다   participant n. 참가자

B 정보 중심의 빠른 독해가 필요한 지문 ❷

어떤 인물의 일대기 또는 사물/동물에 대한 설명글 역시 다양한 정보로 이루어진 글이므로, 주제를 찾기보다는 주요 정보 중심으로 빠르게 독해하는 것이 좋다.

기출 예제

    The monarch butterfly has bright colors on its wings with white spots on the edges. The back wings are round and lighter in color than the front wings. The body is black with white spots. The mother butterfly lays only one egg on the bottom of milkweed leaves, which hatches about three to five days later. The monarch loves to fly in the sunshine from March to October all over America. The monarch can't live in the cold in the north, so they fly south and rest during the winter.

제왕나비에 관해 _____하는 글
– _____의 색깔과 크기, 몸통의 _____, 알의 개수와 알을 낳는 _____,
   활동 _____와 겨울을 나는 방법 등을 _____함

Words   monarch butterfly 제왕나비   bright *a.* 밝은   spot *n.* 점   edge *n.* 가장자리, 끝   lay *v.* (알을) 낳다
milkweed *n.* 밀크위드(유액을 분비하는 식물)   hatch *v.* 부화하다

READING **14**

Atlanta Electric Car Tour에 관한 다음 안내문의 내용과 일치하지 <u>않는</u> 것은?

Atlanta Electric Car Tour

Are you looking for a tour without traffic congestion? If so, here we are. We offer city tours of Atlanta by electric car.

What to Expect
Cruise the city with a guide who shares facts and information about the history, culture, and people of the city as you ride. 5

Departure and Return
· Departure details – The American Hotel at 160 Ted Street
· Return details – Returns to original departure point

Accessibility 10
· Wheelchair accessible
· No pets, but service animals for the disabled are allowed.

Additional Information
· Minimum age 18 years. No infants.
· This experience requires good weather. If it's canceled due to 15 poor weather, you'll be given a full refund.

For more information, please contact us at atlantacartour@citytour.org.

*traffic congestion: 교통 혼잡

① 전기차를 이용한 도시 관광이다.
② 관광지에 관한 정보를 말해 주는 가이드가 동반한다.
③ 출발지와 도착지는 같은 장소이다.
④ 반려동물은 허용되지 않는다.
⑤ 성인이 동반하면 유아도 참여할 수 있다.

Mini Quiz

선택지 내용에 해당하는 본문의 줄 수를 선택지 옆에 적어 봅시다.

Reading 비법

선택지의 순서는 본문에 언급된 순서와 일치한다는 것에 유의해야 한다.

Reading Skill

글의 내용과 일치하도록 다음 표를 완성해 봅시다.

애틀랜타 전기차 투어	· 도시의 역사, 문화, 사람들에 관한 정보를 이야기해 줄 _____가 동반함 · The American Hotel에서 출발하고 _____로 돌아옴 · 휠체어 및 _____을 위한 도우미 동물 이용 가능 · 유아는 불가하며 최소 참가 연령은 _____ · 날씨가 좋지 않아 취소되면 전액 환불됨

1 글의 내용상 Atlanta Electric Car Tour를 신청하기에 적합한 사람은?

① Gloria, who wants to travel the city only on foot
② Robert, who wants to travel the city with his pet
③ Eric, who is traveling with his 18-month-old son
④ Julia, who is 20 years old and is helped by a service dog
⑤ Philip, who wants to travel outside the city on a rainy day

2 글의 내용과 일치하면 T, 일치하지 <u>않으면</u> F를 쓰시오.

(1) After the tour, you will return to The American Hotel. _____
(2) Even if it rains, the tour will proceed as planned. _____

3 | Travel Report | 빈칸에 적절한 단어를 글에서 찾아 넣어 여행 감상문을 완성하시오.

I recently had the pleasure of taking the (1)_____ Electric Car Tour, and I highly recommend it! Our (2)_____ was informative, friendly, and made the experience very enjoyable. I was disappointed that (3)_____ or infants are not allowed on the tour, but I was satisfied with everything else. We didn't have to worry about (4)_____ congestion, and the tour provided unique and memorable views of the city.

Words

electric *a.* 전기의, 전기를 이용하는
offer *v.* 제공하다
expect *v.* 기대하다
cruise *v.* (천천히) 달리다[돌아다니다]
share *v.* (남에게) 이야기하다, 공유하다
departure *n.* 출발
original *a.* 원래의
accessibility *n.* 접근 가능성
service animal 도우미 동물
disabled *a.* 장애의, 불편한
additional *a.* 추가의
minimum *a.* 최소한의
infant *n.* 유아
cancel *v.* 취소하다
due to ~ 때문에, ~에 기인하는
refund *n.* 환불

직독직해 Skill 다음을 의미 단위로 끊어 읽고(/), 주어(S)와 동사(V)에 표시해 봅시다.

· Cruise the city with a guide who shares facts and information about the history, culture, and people of the city as you ride.

_____

After-School Coding Class에 관한 다음 안내문의 내용과 일치하는 것은?

After-School Coding Class

Do you want to learn to code your own games, apps, and websites? If you know how to use a mouse and keyboard, then you've already got what it takes. Let's have some fun and be creative with this class!

Age Requirement: This coding class is designed for students aged 10 to 18.

Class Schedule: Every Friday, March 1 – June 30
·Game development: 4:00 p.m. – 5:30 p.m.
·Python programming: 5:30 p.m. – 7:00 p.m.

Where: West Library

Costs: $30 for each class (free for students under 12)

How and When to <u>Apply</u>
·You can sign up for classes either online or by phone.
·Registration forms must be sent by 6:00 p.m., February 25.

Preparation: Students should bring their own laptops.

For more information, please visit our website.

① 모든 연령의 학생이 수강 가능하다.
② 매주 토요일 4개월 동안 진행된다.
③ 12세 이하의 학생들은 수강료가 50% 할인된다.
④ 온라인으로 신청할 수 있다.
⑤ 개인용 컴퓨터를 지참할 필요가 없다.

Mini Quiz

After-School Coding Class 를 신청하는 방법을 찾아 밑줄을 그어 봅시다.

Reading 비법

선택지의 내용에 해당하는 지문의 내용에 밑줄을 치며 확인해 본다.

Reading Skill 안내문의 내용과 일치하도록 다음 표를 완성해 봅시다.

수업 대상	_____ ~ _____의 학생들		
일정	매주 _____, 3월 1일 ~ 6월 30일		
비용	수업당 $_____ (_____ 미만 학생은 무료)		
신청 방법 및 기한	2월 25일, 오후 6시까지 _____ 또는 _____로 신청		
준비물	자신의 _____ 지참		

• Answers p. 16

1 글의 밑줄 친 Apply와 같은 의미로 쓰인 것은?

① The theory does not <u>apply</u> universally.
② The law doesn't <u>apply</u> to ordinary workers.
③ We will pass the test if we <u>apply</u> ourselves.
④ I appreciate the opportunity to <u>apply</u> for this position.
⑤ You need to <u>apply</u> the cream to your face and hands.

Words

code v. 코딩하다, 부호화하다
requirement n. 자격, 필요 조건
design v. 계획하다, 설계하다
development n. 개발
cost n. 비용
apply v. 신청하다, 지원하다
sign up for ~을 신청하다
registration form 등록 신청서
preparation n. 준비(물)

2 글의 내용과 일치하도록 빈칸에 적절한 말을 써서 답변을 완성하시오.

Q: How long does it take for students to finish the coding class?
A: It takes them _____ _____ to finish the coding class.

3 | Complete a Dialogue | 빈칸에 적절한 단어를 글에서 찾아 넣어 대화를 완성하시오.

A: Gloria, have you heard about the after-school coding class? We can learn to (1)_____ games!
B: Really? That sounds cool. What age group is it for?
A: It's for students aged 10 to (2)_____. And the cost is only (3)_____ for the class.
B: Great. Do we need to bring our own (4)_____?
A: Yes, we do. I think we could enjoy (5)_____ after school more with this class.
B: I couldn't agree with you more. Let's sign up and start learning some coding!

직독직해 Skill 다음을 의미 단위로 끊어 읽고(/), 주어(S)와 동사(V)에 표시해 봅시다.

• If you know how to use a mouse and keyboard then you've already got what it takes.

_____

READING 16

다음 도표의 내용과 일치하지 <u>않는</u> 것은?

기출 응용

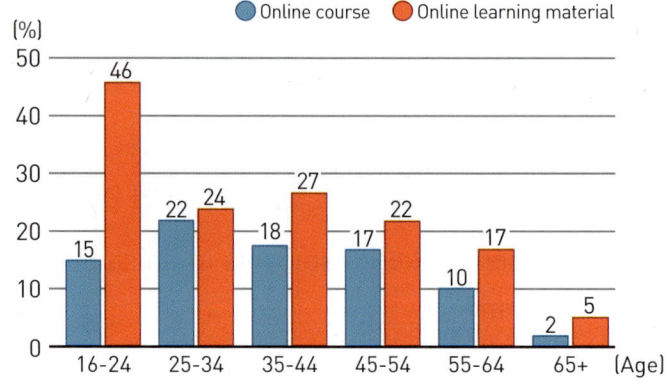

Percentage of UK People
Who Used Online Course and Online Learning Material
(in 2020, by age group)

Mini Quiz

도표의 제목을 우리말로 옮겨 봅시다.

The above graph shows the percentage of people in the UK who used online courses and online learning materials, by age group, in 2020. ①Most notably, in each age group, the percentage of people who used online learning materials was higher than that of people who used online courses. ②The 25–34 age group had the highest percentage of people who used online courses among all the age groups. ③Those aged 65 and older were the least likely to use online courses and online learning materials among the six age groups. ④Among the six age groups, the gap between the percentage of people who used online courses and that of people who used online learning materials was the smallest in the 35–44 age group. ⑤In each of the 25–34, 35–44, and 45–54 age groups, more than one in ten people used online learning materials.

Reading 비법

도표의 제목을 먼저 파악하여 글 내용을 예측하며 읽어 나가야 한다.

Reading Skill 도표의 내용과 일치하도록 다음 표를 완성해 봅시다.

	16~24세	25~34세	35~44세	45~54세	55~64세	65세 이상
온라인 강의	15%	22%	18%	17%	_____%	2%
온라인 _____	46%	_____%	27%	22%	17%	5%

1 도표를 보고 답할 수 <u>없는</u> 질문은?

① Which age group used online courses the least in 2020?
② Which age group used online courses the most in 2020?
③ How has the trend of using online courses changed since 2020?
④ Between the 25-34 and 35-44 age groups, which used online learning materials more in 2020?
⑤ Is the percentage of using online learning materials higher than that of using online courses across each group?

Words

learning materials 학습 자료
age group 연령 집단
notably *ad.* 특히, 현저히
gap *n.* 차이, 간격

2 도표의 내용과 일치하지 <u>않는</u> 부분을 고쳐 문장을 다시 쓰시오.

The 45-54 age group used more online courses than the 35-44 age group.

→ _____

3 ❙Summary❙ 도표의 내용과 일치하도록 괄호 안의 단어를 적절하게 배열하시오.

In the graph, it is shown that the older people get, (who, the lower, of people, the percentage) used online courses and online learning materials.

_____

직독직해 Skill 다음을 의미 단위로 끊어 읽고 (/), 주어 (S)와 동사 (V)에 표시해 봅시다.

· Most notably, in each age group, the percentage of people who used online learning materials was higher than that of people who used online courses.

_____

READING
17

Mini Quiz

글을 읽으면서 선택지 ①~⑤의 내용에 해당하는 부분에 밑줄을 그어 봅시다.

Frantz Fanon에 관한 다음 글의 내용과 일치하지 <u>않는</u> 것은?

  Frantz Fanon was born in 1925 on a Caribbean island, which was then a French colony. His father was a descendant of African slaves and worked as a customs officer. He left home to volunteer for the Free French Forces in World War II, and after the war he studied both medicine and psychology in Lyon, France. One 5 year after becoming a doctor to treat mental illness in 1951, he published his first book: *Black Skin, White Masks*. In 1953, Fanon moved to Algeria, where he worked as a hospital doctor for mental health. After hearing his patients' tales of the torture during the war, he was shocked and resigned from his government-supported 10 in job. He began working for the Algerian independence movement. In the late 1950s, he developed blood cancer. During his illness, he wrote his final book, *The Wretched of the Earth*, arguing for a different world.

*torture: 고문

① 프랑스 식민지였던 카리브해의 섬에서 태어났다.
② 아버지는 세관원으로 일했다.
③ 2차 세계대전 이후에 의학과 심리학을 공부했다.
④ 의사가 되기 일 년 전에 자신의 첫 번째 책을 출판했다.
⑤ 1950년대 말에 혈액암에 걸렸다.

Reading 비법

선택지의 순서가 본문에 언급된 순서와 일치한다는 것을 기억해야 한다.

Reading Skill 글의 내용과 일치하도록 다음 표를 완성해 봅시다.

Frantz Fanon	
출생	_____ 식민지인 카리브해의 섬에서 태어났다.
학업	_____ 후에 프랑스에서 _____ 과 심리학을 공부했다.
변화	• 알제리에서 의사로 일하던 중, _____ 의 이야기를 듣고 충격을 받았다. • 알제리 _____ 을 위해 일하기 시작했다.
질병	_____ 투병 중에, 자신의 마지막 저서를 집필했다.

1 글을 읽고 유추할 수 있는 내용이 <u>아닌</u> 것은?

① His father worked for the French government.
② He fought for France in World War II.
③ He wrote his book in his 20s.
④ Algerian people suffered from the war.
⑤ He had to stop writing because of his illness.

2 글의 내용과 일치하도록 괄호 안의 단어를 바르게 배열하여 답변을 완성하시오.

Q: Why did Frantz Fanon resign from his government-supported job in Algeria?
A: Because he _____.
(his patients' tales, to hear, of torture, shocked, was)

3 | Summary | 다음 빈칸에 적절한 단어를 글에서 찾아 쓰시오.

Frantz Fanon's Life	
Year	**What Happened?**
in 1925	He was born on a ⁽¹⁾_____ island.
in 1951	He became a doctor for ⁽²⁾_____ health treatment.
in 1953	He ⁽³⁾_____ to Algeria to work as a doctor.
late 1950s	Despite his ⁽⁴⁾_____, he wrote his last book.

직독직해 Skill 다음을 의미 단위로 끊어 읽고(/), 주어(S)와 동사(V)에 표시해 봅시다.

· After hearing his patients' tales of the torture during the war, he was shocked and resigned from his government-supported job.

_____

READING 18

Greta Thunberg에 관한 다음 글의 내용과 일치하지 <u>않는</u> 것은?

At a very young age, Greta Thunberg was diagnosed with Asperger syndrome. People with the syndrome cannot socialize very well, but they are able to focus really deeply on one thing. When she was 8 years old, she heard about climate change. She became deeply interested in it. She became a vegan, and she 5 refused to ride in airplanes because of their high carbon footprint. She started to speak to people around her about climate change. In 2018, she skipped school and walked to her country's parliament in Sweden. She sat quietly in front of the building with a sign that read "SCHOOL STRIKE FOR CLIMATE." Thunberg continued 10 to protest once a week by skipping school on Fridays. Her protest caught the attention of the media, and soon, students all over the world followed her and held protests in their own countries. Thunberg quickly became an icon in the fight against climate change. *Asperger syndrome: 아스퍼거 증후군(발달 장애 증후군) 15

Mini Quiz

여섯 번째 줄의 'their'가 가리키는 것을 글에서 찾아 써 봅시다.

① 8살에 기후 변화에 관심을 두게 되었다.
② 고소공포증 때문에 비행기 타기를 거부했다.
③ 2018년에 스웨덴 의회 앞에서 시위를 시작했다.
④ 일주일에 한 번씩 시위를 지속했다.
⑤ 전 세계 학생들이 그녀의 시위에 동조했다.

Reading 비법
행동의 이유나 결과를 잘 파악해야 한다.

Reading Skill 글의 내용과 일치하도록 다음 표를 완성해 봅시다.

Greta Thunberg	
상황	_____을 진단받았다.
행동	• _____가 되었다. • 탄소 발자국으로 인해 _____을 거부했다. • _____에 맞서는 시위를 했다.
영향	매체의 관심을 받으면서 전 세계 학생들이 그녀의 _____에 동조했다.

● Answers p. 19

1 글을 읽고 답할 수 <u>없는</u> 질문은?

① What is a symptom of people with Asperger syndrome?
② Why did Thunberg become a vegan?
③ What did Thunberg do to cope with climate change?
④ How did Thunberg's parents help her protest?
⑤ What was the result of Thunberg's protest against climate change?

2 글의 내용과 일치하면 T, 일치하지 <u>않으면</u> F를 쓰시오.

(1) Thunberg helped young patients with Asperger syndrome. _____

(2) Thunberg's daring acts had an effect on students all over the world. _____

3 I Summary I 다음 빈칸에 적절한 단어를 글에서 찾아 쓰시오.

Although Greta Thunberg was [superscript (1)]_____ with Asperger syndrome, she began to protest against [superscript (2)]_____ _____ and became a(n) [superscript (3)]_____ in the fight against it.

Words

diagnose *v.* 진단하다
syndrome *n.* 증후군
socialize *v.* 사회화하다
climate change 기후 변화
vegan *n.* 채식주의자
refuse *v.* 거부하다
carbon footprint 탄소 발자국(온실 효과를 유발하는 이산화탄소의 배출량)
skip *v.* 빼먹다, 거르다
parliament *n.* 의회
strike *n.* 파업
protest *v.* 항의하다
n. 시위, 항의
catch the attention of ~의 관심[주의]을 끌다
icon *n.* 우상, 상징, 아이콘

직독직해 Skill   다음을 의미 단위로 끊어 읽고(/), 주어(S)와 동사(V)에 표시해 봅시다.

· Her protest caught the attention of the media. and soon. students all over the world followed her and held protests in their own countries.

_____

READING
19

Antonie van Leeuwenhoek에 관한 다음 글의 내용과 일치하지 <u>않는</u> 것은? 기출 응용

Antonie van Leeuwenhoek was a scientist well known for his cell research. He was born in Delft, Netherlands, on October 24, 1632. At the age of 16, he began to learn job skills in Amsterdam. At the age of 22, he returned to Delft and started his business as a linen draper. His business prospered, and he began to devote much ⁵ of his time to his hobby of grinding lenses and using <u>them</u> to study tiny objects. He knew only one language, Dutch, which was quite unusual for scientists of his time. But his curiosity was endless, and he worked hard. He had an important skill. He knew how to make things out of glass. This skill came in handy when he made ¹⁰ lenses for his simple microscope. He paid close attention to the things he saw and wrote down his observations. Since he couldn't draw well, he hired an artist to draw pictures of what he described.

*cell: 세포   **linen draper: 직물상, 리넨 상인

Mini Quiz

렌즈를 만드는 데 유용하게 쓰인 Antonie van Leeuwenhoek 의 기술을 찾아 밑줄을 그어 봅시다.

① 세포 연구로 잘 알려진 과학자였다.
② 22살에 Delft로 돌아오고 사업이 번창했다.
③ 한 가지 언어만 알고 있었다.
④ 유리로 물건을 만드는 방법을 알지 못했다.
⑤ 화가를 고용하여 그가 설명하는 것을 그리게 했다.

Reading 비법

This나 That과 같은 지시대명사가 가리키는 것을 잘 파악해야 한다.

Reading Skill 글의 내용과 일치하도록 다음 표를 완성해 봅시다.

Antonie van Leeuwenhoek	
출생 / 성장	• 1632년 네덜란드 Delft에서 태어남 • 16살: _____에서 직업 기술을 배움 • 22살: Delft로 돌아와 사업을 시작함 • 취미(_____ 개발을 통해 미세한 물체 연구)에 전념함
강점 / 성과	• _____로 물건을 만드는 법을 알고 있었음 → _____에 쓰일 렌즈 제작에 도움

1 글에 쓰인 단어들의 영영 풀이로 올바르지 <u>않은</u> 것은?

① return: to go or come back to a place where you were before
② grind: to break something into small pieces or powder
③ tiny: extremely large in size or amount
④ curiosity: the desire to know about something
⑤ hire: to give someone a job and pay them for the work they do

2 밑줄 친 <u>them</u>이 가리키는 것을 글에서 찾아 쓰시오.

_____

3 | Summary & Arrange the Order | | 보기의 단어를 이용하여 다음 문장을 완성한 후, 글의 순서에 맞게 (A)~(D)를 배열하시오.

┌ 보기 ┐

Amsterdam   Delft   one   artist

(A) His business in _____ succeeded, and he began to study tiny objects.
(B) He had an _____ draw pictures of his observations.
(C) He started to learn job skills in _____ at the age of 16.
(D) Although he knew only _____ language, he overcame this weakness with hard work.

_____ → _____ → _____ → _____

직독직해 Skill 다음을 의미 단위로 끊어 읽고(/), 주어(S)와 동사(V)에 표시해 봅시다.

· His business prospered, and he began to devote much of his time to his hobby of grinding lenses and using them to study tiny objects.

_____

Words

known for ~로 알려진
research *n.* 연구
return *v.* 돌아오다
prosper *v.* 번창하다
devote *v.* 쏟다, 바치다
grind *v.* 갈다
tiny *a.* 아주 작은
object *n.* 물체, 물건
Dutch *n.* 네덜란드어
unusual *a.* 드문
curiosity *n.* 호기심
endless *a.* 끝없는
come in handy 도움이 되다, 쓸모가 있다
microscope *n.* 현미경
pay attention to ~에 주의를 기울이다
observation *n.* 관찰
hire *v.* 고용하다
describe *v.* 설명하다

Chapter

03

묘사된 분위기나 심경 파악하기

Reading Key 인물과 사건 중심으로 빠르게 읽기

Unit 08 분위기·심경 파악하기

A 사건/일화나 상황을 묘사하는 글

즐겁고(joyful) 축제 분위기인(festive)

평화롭고(peaceful) 차분한(calm)

바쁘고(busy) 혼잡한(crowded)

사건이나 상황을 묘사하는 글은 나열식 구조이다. 주제가 있는 글이 아니므로, 한 가지 주제문을 찾기보다는 전반적인 글의 분위기를 빠르게 파악하며 읽어야 한다. 예를 들어, 즐거운 운동회를 묘사하는 글은 활기찬 분위기를 전달한다.

〔기출 예제〕

　Meghan looked up and saw angry gray clouds across the water. The storm was coming her way. She stood up and reached for her sandals. She spotted a dog in the middle of the lake. At first she thought he was playing. She watched for a second or two, then realized the dog wasn't playing. He was trying to keep from going under. She ran into the water and started swimming toward the dog. She saw the dog, and seconds later he was gone. She pushed forward to save him.

상황 묘사	• _____이 다가오는 호수에서 _____ 않으려고 애쓰는 개를 발견함
	• Meghan이 _____에 _____ 개를 구조하려고 함

➡ **글 전반의 분위기:** ☐ 긴박한 분위기　vs　☐ 지루한 분위기

Words) storm *n.* 폭풍　spot *v.* 발견하다　realize *v.* 깨닫다, 알아차리다　go under 가라앉다　push forward 계속 나아가다

B 등장인물의 심경을 묘사하는 글

+	−
wonderful smile the best friendly better beautiful cannot wait to	exhausted pale uneasy terribly wrong grief terrible

사건이나 일화를 설명하는 글 중에서도 사건보다는 등장인물의 마음 상태, 즉 심경에 초점을 맞춘 글들이 있다. 이런 글 역시 주제를 찾기보다는 등장인물이 처한 상황과 그때 느꼈을 심경을 파악하며 읽어야 한다.

기출 예제

It was time for the results of the speech contest. I was worried about whether I would win a prize or not. My hands were trembling due to the anxiety. I thought to myself, "Did I work hard enough to beat the other participants?" After a long wait, an envelope was handed to the announcer. She opened the envelope to see the winner's name. My hands were now sweating, and my heart started pounding really hard and fast.

상황 묘사	말하기 대회 결과 발표 _____의 상황
	– _____으로 손이 떨림
	– 손에 _____이 나고 심장이 빠르게 뜀

➡ 'I'의 심경: ☐ jealous vs ☐ nervous

Words result *n.* 결과   speech contest 말하기 대회   worry *v.* 걱정하다   tremble *v.* 떨리다   anxiety *n.* 불안감   beat *v.* 이기다
participant *n.* 참가자   envelope *n.* 봉투   hand *v.* 건네다   sweat *v.* 땀이 나다   pound *v.* (심장 등이) 뛰다

READING 20

다음 글의 분위기로 가장 적절한 것은?

  In the late afternoon, Brandon finished feeding his cows on his farm and decided to call it a day. As usual, his two sons, Louie, 6, and Everett, 3, had followed him around as he worked on his farm. On the way back to the house, the boys ran ahead of their father, and when Brandon stopped to close the pasture gate, Louie went 5 to an old well to drink water. The board covering the well opening had, over time, grown weak. When Louie stepped on it, it broke. Brandon had just finished closing the gate when he turned around and saw only his youngest son. "Where's Louie?" he shouted to Everett. Everett, his blue eyes full of fear, told him, "He fell in the 10 hole!" The 37-year-old immediately realized what had happened. *Noooo!* He was scared because Louie could barely swim. Brandon raced over to the well, and when he heard Louie splashing far below, he jumped in.

*splash: 첨벙거리다

① boring　　　　② urgent　　　　③ peaceful
④ humorous　　　⑤ romantic

Mini Quiz

등장인물 세 명의 이름을 찾아 밑줄을 긋고 서로의 관계를 파악해 봅시다.

Reading 비법

각각의 인물들이 처한 상황을 머릿속으로 그리면서 글을 읽어야 한다.

Reading Skill 글의 내용과 일치하도록 다음 표를 완성해 봅시다.

발단	Brandon이 _____에서 두 아들과 함께 일과를 마침
전개	귀갓길에 아이 둘이 앞서 달려감 → 큰아들 _____가 물을 마시러 우물로 이동 → 우물에 빠짐
절정(위기)	작은아들 _____이 아빠에게 상황을 설명함 → Brandon이 Louie를 구하기 위해 _____에 뛰어듦

1 글에 드러난 Everett의 심경으로 가장 적절한 것은?

① angry   ② scared   ③ happy

④ interested   ⑤ delightful

2 글의 내용과 일치하면 T, 일치하지 않으면 F를 쓰시오.

(1) Louie and Everett visited their dad's farm for the first time.
_____

(2) Everett told Brandon what happened to Louie. _____

3 |Story Map| 빈칸에 적절한 단어를 |보기|에서 골라 쓰시오.

|보기|

3   6   37   well   Louie   water   feeding

Characters	How old	What they did
Brandon	(1) _____ years old	· He finished (2) _____ his cows. · He jumped into the (3) _____.
Louie	(4) _____ years old	· He went to an old well to drink (5) _____. · He fell into the well.
Everett	(6) _____ years old	He told his dad that (7) _____ fell in the hole.

직독직해 Skill 다음을 의미 단위로 끊어 읽고(/), 주어(S)와 동사(V)에 표시해 봅시다.

· On the way back to the house. the boys ran ahead of their father. and when Brandon stopped to close the pasture gate. Louie went to an old well to drink water.

_____

다음 글에 드러난 'I'의 심경으로 가장 적절한 것은?

Cathy called me back just as I was leaving the house this morning and gave me a stiff little hug. She slipped a typewritten note into my hand, giving me formal notice of my discharge, including a departure date. She couldn't meet my eye. She gave me a sad smile and said, "I hate <u>to do this to you</u>, Rachel, I honestly ⁵ do." The whole thing felt very awkward. We were standing in the hallway. I felt like crying, but I didn't want to make her feel worse than she already did, so I just smiled cheerily and said, "Not at all, it's honestly no problem," as though she'd just asked me to do her a small favour. On the train, the tears come, and I don't care if ¹⁰ people are watching me. They might think that my dog has been run over or that I have been diagnosed with a terminal illness.

① proud   ② sorrowful   ③ bored

④ jealous   ⑤ delighted

Mini Quiz

글을 읽으면서 'I'의 심경을 유추할 수 있는 표현을 찾아 밑줄을 그어 봅시다.

Reading 비법

감정을 나타내는 형용사나 심경을 유추할 수 있는 표현에 주목해야 한다.

Reading Skill 글의 내용과 일치하도록 다음 표를 완성해 봅시다.

장소	발생한 일
복도	• 집을 나설 때 _____가 나를 부르고 안아 줌 • 내가 나가야 할 날짜가 적힌 _____를 건네줌 • Cathy는 _____을 마주치지 못하고 미안해함 • 나는 _____ 심정이었지만, 별일이 아닌 것처럼 대답함
기차	_____이 흐르지만 사람들의 시선을 신경 쓰지 않음

Answers p. 22

1 밑줄 친 to do this to you가 글에서 의미하는 바로 가장 적절한 것은?

① to fight with you
② to cry out before you
③ to clean up the house
④ to get on the train with you
⑤ to tell you to leave the house

Words

stiff *a.* 경직된, 뻣뻣한
slip *v.* 살짝 건네다
typewritten *a.* 타자기로 친
discharge *n.* 퇴거, 내보냄
awkward *a.* 어색한
hallway *n.* 복도
feel like -ing ~하고 싶다
cheerily *ad.* 씩씩하게
run over ~을 치다
diagnose *v.* 진단하다
terminal illness 불치병

2 글의 내용과 일치하도록 빈칸에 적절한 단어를 글에서 찾아 쓰시오.

Q: Why did Rachel say to Cathy, "Not at all, it's honestly no problem."?
A: Because Rachel didn't want to make (1) ____________ feel (2) ____________.

3 | Arrange the Order | (A)~(D)를 글의 내용에 맞게 순서대로 배열하시오.

(A) I might cry on the train.

(B) Cathy couldn't make eye contact with me as she spoke.

(C) I said okay to Cathy as though there were no problem.

(D) Cathy handed me a note as I left the house.

________ → ________ → ________ → ________

직독직해 Skill 다음을 의미 단위로 끊어 읽고(/), 주어(S)와 동사(V)에 표시해 봅시다.

• Cathy called me back just as I was leaving the house this morning and gave me a stiff little hug.

____

READING 22

다음 글에 드러난 Zoe의 심경 변화로 가장 적절한 것은? `기출 응용`

   All the finalists, including Zoe, were waiting for the final result. At last, the principal stepped on stage. "I will now present this year's top academic award to the student who has achieved the highest placing." He smiled at the row of seats where the twelve finalists had gathered. Zoe wiped a sweaty hand on her handkerchief ⁵ and looked at the other finalists. They all looked as pale and uneasy as she did. Zoe and one of the other finalists had won first placing in four subjects, so the result depended on how teachers ranked their hard work and confidence. "The Trophy for General Excellence is awarded to Miss Zoe Perry," the principal finally ¹⁰

said. "Could Zoe step this way, please?" Zoe felt as if she were in heaven. She walked into the thunder of applause with a big smile.

¹⁵

① angry → calm
② guilty → confident
③ nervous → delighted
④ excited → disappointed
⑤ indifferent → thankful

Mini Quiz

Zoe의 처음 심경을 유추할 수 있는 형용사를 찾아 밑줄을 그어 봅시다.

Reading 비법

상황이나 사건 전개에 따라 달라지는 감정을 나타내는 형용사 표현에 유의해야 한다.

Reading Skill 글의 내용과 일치하도록 다음 표를 완성해 봅시다.

Before		After
• Zoe는 땀에 젖은 손을 _____ 에 문질러 닦았다. • 다른 후보자 모두 그녀만큼이나 창백하고 _____ 보였다.	교장 선생님의 발표	• Zoe는 마치 _____ 에 있는 기분이었다. • 그녀는 _____ 을 지으면서 박수갈채를 받으며 걸어갔다.

1 글의 내용과 일치하지 <u>않는</u> 것은?

① 교장 선생님이 상을 수여하기 위해 무대 위로 올라갔다.

② 최종 입상 후보자는 모두 12명이었다.

③ 노력과 자신감에 대한 교사들의 평가가 결과에 영향을 미쳤다.

④ 네 과목에서 1위를 차지한 학생은 Zoe가 유일했다.

⑤ 최우수상 수상자로 Zoe가 호명되었다.

Words

finalist *n.* 최종 입상 후보자

including *prep.* ~을 포함하여

principal *n.* 교장

present *v.* 수여하다

academic *a.* 학업의

award *n.* 상

row *n.* 열, 줄

gather *v.* 모이다

wipe *v.* 닦다

sweaty *a.* 땀에 젖은

handkerchief *n.* 손수건

pale *a.* 창백한

uneasy *a.* 불안한

rank *v.* 평가하다, 순위[등급]를 매기다

confidence *n.* 자신감

applause *n.* 박수갈채

2 |보기|를 참고하여 우리말 의미에 맞도록 괄호 안의 단어를 알맞게 배열하시오.

┌ 보기 ┐

Zoe는 마치 천국에 있는 기분이었다.

→ <u>Zoe felt as if she were in heaven.</u>

그 순간, Eric은 자신이 낯선 사람인 것 같은 느낌이 들었다.

(a stranger, as if, felt, he, were)

→ At that moment, Eric _____ .

3 | Summary | |보기|의 단어를 이용하여 요약문을 완성하시오.

┌ 보기 ┐

principal   pleased   sweat   smile

Zoe had (1)_____ on her hands when she was waiting for the final result. At last, when the (2)_____ announced her as the winner, Zoe was very (3)_____, stepping forward with a big (4)_____.

직독직해 Skill 다음을 의미 단위로 끊어 읽고(/), 주어(S)와 동사(V)에 표시해 봅시다.

· Zoe and one of the other finalists had won first placing in four subjects, so the result depended on how teachers ranked their hard work and confidence.

_____

_____

Chapter 04

글의 흐름 파악하기

Reading Key 글의 흐름을 파악하고 이어질 내용 예측하기

A 글의 흐름 파악

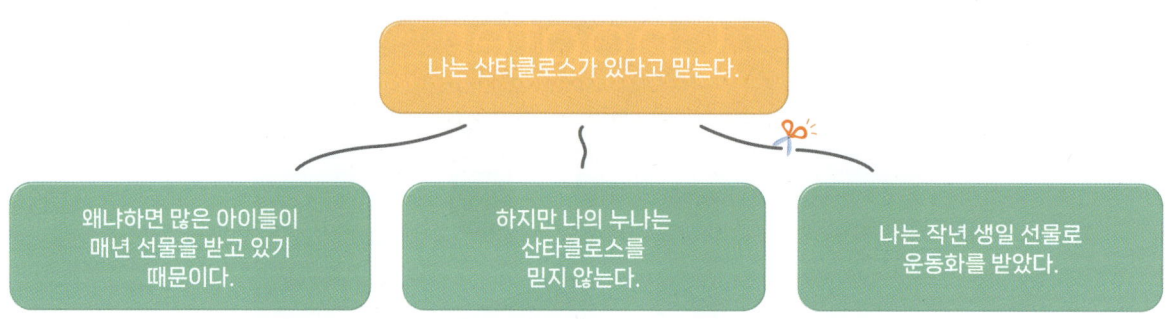

시험에 출제되는 지문은 짜임새가 잘 갖추어진 글들이다. 다양한 글이 있기에 첫 문장이 나온 후 그에 대한 이유가 이어질 수도, 예시가 이어질 수도, 반론이 이어질 수도 있지만 무관한 내용이 나올 수는 없다.

기출 예제

  The use of drones in science has been increasing. Drones may be useful to collect all kinds of research data.

흐름상 이어지기에 어색한 내용 고르기

☐ 기상학 분야에서 드론의 활용 예시

☐ 대기와 기후 측정에 드론 활용이 좋은 이유

☐ 드론 배달 시스템으로 인한 대기 오염 사례

B 이어질 내용 예측

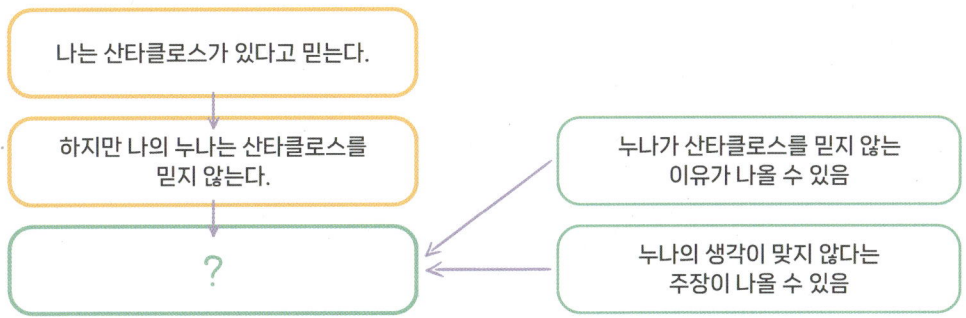

글의 흐름을 파악하는 것에 그치지 않고, 나아가 이어질 내용을 예측하며 적극적으로 읽는 것이 좋다.

기출 예제

(A) Have you ever thought about why blue is used so often in denim? The reason is that blue dye has chemical properties that make it better than other dyes.

(B) Calling denim pants "blue jeans" almost seems redundant because all denim is blue. While jeans may have a multi-purpose role in your wardrobe, blue actually isn't a particularly neutral color.

(A) _____ _____의 화학적 특성 때문에 데님에 사용된다.   (B) 청바지의 파란색은 _____ 색은 아니다.

→ 적절한 흐름: ☐ (A) – (B)의 순서 vs ☐ (B) – (A)의 순서

Words denim *n* 데님 dye *n.* 염료 chemical *a.* 화학적인 property *n.* 특성 redundant *a.* 중복되는 multi-purpose *a.* 다목적인, 다용도의 wardrobe *n.* 옷장 particularly *ad.* 특별히 neutral *a.* 무난한, 중간색의

23

주어진 글 다음에 이어질 글의 순서로 가장 적절한 것은?

Imagination expands our horizons in all time dimensions — present, past, and future. In the context of the present, or more precisely, the very near future, we explore what is possible for us to do here and now.

(A) That's because people tend to think more about the future than the past or the present. Since many events are more pleasurable to imagine than to experience, thinking of the future greatly affects our decisions.

(B) This gives us a practical perspective when considering what we currently desire. The horizon directed at the past provides us with a perspective about ourselves and what is meaningful for us.

(C) Although we cannot change the past, the perspective influences choices we make in the present and for the future. Of the three time horizons, the future-oriented one has the greatest impact on our decision-making.

*horizon: 시야, 수평선, 지평선   **dimension: 차원

① (A) − (C) − (B)   ② (B) − (A) − (C)
③ (B) − (C) − (A)   ④ (C) − (A) − (B)
⑤ (C) − (B) − (A)

Mini Quiz

(B)의 This가 가리키는 것을 찾아 밑줄을 그어 봅시다.

Reading 비법

This나 That이 글에서 구체적으로 가리키는 것이 무엇인지 알면 글의 순서를 파악하기 쉽다.

Reading Skill

글의 중심 내용에 맞게 다음 표를 완성해 봅시다.

주제	상상력은 시간의 차원에서 우리의 _____ 를 확장함

세부 내용	• _____ 의 맥락에서는 지금 우리가 할 가능한 것을 탐구함
	• _____ 를 향한 시각은 우리 자신과 우리에게 의미 있는 것에 대한 시각을 제공함
	• 미래를 향한 시각은 우리의 _____ 에 가장 큰 영향을 미침
	  – 사람들은 _____ 에 대해 더 많이 생각하는 경향이 있음
	  – 많은 사건은 경험하는 것보다 상상하는 것이 더 즐거움

● Answers p. 24

1 글의 내용과 일치하지 <u>않는</u> 것은?

① Seeing things in terms of time gives us useful perspectives.

② People often think more about the future than the present.

③ Imagining events is often more pleasurable than experiencing events.

④ Past-oriented thinking helps us know what's meaningful to us.

⑤ Our thinking of the past never affects our decision-making.

Words

imagination *n.* 상상력
expand *v.* 확장하다
context *n.* 맥락
precisely *ad.* 구체적으로
explore *v.* 탐구하다
pleasurable *a.* 즐거운
perspective *n.* 시각
currently *ad.* 현재, 지금
direct *v.* 방향을 맞추다
meaningful *a.* 의미 있는
influence *v.* 영향을 미치다
impact *n.* 영향

2 글의 내용과 일치하도록 <u>틀린</u> 부분을 바르게 고쳐 문장을 다시 쓰시오.

Thinking of the present doesn't give us perspectives on what we want right now.

→ _____

3 | Flow Chart | 다음 빈칸에 적절한 단어를 글에서 찾아 쓰시오.

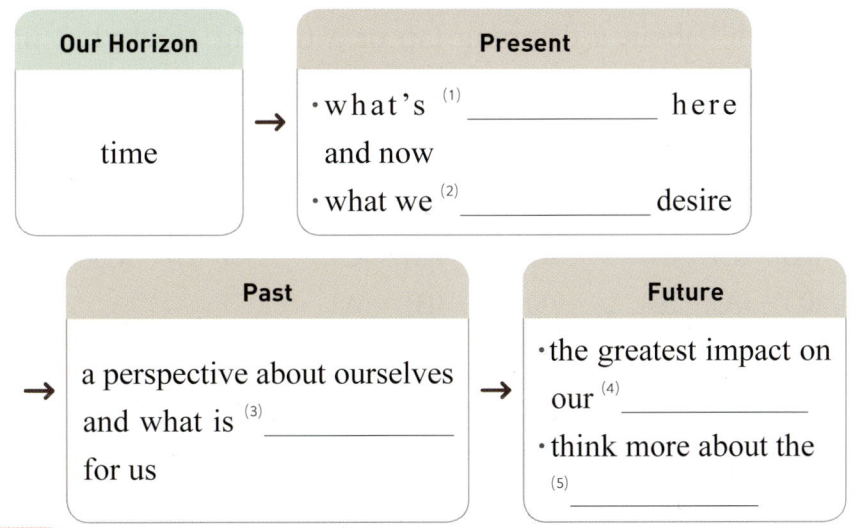

Our Horizon

time

→

Present

· what's (1) _____ here and now
· what we (2) _____ desire

→

Past

a perspective about ourselves and what is (3) _____ for us

→

Future

· the greatest impact on our (4) _____
· think more about the (5) _____

직독직해 Skill 다음을 의미 단위로 끊어 읽고(/), 주어(S)와 동사(V)에 표시해 봅시다.

· The horizon directed at the past provides us with a perspective about ourselves and what is meaningful for us.

주어진 글 다음에 이어질 글의 순서로 가장 적절한 것은?

> You may be familiar with being kept awake by a dripping tap, or an alarm clock that ticks too loudly. The more you listen, the louder it gets.

(A) So, you jump out of bed to make it stop. Even though it may seem impossible to you under those circumstances, some people actually do not mind those sounds.

(B) Naturally, your perception is playing a trick on you, since no one is turning up the volume. But, because you start paying attention to the sound, and choose to perceive it as annoying, your level of irritation goes up until it becomes unbearable.

(C) And yet other people are capable of attending to the sound, only to let go of the sound. The difference is found not in the "truth" about a dripping tap or a ticking clock, but in your framings: whatever you give energy to, grows.

*perception: 지각

Mini Quiz

(A)의 첫 번째 'it'이 구체적으로 가리키는 것을 찾아 밑줄을 그어 봅시다.

① (A) − (C) − (B)　　② (B) − (A) − (C)　　③ (B) − (C) − (A)
④ (C) − (A) − (B)　　⑤ (C) − (B) − (A)

Reading 비법

연결어인 So와 But, because, And yet의 의미에 주목하여 글의 논리적 흐름을 파악해야 한다.

Reading Skill　연결어로 이어지는 글의 흐름을 파악해 봅시다.

도입	더 많이 들을수록 _____는 더 커짐
전개	• 아무도 소리를 키우지 않음 • (But, because) 그러나 소리에 _____를 기울이기 때문에 짜증이 남
발전	• (So) 그래서 소리를 _____ 하려고 함 • 어떤 사람들은 소리를 상관하지 않음 • (And yet) 그리고 또 다른 사람들은 소리가 지나가게 함
결론	소리의 진실이 아닌 프레이밍에 의한 차이임 → _____를 주는 것이면 무엇이든 자라남

1 글을 읽고 답할 수 <u>없는</u> 질문은?

① Does a sound get louder when you listen to it more?
② What do you do to stop the sound?
③ Is someone turning the volume up?
④ How long does it take for the sound to stop?
⑤ Does your framing determine how noisy the sound is?

2 글의 내용과 일치하도록 다음 빈칸에 적절한 말을 글에서 찾아 쓰시오.

> Framing is related to giving energy, and when you pay
> _____ to something, you're giving energy to it.

3 ｜Summary Map｜ 다음 빈칸에 적절한 단어를 글에서 찾아 쓰시오.

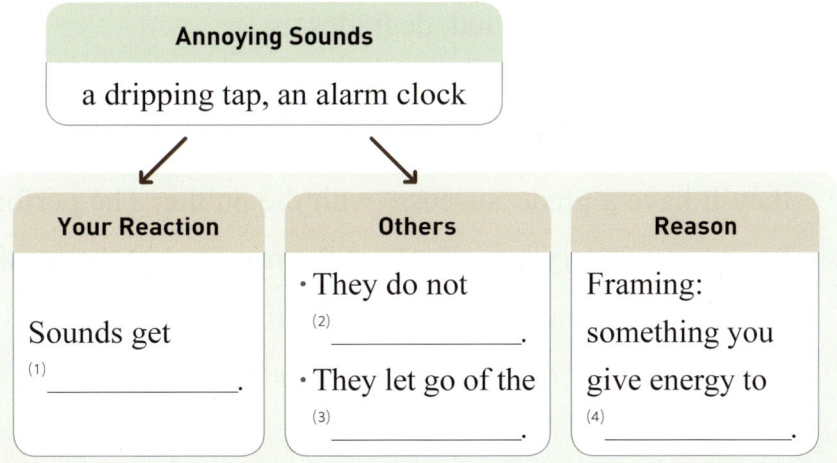

Annoying Sounds

a dripping tap, an alarm clock

Your Reaction

Sounds get
(1) _____.

Others

· They do not
(2) _____.
· They let go of the
(3) _____.

Reason

Framing:
something you
give energy to
(4) _____.

Words

drip *v.* (액체가) 똑똑[방울방울] 떨어지다
tap *n.* 수도꼭지
tick *v.* (시계 등이) 똑딱거리다
circumstance *n.* 상황, 사정
mind *v.* 상관하다, 신경을 쓰다
naturally *ad.* 당연히, 물론
play a trick on ～을 속이다
pay attention to ～에 주의를 기울이다
annoying *a.* 짜증나는, 귀찮은
irritation *n.* 짜증
unbearable *a.* 참을[견딜] 수 없는
be capable of ～할 수 있다
attend to ～에 주의하다
framing *n.* 프레이밍, 짜 맞추기, 구성

직독직해 Skill 다음을 의미 단위로 끊어 읽고(/), 주어(S)와 동사(V)에 표시해 봅시다.

· Even though it may seem impossible to you under those circumstances, some people actually do not mind those sounds.

_____

주어진 글 다음에 이어질 글의 순서로 가장 적절한 것은? 〔기출 응용〕

Robert Schumann once said, "The laws of morals are those of art." What the great man is saying here is that there is good music and bad music.

(A) It's the same with performances: a bad performance isn't necessarily the result of incompetence. Some of the worst performances occur when the performers, no matter how accomplished, are thinking more of themselves than of the music they're playing.

(B) The greatest music, even if it's tragic in nature, takes us to a world higher than ours; somehow the beauty uplifts us. Bad music, on the other hand, degrades us.

(C) These doubtful characters aren't really listening to what the composer is saying ― they're just showing off, hoping that they'll have a great 'success' with the public. The performer's basic task is to try to understand the meaning of the music, and then to communicate it honestly to others.

*incompetence: 무능   **degrade: 격하시키다

① (A) ‒ (C) ‒ (B)   ② (B) ‒ (A) ‒ (C)   ③ (B) ‒ (C) ‒ (A)
④ (C) ‒ (A) ‒ (B)   ⑤ (C) ‒ (B) ‒ (A)

Mini Quiz

(C)의 "These doubtful characters"가 가리키는 것을 찾아 밑줄을 그어 봅시다.

Reading 비법

반복되는 어구나 the same 처럼 같은 것을 가리키는 말에 주목하면 글의 순서를 찾기 쉽다.

Reading Skill 키워드에 따라 글의 흐름을 파악해 봅시다.

도입	좋은 음악과 나쁜 음악이 있음
전개	가장 위대한 음악은 우리를 더 높은 세상으로 데려가고 나쁜 음악은 우리를 _____
발전	• (It's the same with ~) _____도 마찬가지임 • 최악의 연주는 연주자가 음악보다 _____을 더 생각하고 있을 때 발생함
요지	연주자의 기본 임무는 _____의 의미를 이해하려 노력하고, 다른 사람들에게 그것을 _____ 전달하는 것임

1 좋은 음악에 대한 Robert Schumann의 의견으로 가장 적절한 것은?

① 우울한 마음을 위로해 준다.　② 지적 측면을 발달시켜 준다.
③ 우리의 영혼을 높이고 고무한다.　④ 연주자와 공감할 수 있게 해 준다.
⑤ 타인의 경험을 대신할 기회를 준다.

2 글의 내용과 일치하면 T, 일치하지 않으면 F를 쓰시오.

(1) When the performers think more of music than themselves, bad performances occur. _____

(2) The performers must understand the meaning of the music and honestly convey it to others. _____

3　| Summary Map | 빈칸에 적절한 단어를 글에서 찾아 쓰시오.

	Good Music	Bad Music
Art	It takes us to a world (1) _____ than ours.	It (2) _____ us.

	Good Performers	Bad Performers
Performance	· They try to understand the meaning of the music. · They communicate it (3) _____ to others.	They think more of (4) _____ than of the music they're playing.

Words

morals *n.* 도덕, 윤리(학)
performance *n.* 연주
necessarily *ad.* 반드시
accomplished *a.* 숙달된
tragic *a.* 비극적인
in nature 사실상
somehow *ad.* 어떻게든
uplift *v.* 고양시키다
on the other hand 반면에
doubtful *a.* 미덥지 못한
character *n.* 사람, 등장인물
composer *n.* 작곡가
show off 과시하다, 자랑하다
communicate *v.* 전달하다
honestly *ad.* 정직하게

직독직해 Skill　다음을 의미 단위로 끊어 읽고(/), 주어(S)와 동사(V)에 표시해 봅시다.

· Some of the worst performances occur when the performers, no matter how accomplished, are thinking more of themselves than of the music they're playing.

글의 흐름으로 보아, 주어진 문장이 들어가기에 가장 적절한 곳은?

> In the case of Twentieth Century Fox's *Star Wars*, that could be more than 50 years.

Suppose you are a filmmaker like George Lucas and spend $11 million to produce a film such as *Star Wars*. Over what period should the cost be expensed? It should be expensed over the entire 5 economic life of the film. (①) But what is its entire economic life? (②) It's the whole period when the film and various kinds of related products can earn money. (③) So the filmmaker must estimate how much revenue will be earned from box office sales, video sales, television, games, toys, stationery items, and so on. 10 (④) The film was originally released in 1977 and rereleased in 1997, and domestic revenues total nearly $500 million for *Star Wars* and continue to grow. (⑤) This situation demonstrates the difficulty of properly matching expenses to revenues of films.

*revenue: 수입

Mini Quiz

④ 다음의 'The film'이 가리키는 것을 찾아 써 봅시다.

Reading 비법

내용상 단절이 일어나는 곳에 주어진 문장을 넣어 자연스럽게 연결되는지 확인해 본다.

Reading Skill 키워드에 따라 글의 흐름을 파악해 봅시다.

도입	어느 기간 동안의 제작 _____ 이 필요 경비로 취급되어야 할 것인가?
전개	• 영화와 관련 상품으로 돈을 벌 수 있는 전체 기간에 해당하는 전체 경제 _____ 동안 필요 경비로 취급되어야 함 • 매표소 및 비디오 판매, TV, 게임, 장난감, 문구류 품목 등으로부터 벌어들일 _____ 추산
사례	영화 'Star Wars' - 국내 수입은 총액이 거의 _____ 달러이며 계속 증가함
발전	_____ 와 _____ 을 적절히 조화시키는 것이 어려움

1 글을 읽고 답할 수 <u>없는</u> 질문은?

① What company produced *Star Wars*?

② How much money was spent to produce *Star Wars*?

③ When will *Star Wars* be remade and released?

④ How much money has *Star Wars* earned?

⑤ What makes properly matching expenses to revenues hard?

2 글의 내용과 일치하도록 다음 빈칸에 적절한 말을 글에서 찾아 쓰시오.

> The (1)_____ of making a film should be matched with its estimated earning through its entire (2)_____ life.

3 | Flow Chart | 다음 빈칸에 적절한 단어를 글에서 찾아 쓰시오.

Topic
the period over which production cost is (1)_____

↙ ↓ ↘

Supporting Concept	Explanation	Example
during the entire estimated economic (2)_____	the period over which a product can earn (3)_____	*Star Wars*

직독직해 Skill 다음을 의미 단위로 끊어 읽고(/), 주어(S)와 동사(V)에 표시해 봅시다.

· The film was originally released in 1977 and rereleased in 1997. and domestic revenues total nearly $500 million for *Star Wars* and continue to grow.

_____

Words

filmmaker *n.* 영화 제작자

expense *v.* 필요 경비로 취급하다 *n.* (필요) 경비

entire *a.* 전체의

economic *a.* 경제의

related *a.* 관련된

earn *v.* 벌다

estimate *v.* 추산하다

box office 매표소

stationery *n.* 문구류

originally *ad.* 원래, 본래

release *v.* 개봉하다

domestic *a.* 국내의

situation *n.* 상황

demonstrate *v.* 보여 주다, 실증하다

properly *ad.* 적절히

match *v.* 조화시키다, 맞추다

READING 27

글의 흐름으로 보아, 주어진 문장이 들어가기에 가장 적절한 곳은?

> Compared to those sleeping without artificial light, those exposed to light at night were, on average, heavier by 5 kg or more.

Sleeping with the lights or TV on is associated with an increased risk of weight gain and obesity. (①) This was proved by a study published by the National Institute of Environmental Health Sciences in North Carolina. (②) These researchers followed more than 43,000 women aged between thirty-five and seventy-four years over a five-year period. (③) It appears, then, that artificial light disrupts or delays the body's natural clock and upsets the normal hormone balance. (④) Even though the visual stimulation didn't have any noticeable effect on self-reported sleep quality, these results do hint at the potential benefits of removing as much light as possible at night, both before and after we go to sleep. (⑤) Controlling senses, then, may be as much about removing unwanted sources of environmental stimulation as it is about adding new ones.

Mini Quiz

주어진 문장에 있는 두 개의 'those'에 해당하는 것을 찾아 밑줄을 그어 봅시다.

Reading 비법

지시대명사(this, that, these, those)가 구체적으로 가리키는 것이 무엇인지 파악하면 글의 흐름을 알기 쉽다.

Reading Skill 키워드에 따라 글의 흐름을 파악해 봅시다.

요지	조명이나 TV를 켠 채로 자는 것은 _____ 및 _____ 위험과 연관됨
전개	• 35세~74세 여성 4만 3천 명 이상을 5년의 기간에 걸쳐 추적 • 밤에 _____ 에 노출된 사람들이 평균적으로 5킬로그램 이상 더 무거웠음
발전	인공조명은 신체의 자연 시계를 _____ 하고 정상적인 _____ 균형을 어지럽힘
시사점	원치 않는 _____ 을 제거하는 것이 감각 관리에 중요할 수 있음

1 글의 내용과 일치하지 <u>않는</u> 것은?

① The experiment groups were different in their average weight.

② A study proved the effect of exposure to light at night.

③ A group of women were followed by the researchers.

④ The self-reported sleep quality was very bad in one group.

⑤ Removing sources of environmental stimulation affects our senses.

2 글의 내용과 일치하도록 다음 빈칸에 적절한 단어를 글에서 찾아 쓰시오.

(단, 주어진 철자로 시작할 것)

> Being exposed to artificial light while sleeping can i_____ the risk of being o_____.

3 | Flow Chart | 다음 빈칸에 적절한 단어를 글에서 찾아 쓰시오. (단, 어형 변화 가능)

| Main Idea | effect of exposure to artificial light while sleeping |

↓

| Supporting Study | • 43,000 women were followed for a study.
 • A (1)_____ difference of more than 5kg was found between groups. |

↓

| Insight | Artificial light can disrupt the body's (2)_____ clock and (3)_____ the normal hormone balance. |

직독직해 Skill 다음을 의미 단위로 끊어 읽고(/), 주어(S)와 동사(V)에 표시해 봅시다.

• It appears. then. that artificial light disrupts or delays the body's natural clock and upsets the normal hormone balance.

_____

Words

artificial *a.* 인공의

expose *v.* 노출시키다

on average 평균적으로

associated with ~과 연관된

obesity *n.* 비만

prove *v.* 입증하다

disrupt *v.* 방해하다

upset *v.* 어지럽히다

hormone *n.* 호르몬

stimulation *n.* 자극

noticeable *a.* 눈에 띄는

potential *a.* 가능한, 잠재적인

remove *v.* 제거하다

unwanted *a.* 원치 않는

source *n.* 원천

READING

28

글의 흐름으로 보아, 주어진 문장이 들어가기에 가장 적절한 곳은?   기출 응용

> For example, if you rub your hands together quickly, they will get warmer.

Friction is a force between two surfaces that are sliding, or trying to slide, across each other. For example, when you try to push a book along the floor, friction makes this difficult. Friction always works in the direction opposite to the direction in which the object is moving, or trying to move. So friction always slows a moving object down. (①) The amount of friction depends on the surface materials. (②) The rougher the surface is, the more friction is produced. (③) Friction also produces heat. (④) Friction can be a useful force because it prevents our shoes from slipping on the floor when we walk and stops car tires from skidding on the road. (⑤) When you walk, friction occurs between the tread on your shoes and the ground, acting to grip the ground and prevent sliding.

5

10

15

*skid: 미끄러지다   **tread: 접지면, 바닥

Mini Quiz

주어진 문장의 'For example' 이 무엇의 사례인지 찾아 밑줄을 그어 봅시다.

Reading 비법

For example, So, also 등의 연결어에 주의하여 읽으면 글의 흐름을 파악하기 쉽다.

Reading Skill   키워드에 따라 글의 흐름을 파악해 봅시다.

도입	_____의 정의
설명 1	• 마찰은 운동 방향과 반대 방향에서 작용함 – 물체의 _____를 늦춤 • 표면 물질에 따라 마찰의 양이 달라짐 – _____ 표면에서 더 많은 마찰이 일어남
설명 2	마찰은 _____을 발생시킴 – 예시: 손을 빠르게 비비면 손이 더 따뜻해짐
발전	마찰력의 실용적인 활용 – _____을 방지함

1 글의 내용과 일치하지 <u>않는</u> 것은?

① Friction occurs between two sliding surfaces.
② Friction works in the same direction as one object's movement.
③ Rough surfaces can produce more friction.
④ Friction can help stop car tires from skidding on the road.
⑤ Friction with the bottom of a shoe helps it grip the ground.

Words

rub *v.* 비비다
friction *n.* 마찰(력)
force *n.* 힘
surface *n.* 표면
slide *v.* 미끄러지다
opposite to 반대편의
direction *n.* 방향
amount *n.* 양
material *n.* 물질
produce *v.* 발생시키다
slip *v.* 미끄러지다
grip *v.* 붙잡다

2 글의 내용과 일치하면 T, 일치하지 <u>않으면</u> F를 쓰시오.

(1) Friction makes it difficult to push a book along the floor. _____
(2) Friction can be useful in that it can increase skidding on the road and slipping on the ground. _____

3 | Summary Map | 다음 빈칸에 적절한 단어를 글에서 찾아 쓰시오.

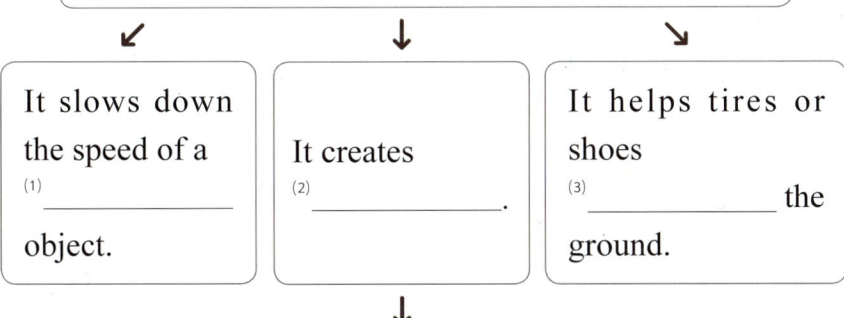

Friction is a force created between sliding surfaces.

It slows down the speed of a (1) _____ object.

It creates (2) _____.

It helps tires or shoes (3) _____ the ground.

Friction can be useful.

직독직해 Skill 다음을 의미 단위로 끊어 읽고(/), 주어(S)와 동사(V)에 표시해 봅시다.

· Friction can be a useful force because it prevents our shoes from slipping on the floor when we walk and stops car tires from skidding on the road.

_____

다음 글에서 전체 흐름과 관계 <u>없는</u> 문장은?

Where do parents, teachers, and students get the idea that math is just for some people? ①When people think that some kids just can't do math, that success in math is reserved for only "smart" kids, then they can easily accept that many students fail math and hate math. ②In fact, we have found that many teachers actually console their students by telling them not to worry about doing poorly in math because not everyone can excel in it. ③An individual political actor may not need math, but they certainly need someone who understands math if they want to succeed. ④These adult enablers — parents and teachers alike — allow kids to give up on math before they've barely gotten started. ⑤No wonder more than a few students simply dismiss their own poor performance by declaring: "I'm not a math person."

Mini Quiz

첫 문장의 'some people'이 가리키는 대상을 두 개 찾아 밑줄을 그어 봅시다.

Reading 비법

대개 첫 번째나 두 번째 문장에서 글의 주제가 제시되므로, 이 부분을 주의 깊게 읽으면 글을 파악하기 쉽다.

Reading Skill 키워드에 따라 글의 흐름을 파악해 봅시다.

도입	수학이 몇몇 사람만을 위한 것이라는 생각
전개	수학을 특별한 아이들만을 위한 것으로 생각하면 많은 학생이 수학을 못하고 싫어하는 것을 쉽게 _____ 수 있음
발전	• 많은 교사가 학생들에게 수학을 못하는 것을 걱정하지 말라고 위로함 • 부모와 교사는 아이들의 수학 _____ 를 허용함
결과	적지 않은 학생들이 자신의 보잘것없는 _____ 을 그저 묵살함

1 글에 나타난 부모나 교사에 대한 글쓴이의 태도로 가장 적절한 것은?

① critical
② neutral
③ supportive
④ empathetic
⑤ informative

Words

reserve *v.* (~을 위해 따로) 준비하다

accept *v.* 받아들이다

console *v.* 위로하다

excel *v.* 뛰어나다

individual *a.* 개별적인

political *a.* 정치적인, 정치와 관련된

enabler *n.* 조력자, 남을 도와준다고 생각하지만 실제로는 남을 망치는 사람

alike *ad.* 둘 다, 똑같이

barely *ad.* 거의 ~ 않는

dismiss *v.* 묵살하다

declare *v.* 선언하다

2 글의 내용과 일치하도록 다음 빈칸에 적절한 단어를 쓰시오.

(단, 주어진 철자로 시작할 것)

When students say they're not a math person, they a_____ the idea that math is only for special people.

3 |Flow Chart| 다음 빈칸에 적절한 단어를 글에서 찾아 쓰시오. (단, 어형 변화 가능)

Introduction	Development
the idea that math is only for some people	It helps people accept (1) _____ in math.

Specification	Result
(2) _____ and (3) _____ allow kids to give up on math.	Many students just say they're not a (4) _____ person.

직독직해 Skill 다음을 의미 단위로 끊어 읽고(/), 주어(S)와 동사(V)에 표시해 봅시다.

· When people think that some kids just can't do math. that success in math is reserved for only "smart" kids. then they can easily accept that many students fail math and hate math.

_____

다음 글에서 전체 흐름과 관계 <u>없는</u> 문장은?

기출 응용

According to Marguerite La Caze, fashion contributes to our lives and provides a medium for us to develop and exhibit important social virtues. ①Fashion may be beautiful, innovative, and useful; we can display creativity and good taste in our fashion choices. ②And in dressing with taste and care, we represent both self-respect and a concern for the pleasure of others. ③There is no doubt that fashion can be a source of interest and pleasure which links us to each other. ④Although the fashion industry developed first in Europe and America, today it is an international and highly globalized industry. ⑤That is, fashion provides a sociable aspect along with opportunities to imagine oneself differently — to try on different identities.

*virtue: 가치

Mini Quiz

다음 빈칸에 적절한 단어를 글에서 찾아 넣어 글의 제목을 완성해 봅시다.

Fashion: A Medium for _____ Interactions and _____ of Self

Reading 비법

And, Although, That is 등의 연결어가 자연스럽게 연결되는지를 살펴보면 글의 맥락을 파악하기 쉽다.

Reading Skill 키워드에 따라 글의 흐름을 파악해 봅시다.

요지	패션은 사회적 가치를 개발하고 나타내는 수단을 제공함
근거 1	• 패션 선택에서 _____과 취향을 드러냄 • 패션은 자아 존중과 타인의 즐거움에 대한 관심을 보여 줌
근거 2	패션은 타인과 연결해 주는 _____와 _____의 원천이 됨
요지 부연	패션은 자신을 _____ 상상하는 기회와 사교적인 측면을 제공함

● Answers p. 31

1 글의 내용과 일치하지 <u>않는</u> 것은?

① Marguerite La Caze considers fashion as a medium to express social virtues.
② Fashion choices can show our good taste.
③ Dressing with taste and care shows our concern for others.
④ Fashion can be a source of interest and pleasure.
⑤ Fashion prevents us from trying on other identities.

2 글의 내용과 일치하도록 다음 빈칸에 적절한 단어를 글에서 찾아 쓰시오.

(단, 어형 변화 가능)

> Fashion provides a sociable aspect by _____ people with us through our fashion choices.

3 |Flow Chart| 다음 빈칸에 적절한 단어를 글에서 찾아 쓰시오.

> Fashion helps lives and provides a social medium.

↙ ↓ ↘

| by displaying creativity and (1) _____ | by showing self-respect and a concern for (2) _____ | by being a (3) _____ of interest and pleasure |

↓

> Fashion gives us a sociable aspect and opportunities to imagine ourselves (4) _____.

Words

contribute to ~에 기여하다
provide *v.* 제공하다
medium *n.* 수단
develop *v.* 개발하다
exhibit *v.* 나타내다
innovative *a.* 혁신적인
display *v.* 드러내다, 보이다
taste *n.* 취향
represent *v.* 드러내다
link *v.* 연결하다
sociable *a.* 사교적인
aspect *n.* 측면
along with ~과 함께, ~에 덧붙여
opportunity *n.* 기회
identity *n.* 정체성

직독직해 Skill 다음을 의미 단위로 끊어 읽고(/), 주어(S)와 동사(V)에 표시해 봅시다.

· And in dressing with taste and care, we represent both self-respect and a concern for the pleasure of others.

_____

Chapter 05

내용 추론하기

글의 내용을 단서로 추론하기

A 글에 빈칸이 있는 경우

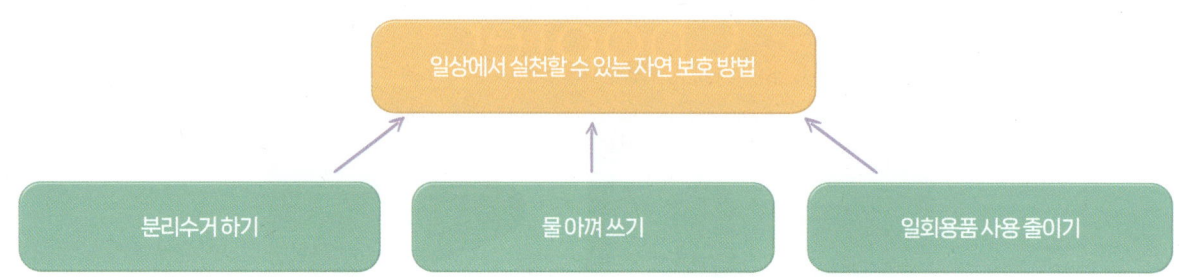

빈칸에 들어갈 말은 글을 읽는 사람의 상식이나 생각대로 판단하면 절대 안 되고, 글의 주제에 맞게, 즉 글의 내용을 단서로 추론해야 한다.

(기출 예제)

We are more likely to eat in a restaurant if we know that it is usually busy. This is because we are influenced by the behavior of others around us. <u>주제문</u> Let's suppose you walk toward two empty restaurants. Then you see a group of six people enter one of them. <u>You would go into the restaurant with people in it.</u> <u>근거문</u> Let's suppose you and a friend go into that restaurant. Others see that one restaurant is empty and the other has eight people in it. So _____.

Q. 윗글의 빈칸에 들어갈 알맞은 말은?

a. you and your friend start hesitating   b. your decision has no impact on others

c. they decide to do the same as the other eight

주제문	우리는 우리 _____ 사람들의 _____ 에 영향을 받는다.
세부 내용	두 개의 _____ 식당 중 한 곳에 6명의 사람들이 들어간 것을 본 상황에서, 여러분은 사람들이 _____ 식당으로 _____ 것이다.

Words) busy *a.* 붐비는   influence *v.* 영향을 주다   behavior *n.* 행동   suppose *v.* 가정하다   empty *a.* 텅 빈   enter *v.* 들어가다

B 추상적인 표현이 나온 경우

어머니는 내가 아기였을 때 사진을 보며 말씀하셨다.
"시간이 정말 화살과 같구나."

'시간 = 화살'?

추상적인 표현이 중간에 나오는 글들이 있다. 상황에 동떨어진 표현을 갑자기 사용하는 경우는 없으므로, 글의 전체적인 내용과 흐름을 살피면, 추상적인 표현의 숨은 뜻을 추론해 낼 수 있다.

기출 예제

It's important to prepare for disasters, but we can't predict exactly what will happen. Practicing for a disaster isn't the same as rehearsing for a play — you can't just follow a script. It's more like training for a marathon. Marathon runners do not practice by running the full course of twenty-six miles; rather, they get into shape by running shorter distances and building up their endurance by doing other kinds of training. If they've trained well, they'll be ready to run the full marathon. This is normal marathon preparation.

– 재난 대비 훈련은 연극을 위한 _____과 같지 않다.
– 마라톤 훈련은 _____ 거리를 달리는 것에서 시작하여 여러 가지 운동을 훈련하여 _____을 강화함으로써 몸 상태를 만든다.

↓

밑줄(주제문): 마라톤을 위해 훈련하는 것
숨겨진 의미: 실제 _____에 대응할 수 있는 _____을 기르는 것

Words disaster *n.* 재난　exactly *ad.* 정확히　rehearse *v.* 예행연습하다　script *n.* 대본　rather *ad.* 오히려　get into shape 몸을 만들다, 몸매를 맵시 있게 만들다　distance *n.* 거리　endurance *n.* 지구력　normal *a.* 보통의

다음 빈칸에 들어갈 말로 가장 적절한 것은?

   We have evolved to be a species of teachers and learners. The ability to understand other people arrives around the ninth month, at a moment in development at which babies begin to check the attention of others by holding or pointing at objects. At a year, they can follow another's attention, gazing at, touching, ⁵ or listening to the same thing. At 15 months they can direct it. Listen to that! Look over there! _____ attention is the starting point of conscious human learning. It is why infants don't learn to talk from video, audio, or overhearing parental conversations. We ¹⁰ haven't evolved to. That's why it matters that we talk to our children. It's also why we can't learn from robots — yet.

① Divided   ② Shared   ③ Repeated
④ Focused   ⑤ Controlled

Mini Quiz

1행의 'teachers'가 하는 행동을 나타낸 부분을 찾아 밑줄을 그어 봅시다.

Reading 비법

글에서 반복된 내용을 집약하여 나타낸 내용을 파악하면, 빈칸에 들어갈 말을 찾기 쉽다.

Reading Skill   키워드에 따라 글의 흐름을 파악해 봅시다.

도입	우리는 교사와 학습자의 종(種)이 되도록 진화해 옴
전개	• 9개월: 다른 사람의 주의를 _____하기 시작함 • 1년: 다른 사람의 주의를 따라감 • 15개월: 다른 사람의 주의를 _____ 수 있음
요지	공유된 주의는 의식적 인간 _____의 시작점
부연	따라서 우리는 비디오, 오디오, 부모의 대화 듣기, 로봇으로부터 말하는 것을 학습할 수 없음

1 글을 읽고 답할 수 <u>없는</u> 질문은?

① What do babies do to check the attention of others?
② When can babies follow another's attention?
③ When can babies direct the attention of others?
④ Can infants learn by listening to audio?
⑤ Why do robots have more advantages than us in learning?

Words

evolve *v.* 진화하다
species *n.* 종(種)
development *n.* 발달
attention *n.* 주의
point at ~을 가리키다
object *n.* 물체
gaze at ~을 응시하다
conscious *a.* 의식적인
overhear *v.* (몰래) 엿듣다
parental *a.* 부모의
conversation *n.* 대화

2 글의 내용과 일치하도록 괄호 안의 단어를 바르게 배열하여 문장을 완성하시오.

> Talking to babies is (an, of, act, attention, sharing), so it is meaningful in learning.

3 |Flow Chart| 다음 빈칸에 적절한 단어를 글에서 찾아 쓰시오.

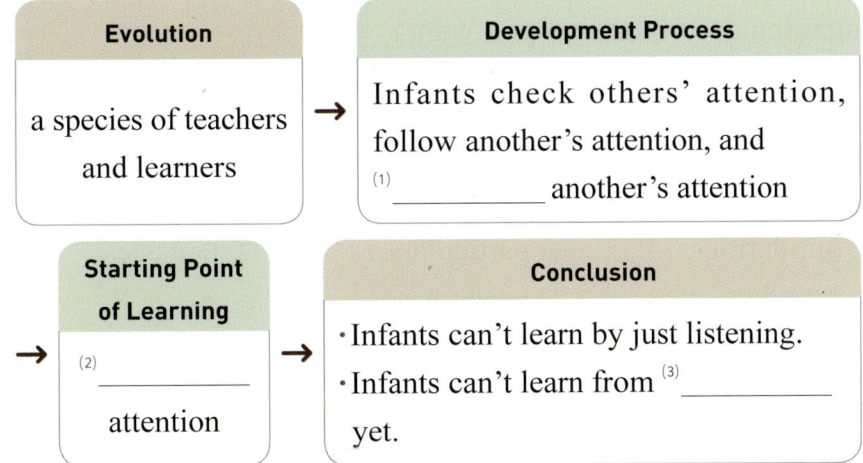

Evolution		Development Process
a species of teachers and learners	→	Infants check others' attention, follow another's attention, and (1) _____ another's attention

	Starting Point of Learning		Conclusion
→	(2) _____ attention	→	· Infants can't learn by just listening. · Infants can't learn from (3) _____ yet.

직독직해 Skill 다음을 의미 단위로 끊어 읽고(/), 주어(S)와 동사(V)에 표시해 봅시다.

· At a year, they can follow another's attention, gazing at, touching, or listening to the same thing.

다음 빈칸에 들어갈 말로 가장 적절한 것은?

기출 응용

Generalization without specific examples that humanize writing is boring to the listener and to the reader. Who wants to read platitudes all day? Who wants to hear the words great, greater, best, smartest, finest, humanitarian, on and on and on without specific examples? Instead of using these 'nothing words,' leave them out completely and just describe the _____. There is nothing worse than reading a scene in a novel in which a main character is described up front as heroic or brave or tragic or funny, while thereafter, the writer quickly moves on to something else. That's no good, no good at all. You have to use less one word descriptions and more detailed, engaging descriptions if you want to make something real.

*platitude: 상투적인 말

① similarities　　② particulars　　③ fantasies
④ boredom　　⑤ wisdom

Mini Quiz

3행의 'platitudes'에 해당하는 것을 찾아 밑줄을 그어 봅시다.

Reading 비법

글의 요지문을 파악하면 이와 연결되는 빈칸이 있는 문장의 내용을 추론하기 쉽다.

Reading Skill

키워드에 따라 글의 흐름을 파악해 봅시다.

도입	구체적인 사례가 없는 _____는 글을 지루하게 만듦
전개	독자는 상투적인 말을 읽고 싶어 하지 않음
요지	_____만 서술할 것
근거	• 주인공을 공허하게 묘사하는 소설은 좋지 않음 • 한 단어 묘사는 덜 사용하고 세밀하고 마음을 끄는 _____를 더 많이 사용해야 함

1 글에서 비판하고 있는 것은 무엇인가?

① 과장된 표현과 극단적인 등장인물

② 근거 없는 주장과 강한 의견 제시

③ 흔한 줄거리와 틀에 박힌 갈등 구조

④ 상투적인 표현과 한 단어로 된 묘사

⑤ 급격한 이야기 전개와 불충분한 설명

Words

generalization *n.* 일반화
specific *a.* 구체적인
humanize *v.* 인간미 있게 만들다
fine *a.* 훌륭한
main character 주인공
up front 대놓고
heroic *a.* 영웅적인, 대담한
brave *a.* 용감한
tragic *a.* 비극적인
detailed *a.* 세밀한
engaging *a.* 마음을 끄는

2 글의 내용과 일치하도록 밑줄 친 부분에서 틀린 부분을 고쳐 문장을 완성하시오.

> Using words with specific meaning to describe your hero is really bad.

→ _____ is really bad.

3 ⏐Flow Chart⏐ 다음 빈칸에 적절한 단어를 글에서 찾아 쓰시오.

Introduction	**Supporting Idea**
Generalization without specification is boring.	Nobody wants to read only (1)_____ words.

Main Idea	**Supporting Idea**
Describe (2)_____ things.	One word (3)_____ is very bad.

직독직해 Skill 다음을 의미 단위로 끊어 읽고(/), 주어(**S**)와 동사(**V**)에 표시해 봅시다.

· You have to use less one word descriptions and more detailed. engaging descriptions if you want to make something real.

_____

READING 33

다음 빈칸에 들어갈 말로 가장 적절한 것은?

Think about it. How much of your time is spent teaching people something they already know? If a problem is not caused by a lack of skill — in other words, if the person could do it if they really wanted to — then training the person in order to fix the problem is a waste of time. Most of the time it's likely that the problem won't ⁵ be caused by a genuine lack of skill. People will usually be able to do what's expected of them except, of course, people who are new to their jobs or are doing a task that is new to them. Ask yourself, "Could he or she do it if they really wanted to (or if their lives depended on it)?" Training is a valuable activity when it is focused ¹⁰ on _____.

① improving relationships between team members
② learning by teaching others what they know well
③ producing results that exceed people's expectations
④ building skills and knowledge that are really needed
⑤ solving an issue that is common among young people

Mini Quiz

4행의 training the person in order to fix the problem is a waste of time의 이유를 찾아 밑줄을 그어 봅시다.

Reading 비법

도입부에 질문이 있을 때 빈칸이 있는 문장에서 답을 내려고 하는 것으로 이해하면 빈칸의 내용을 찾기 쉽다.

Reading Skill 키워드에 따라 글의 흐름을 파악해 봅시다.

도입	얼마나 많은 시간이 사람들이 이미 아는 것을 가르치는 데 쓰이는가?
근거	• 문제가 기술의 _____으로 유발되는 것이 아니라면 그 사람을 훈련하는 것은 시간 낭비임 • 사람들은 자신들이 하기로 기대되는 일을 할 수 있음
발전	사람들이 정말 하기를 원한다면 그들이 그것을 할 수 있을지 _____할 것
요지	훈련은 정말로 필요한 기술과 지식을 쌓는 것에 _____을 맞추어야 함

1　글의 내용과 일치하지 <u>않는</u> 것은?

① If a problem is not caused by a lack of skill, training is a waste of time.

② Even when people have skills, problems occur.

③ People usually can do the tasks that are new to them.

④ You should ask yourself if people can already do what's expected.

⑤ Focused training is valuable.

2　글의 내용과 일치하면 T, 일치하지 <u>않으면</u> F를 쓰시오.

(1) Training is unnecessary if the problem is not due to lack of skills. _____

(2) Usually, lacking understanding of people's emotional needs is the cause of waste in training. _____

3　| Summary Map | 다음 빈칸에 적절한 단어를 글에서 찾아 쓰시오. (단, 어형 변화 가능)

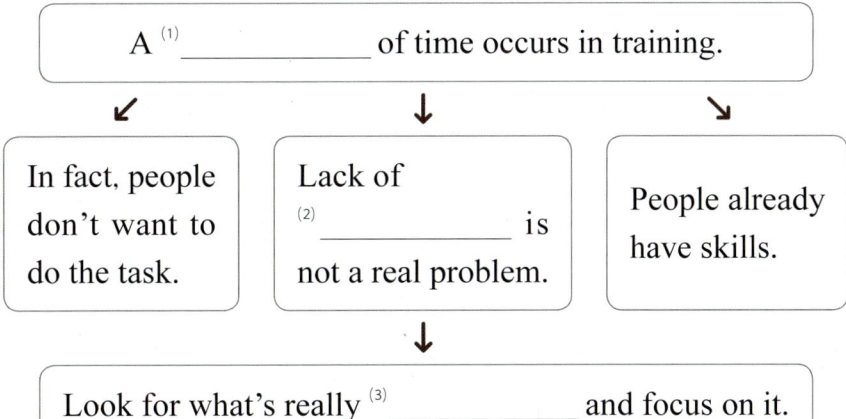

A ⁽¹⁾ _____ of time occurs in training.

In fact, people don't want to do the task.

Lack of ⁽²⁾ _____ is not a real problem.

People already have skills.

Look for what's really ⁽³⁾ _____ and focus on it.

Words

spend *v.* (시간 등을) 쓰다, 보내다

cause *v.* 유발하다

lack *n.* 부족, 결핍 *v.* 부족하다, ~이 없다

in order to ~하기 위해

waste *n.* 낭비

genuine *a.* 진짜의

except *prep.* ~을 제외하고

task *n.* 과업

depend on ~에 달려 있다

valuable *a.* 귀중한

focus on ~에 초점을 맞추다

직독직해 Skill　다음을 의미 단위로 끊어 읽고(/), 주어(S)와 동사(V)에 표시해 봅시다.

· People will usually be able to do what's expected of them except. of course. people who are new to their jobs or are doing a task that is new to them.

다음 빈칸에 들어갈 말로 가장 적절한 것은?

기출 응용

   If you've ever made a poor choice, you might be interested in learning how to break that habit. One great way to trick your brain into doing so is to sign a "Ulysses Contract." The name of this life tip comes from the Greek myth about Ulysses, a captain whose ship sailed past the island of the Sirens, a tribe of dangerous 5 women who lured victims to their death with their irresistible songs. Knowing that he would otherwise be unable to resist, Ulysses instructed his crew to stuff their ears with cotton and tie him to the ship's mast to prevent him from turning their ship towards the Sirens. It worked for him, and you can do the same 10 thing by _____. For example, if you want to stay off your cellphone and concentrate on your work, delete the apps that distract you or ask a friend to change your password!

*lure: 유혹하다   **mast: 돛대

① letting go of an all-or-nothing mindset
② finding reasons why you want to change
③ locking yourself out of your temptations
④ building a plan and tracking your progress
⑤ focusing on breaking one bad habit at a time

Mini Quiz

1행의 'a poor choice'가 Ulysses에게 의미했던 것을 찾아 밑줄을 그어 봅시다.

Reading 비법

따옴표로 제시된 부분은 대체로 중요하므로, 그 부분의 의미를 이해하면 빈칸을 파악하기 쉽다.

Reading Skill   키워드에 따라 글의 흐름을 파악해 봅시다.

도입	좋지 못한 습관을 깨는 방법
전개	'Ulysses _____'에 서명
발전	• _____의 섬을 지나가게 된 Ulysses • 선원들의 귀를 솜으로 막고 자신을 배의 돛대에 묶으라고 지시함
요지	유혹으로부터 자신을 _____으로써 Ulysses와 같은 효과를 얻을 수 있음 – 휴대 전화를 멀리할 방법을 예시로 제시함

1 글의 내용과 일치하지 <u>않는</u> 것은?

① Ulysses was a captain in a Greek myth.

② Sirens' songs drew sailors to their death.

③ Ulysses knew he could resist the sirens' songs.

④ Ulysses ordered his crew to tie him to the ship's mast.

⑤ You can delete some apps to keep your cellphone away.

Words

be interested in ～에 관심이 있다

contract *n.* 계약

tip *n.* 조언

myth *n.* 신화

captain *n.* 선장

victim *n.* 희생자

irresistible *a.* 저항[거부]할 수 없는

otherwise *ad.* 그렇게 하지 않으면

resist *v.* 저항하다

instruct *v.* 지시하다

crew *n.* 선원

stuff *v.* (틀어) 막다

concentrate *v.* 집중하다

distract *v.* 주의를 산만하게 하다

2 글의 내용과 일치하도록 다음 빈칸에 적절한 단어를 쓰시오.

(단, 주어진 철자로 시작할 것)

> Being forced not to l_____ to the Sirens' songs to p_____ them from being lured worked for Ulysses's crew.

3 ㅣFlow Chartㅣ 다음 빈칸에 적절한 단어를 쓰시오. (단, 주어진 철자로 시작할 것)

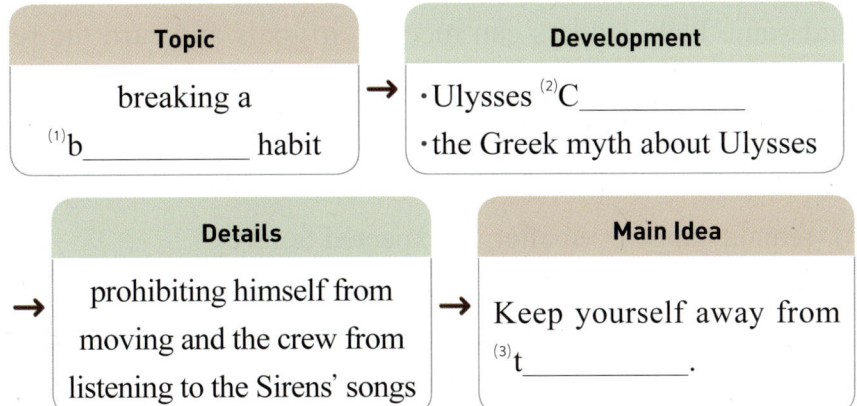

Topic		Development
breaking a ⁽¹⁾b_____ habit	→	· Ulysses ⁽²⁾C_____ · the Greek myth about Ulysses

Details		Main Idea
prohibiting himself from moving and the crew from listening to the Sirens' songs	→	Keep yourself away from ⁽³⁾t_____.

직독직해 Skill 다음을 의미 단위로 끊어 읽고(/), 주어(S)와 동사(V)에 표시해 봅시다.

· Knowing that he would otherwise be unable to resist. Ulysses instructed his crew to stuff their ears with cotton and tie him to the ship's mast to prevent him from turning their ship towards the Sirens.

_____

READING 35

밑줄 친 keep their rock at the top of the hill이 다음 글에서 의미하는 바로 가장 적절한 것은?

  In the myth of Sisyphus, Hades punished Sisyphus by forcing him to roll a huge rock up a hill only for it to roll back down every time it neared the top. Surprisingly, the myth of Sisyphus is a valuable starting point for seeking guidance. This story, focused on a bizarre punishment, can seem far removed from life in organizations today. And even if leaders feel, in their low moments, that their work is somehow Sisyphean, that isn't the case in any straightforward way. Their jobs are neither boring nor monotonous. They work with others, not in solitude, so they have companionship and support. And, despite its pressures, a world with markets everywhere is a world of great opportunities for initiative, creativity, and reward. With the right skills, hard work, and some luck, leaders can meet their goals and earn the rewards they deserve. In other words, they can <u>keep their rock at the top of the hill</u>.

*bizarre: 괴상한 **initiative: 진취성

① remain happy even after an expected failure
② look for new opportunities in other countries
③ get continuous feedback from their co-workers
④ make progress with their organizational pursuit
⑤ find mentors to guide them in setting career goals

Mini Quiz

5행의 'a bizarre punishment'가 가리키는 것을 찾아 밑줄을 그어 봅시다.

Reading 비법

밑줄 친 부분이 있는 문장의 앞이나 뒤에 오는 문장이 글에서 하는 역할을 파악하면, 밑줄 친 부분의 의미를 쉽게 파악할 수 있다.

Reading Skill   키워드에 따라 글의 흐름을 파악해 봅시다.

도입	Sisyphus의 신화 소개
전개	조직 지도자들의 일은 Sisyphus와 같지 않음 – 지루하지도 _____ 않은 일 – 동료애와 지지가 있음 – 진취성, 창의성, 보상을 위한 _____의 세상에서 일함
요지	• 적절한 기술, 근면성, 운이 있으면 자신의 목표를 달성하고 마땅한 보상을 받음 • 조직 내에서 _____을 이룰 수 있음

1 글을 읽고 답할 수 <u>없는</u> 질문은?

① Who punished Sisyphus?

② Is Sisyphean punishment remote from today's organizational life?

③ Whose jobs are boring and monotonous?

④ What is the world with markets everywhere like?

⑤ What are needed for leaders to meet their goals?

2 글의 내용과 일치하도록 다음 빈칸에 적절한 단어를 쓰시오.

(단, 주어진 철자로 시작할 것)

> Unlike Sisyphus, leaders can be successful and keep p_____ with the right skills, hard work, and some luck.

3 | Flow Chart | 다음 빈칸에 적절한 단어를 쓰시오. (단, 주어진 철자로 시작할 것)

Introduction	Development
the punishment of Sisyphus	· Sisyphean punishment is removed from (1)o_____ life today. · The work is very different.

Supporting Ideas	Main Idea
· Jobs are neither boring nor monotonous. · do not working in (2)s_____ · Leaders work in a world with great (3)o_____.	Leaders can achieve their goals in the organization.

직독직해 Skill 다음을 의미 단위로 끊어 읽고(/), 주어(S)와 동사(V)에 표시해 봅시다.

· With the right skills, hard work, and some luck, leaders can meet their goals and earn the rewards they deserve.

_____

Words

myth *n.* 신화
punish *v.* 처벌하다
near *v.* ~에 가까이 가다
seek *v.* 찾다, 추구하다
guidance *n.* 안내(자), 지침
removed *a.* 동떨어진
organization *n.* 조직
straightforward *a.* 간단한
monotonous *a.* 단조로운
in solitude 혼자서, 외로이
despite *prep.* ~에도 불구하고
pressure *n.* 압박
opportunity *n.* 기회
reward *n.* 보상
earn *v.* 얻다
deserve *v.* 마땅히 ~을 받을 만하다

READING 36

밑줄 친 put the glass down이 다음 글에서 의미하는 바로 가장 적절한 것은? 기출 응용

A psychology professor raised a glass of water while teaching stress management principles to her students and asked them, "How heavy is this glass of water I'm holding?" Students shouted out various answers. 5 The professor replied, "The absolute weight of this glass doesn't matter. It depends on how long I hold it. If I hold it for a minute, it's quite light. But, if I hold it for a day straight, it will cause severe pain in my arm, forcing me to drop the glass to the floor. In each case, the weight of the glass is the same, but the longer I 10 hold it, the heavier it feels to me." As the class nodded their heads in agreement, she continued, "Your stresses in life are like this glass of water. If you still feel the weight of yesterday's stress, it's a strong sign that it's time to put the glass down."

① pour more water into the glass
② set a plan not to make mistakes
③ let go of the stress in your mind
④ think about the cause of your stress
⑤ learn to accept the opinions of others

Mini Quiz

글에서 'a glass of water'로 비유된 것을 찾아 밑줄을 그어 봅시다.

Reading 비법

밑줄 친 부분은 글의 요지를 비유적으로 나타내는 경우가 많으므로, 요지와 비유의 관계를 파악하는 것이 좋다.

Reading Skill 키워드에 따라 글의 흐름을 파악해 봅시다.

도입	심리학 교수가 학생들에게 스트레스 관리에 대한 원리를 가르침
전개(비유)	물잔을 들고 있는 _____에 따라 _____가 어떻게 달라지는지를 설명
결론	어제의 스트레스 무게를 여전히 느낀다면, 스트레스를 _____ 할 때가 된 것임

1 글의 내용과 일치하지 <u>않는</u> 것은?

① Students gave various answers to the professor.
② When you hold a glass for a minute, it feels light.
③ When you hold a glass for a day, it feels heavy.
④ Students didn't show agreement with the professor.
⑤ If you keep feeling stress, it's a signal to get out of it.

Words

psychology n. 심리학
professor n. 교수
raise v. 들어올리다
management n. 관리
principle n. 원리
absolute a. 절대적인
straight ad. 계속
severe a. 심각한
nod v. 끄덕이다
agreement n. 동의

2 글의 내용과 일치하도록 괄호 안에 주어진 단어를 바르게 배열하시오.

> When you (a, for, endure, time, long, stress), even a small amount, it becomes more painful.

3 ⌜Flow Chart⌟ 다음 빈칸에 적절한 단어를 쓰시오. (단, 주어진 철자로 시작할 것)

Introduction	Example
stress management	· weight of a glass of water · The (1)l_____ of time holding it matters.

Insight	Main Idea
· A long period of holding the glass makes it (2)h_____. · The same is true with stress.	If you feel the weight of yesterday's stress, it means you need to (3)r_____ it.

직독직해 Skill 다음을 의미 단위로 끊어 읽고(/), 주어(S)와 동사(V)에 표시해 봅시다.

· A psychology professor raised a glass of water while teaching stress management principles to her students and asked them. "How heavy is this glass of water I'm holding?"

Chapter
06

긴 글 독해하기

A 주제와 부연 설명 구별하기

반려동물을 키우는 것은 쉽게 활용 가능한 저비용의 건강 대책이다.

> 주제 부분은
> 자세히 읽기

- 반려동물 주인들이 더 낮은 혈압, 심장병 위험 감소, 더 낮은 수준의 스트레스를 나타냄
- 또한 직장에서도 동물은 이점이 될 수 있음
  - 직장인들의 스트레스 수치가 더 낮아짐
  - 직업 만족도와 직장 분위기에 긍정적인 영향을 미침

> 부연 설명/예시는
> 빠르게 읽기

글이 길수록 예시나 부연 설명이 반드시 들어 있으므로 이에 유의하여 주제에 집중해야 한다. 모든 내용이 다 중요한 것이 아니기 때문에 부연 설명과 핵심을 구별하고, 중심 내용에 집중하며 읽는 것이 좋다.

기출 예제

Food is an important tool for managers. When people have a full stomach, they feel happier and more satisfied. Eating together helps employees connect with each other. Providing snacks or buying lunch occasionally can make employees feel appreciated and create a more welcoming office. It

doesn't have to be an elaborate setup; bringing in some cookies or encouraging employees to bring in their own food is enough.

To make the most of using food, don't make it a planned event. If everyone knows you're bringing donuts to the Friday morning meeting, it becomes an expectation and not a surprise. To create goodwill, the food must appear unexpectedly. It is also a good idea to praise employees who bring food in without being asked; this creates a culture of sharing.

<table>
<tr>
<td>주제문</td>
<td>_____은 _____에게 중요한 수단이다.</td>
</tr>
<tr>
<td>세부 내용</td>
<td>
• 함께 음식을 즐기면 서로 _____ 데 도움을 준다.
• 가끔씩 제공하면 직원들이 _____ 있다고 느끼게 해 준다.
• 호의는 (사람들의 기대에 맞추어 / 예기치 않게) 제공해야 한다.
</td>
</tr>
</table>

Words
tool *n.* 도구   manager *n.* 경영자   satisfied *a.* 만족한   employee *n.* 직원   connect with 친해지다   provide *v.* 제공하다
occasionally *ad.* 이따금, 가끔   appreciate *v.* 인정하다   welcoming *a.* 따뜻한   elaborate *a.* 정교한   setup *n.* 계획
make the most of ~을 최대한으로 이용하다   expectation *n.* 기대   goodwill *n.* 호의   unexpectedly *ad.* 예기치 않게
praise *v.* 칭찬하다

Reading Key   **105**

B 시간 순서에 따른 흐름 이해하기

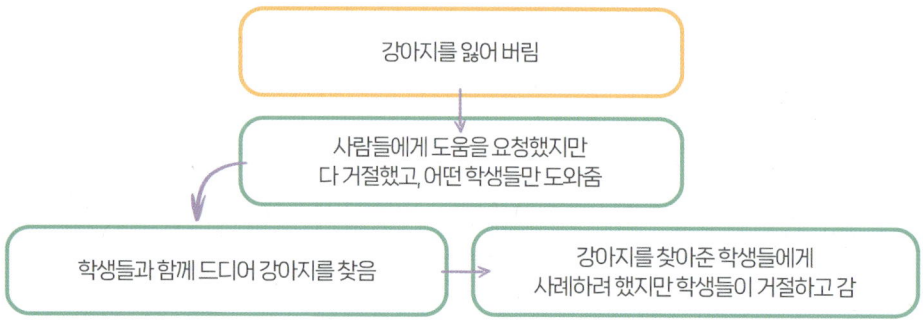

긴 글 중 시간 순서에 따라 전개되는 일화는 사건 전개 또는 시간 순서대로 흐름을 이해한다. 이와 같은 글은 여러 단락이 섞여 있어도 시간/사건 전개 순서대로 단락의 순서를 쉽게 파악할 수 있을 정도로 그 흐름이 명확하다.

기출 예제

(A) Long time ago, a farmer in a small town had a problem with his neighbor's hunting dogs. The neighbor's poorly-trained dogs frequently jumped the fence and attacked the farmer's lambs. The farmer tried to talk to his neighbor, but it didn't work.

(B) The neighbor built a strong doghouse to keep his dogs away from the lambs. As a result, the dogs never bothered the farmer's lambs again. The neighbor was grateful to the farmer for his kindness to his children and often invited the farmer over for feasts. The farmer also shared lamb meat and cheese with the neighbor. Over time, the two developed a strong friendship.

(C) "All right, I will offer you a solution." The farmer listened to the judge's words, and as soon as he reached home, he selected three of the cutest lambs from his farm. He then gave them to his neighbor's three small sons. The children accepted them with joy and began to play with them.

(D) The farmer went to a judge in the nearest city for help. After listening carefully to his story, the judge said, "I could punish the hunter, but you would lose a friend and gain an enemy. Which would you rather have for a neighbor, a friend or an enemy?" The farmer replied that he preferred a friend.

빈칸을 채운 후, 내용에 해당하는 문단의 알파벳을 쓰시오.

<table>
<tr><td rowspan="7">시간의
흐름에
따른 전개</td><td>(A) _____의 개들이 울타리를 넘어와 양을 공격했다.</td></tr>
<tr><td align="center">↓</td></tr>
<tr><td>☐ 판사의 말에 _____는 _____를 원한다고 대답했다.</td></tr>
<tr><td align="center">↓</td></tr>
<tr><td>☐ _____는 이웃의 세 아들에게 귀여운 _____ 세 마리를 선물했다.</td></tr>
<tr><td align="center">↓</td></tr>
<tr><td>☐ _____은 튼튼한 _____을 지었고 두 사람은 진한 우정을 키우게 되었다.</td></tr>
</table>

Words　frequently *ad.* 자주, 종종　　attack *v.* 공격하다　　as a result 그 결과　　bother *v.* 괴롭히다　　grateful *a.* 고마워하는　feast *n.* 성찬, 연회　　develop *v.* 키우다, 발전시키다　　offer *v.* 제공하다　　solution *n.* 해결(책)　　as soon as ~하자마자　judge *n.* 재판관　　enemy *n.* 적　　reply *v.* 대답하다　　prefer *v.* ~을 더 좋아하다, 선호하다

READING 37

Mini Quiz

글의 흐름에 반전이 드러나는 문장을 찾아 밑줄을 그어 봅시다.

다음 글을 읽고, 물음에 답하시오.

An old story describes two snakes that live in a barn. One has ten heads, the other just one. If a fire breaks out in the barn, which snake is more likely to survive? The conventional answer is the one-headed snake. It will make a (a) quick decision and follow through on it, while the ten-headed snake will have a hard time making up its minds and will move too slowly.

The thinking behind this story is common and sensible. A house divided against itself, we are told, cannot (b) stand. Napoleon said that one bad general does better than two good ones. And, when we think about great leaders, the standard picture is that their hearts and minds are one, unified by a (c) single purpose.

But this conventional wisdom may miss something important. When a problem is uncertain and shifting, and when its practical and moral dimensions are unclear, complicated motives offer important (d) disadvantages. This means that when people face challenges and feel pulled in different directions, they shouldn't see themselves as confused or inadequate. Complicated motives often indicate that someone really understands what is going on, and their motives can be (e) valuable guides in moving forward.

*barn: 헛간

1 글의 제목으로 가장 적절한 것은?

① Be Simple and Move Quickly to Lead Others
② Overconfidence: A Snake Tempting You to Failure
③ Take Many-Headed Approaches to Complex Problems
④ Too Many Choices: Not a Happy Situation for Followers
⑤ Conventional Wisdom: A Time-Tested Guide for Success

2 밑줄 친 (a)~(e) 중에서 문맥상 낱말의 쓰임이 적절하지 <u>않은</u> 것은?

① (a)　　② (b)　　③ (c)　　④ (d)　　⑤ (e)

3 글의 내용과 일치하도록 틀린 부분을 고쳐 문장을 다시 쓰시오.

> Conventional wisdom teaches us to be complex, but complicated motives are beneficial in solving unclear problems.

→ _____

Words

describe *v.* 묘사하다
break out 발생하다
survive *v.* 살아남다
conventional *a.* 전통적인, 통상적인
sensible *a.* 합리적인
general *n.* 장군
unify *v.* 통합하다
uncertain *a.* 분명하지 않은
shift *v.* 움직이다, 이동하다
practical *a.* 실질적인
dimension *n.* 측면
complicated *a.* 복잡한
motive *n.* 동기
direction *n.* 방향
inadequate *a.* 부적절한
indicate *v.* 가리키다

4 | Summary Chart | 다음 빈칸에 적절한 단어를 쓰시오. (단, 주어진 철자로 시작할 것)

Conventional Wisdom	Different Perspective
· A $^{(1)}$ _____ -headed snake can make a quick decision. · Being simple and unified is good.	· Complicated motives offer $^{(2)}$a _____ when facing unclear problems. · Complicated motives mean true $^{(3)}$u _____ of the problem.

↔

Reading Skill 키워드에 따라 글의 흐름을 파악해 봅시다.

Reading 비법

첫 번째 문단에서 문제를 제기하고 아래 문단에서 그 답으로 요지를 제시하는 흐름을 파악하면 글의 내용을 이해하기 쉽다.

도입	Q: 머리가 열 개인 뱀과 한 개인 뱀 중 어느 뱀이 화재 시 살아남겠는가? A: 전통적 대답은 머리가 _____ 개인 뱀이다.
부연 설명	· 내분된 집은 설 수 없다. · 나폴레옹은 _____ 명의 나쁜 장군이 _____ 명의 좋은 장군보다 낫다고 했다.
요지	· 분명하지 않은 문제에서 _____ 동기는 장점이다. · 다른 방향에서 도전과 끌림을 느낄 때, 혼란스럽거나 부적절하다고 느끼면 안 된다. · 복잡한 동기는 진정한 이해와 안내가 될 수 있다.

직독직해 Skill 다음을 의미 단위로 끊어 읽고(/), 주어(S)와 동사(V)에 표시해 봅시다.

· And, when we think about great leaders, the standard picture is that their hearts and minds are one, unified by a single purpose.

_____

READING 38

다음 글을 읽고, 물음에 답하시오.

기출 응용

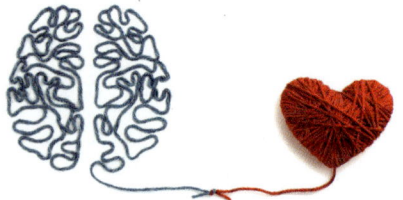

The longest journey we will make is the eighteen inches between our head and heart. If we take this journey, it can shorten our (a) <u>misery</u> in the world. Impatience, judgment, frustration, and anger reside in our heads. When we live in that place too long, it makes us (b) <u>unhappy</u>. But when we take the journey from our heads to our hearts, something shifts (c) <u>inside</u>. What if we were able to love everything that gets in our way? What if we tried loving the shopper who unknowingly steps in front of us in line, the driver who cuts us off in traffic, the swimmer who splashes us with water during a belly dive, or the reader who pens a bad online review of our writing?

Every person who makes us miserable is (d) <u>like</u> us — a human being, most likely doing the best they can, deeply loved by their parents, a child, or a friend. And how many times have we unknowingly stepped in front of someone in line? Cut someone off in traffic? Splashed someone in a pool? Or made a negative statement about something we've read? It helps to (e) <u>deny</u> that a piece of us resides in every person we meet.

*reside: (어떤 장소에) 있다

Mini Quiz

2행의 "the eighteen inches between our head and heart"가 가리키는 것을 찾아 밑줄을 그어 봅시다.

1 글의 제목으로 가장 적절한 것은?

① Why It Is So Difficult to Forgive Others
② Time Is the Best Healer for a Broken Heart
③ Even Acts of Kindness Can Hurt Somebody
④ Celebrate the Happy Moments in Your Everyday Life
⑤ Understand Others to Save Yourself from Unhappiness

2 밑줄 친 (a)~(e) 중에서 문맥상 낱말의 쓰임이 적절하지 <u>않은</u> 것은?

① (a) ② (b) ③ (c) ④ (d) ⑤ (e)

3 글의 내용과 일치하지 <u>않는</u> 것은?

① The distance from our head to our heart is 18 inches.

② If we ignore our feelings, they are slowly forgotten.

③ If we try to love people who get in our way, we feel differently.

④ Every person is similar to you in some way.

⑤ You may have made the same mistake as others.

Words

journey *n.* 여정, 여행
shorten *v.* 줄이다
misery *n.* 비참함
impatience *n.* 조급함
judgment *n.* 비난, 비판
frustration *n.* 좌절
anger *n.* 분노
shift *v.* 바뀌다
unknowingly *ad.* 무심코
cut off 끼어들다
in traffic 차량 흐름에서
splash *v.* (액체류를) 튀기다
pen *v.* (글을) 쓰다
review *n.* 후기
miserable *a.* 비참한
pool *n.* 수영장
statement *n.* 진술
deny *v.* 부정하다

4 | Flow Chart | 다음 빈칸에 적절한 단어를 |보기|에서 골라 쓰시오.

┌ 보기 ┐

precious   heart   remember   head   miserable

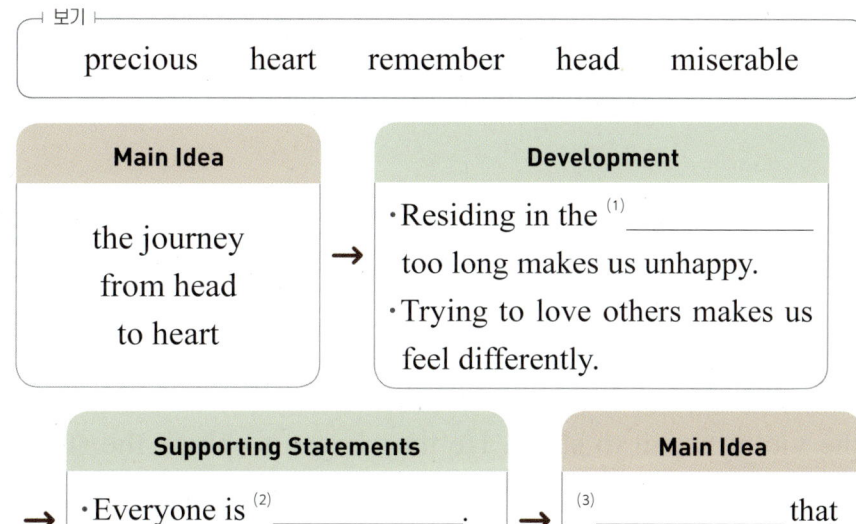

Main Idea		Development
the journey from head to heart	→	· Residing in the (1)_____ too long makes us unhappy. · Trying to love others makes us feel differently.

Supporting Statements		Main Idea
· Everyone is (2)_____. · We've made the same mistakes.	→	(3)_____ that we're like others.

Reading Skill 키워드에 따라 글의 흐름을 파악해 봅시다.

Reading 비법 제시된 질문의 답을 찾아 가면서 글을 읽으면 글의 전체적인 내용을 이해하기 쉽다.

요지	머리와 가슴 사이의 여행은 우리의 _____을 줄여 줌
전개	· 조급함, 비난, 좌절, 분노에서 너무 오래 머무르면 불행해짐 · _____으로 가서 사랑하려고 노력하면 바뀜
발전	다른 사람도 우리와 _____ 사람이므로 자신의 과실을 생각하라
요지 재진술	만나는 모든 사람 속에 우리의 _____가 있음을 기억하라

직독직해 Skill 다음을 의미 단위로 끊어 읽고(/), 주어(S)와 동사(V)에 표시해 봅시다.

· Every person who makes us miserable is like us—a human being, most likely doing the best they can, deeply loved by their parents, a child, or a friend.

READING 39

Mini Quiz

(D)의 'place ourselves in tune with the spirit'의 사례로 제시된 행동을 우리말로 써 봅시다.

다음 글을 읽고, 물음에 답하시오.

(A)

A story is told of an auction where some of the finest china, linens, and other items of great value were being sold. All of the items sold rapidly. But at the end of the auction, the auctioneer offered an old, weather-beaten violin. Without any additional explanation, (a) <u>he</u> placed it onto the table. It looked like a plain 5 violin, only a little dirty. Compared with the other valuable items, it looked much cheaper and poorer in quality.   *auction: 경매

(B)

The auctioneer looked a little surprised, but (b) <u>he</u> accepted the elderly man's request. The elderly man pulled out a handkerchief from his pocket and began to rub the instrument. As he rubbed, 10 the violin began to shine. He then began to pluck the strings and turn the pegs to tune it. He placed the violin in position and began to play the familiar spiritual "Amazing Grace." When he finished playing, the man gave the violin back to the auctioneer and walked slowly back to his seat.   15

*peg: (현악기의) 줄감개   **spiritual: 흑인 영가

(C)

Upon first notice, those in attendance laughed at the out-of-place object. "What's the bid?" the auctioneer asked. A woman said, "I'll give you two dollars." A man yelled, "I'll take it off your hands for five dollars." Still another man shouted, "Ten dollars, and this is a really generous bid!" After about ten seconds, the auctioneer 20 raised (c) <u>his</u> hammer to close the bidding. Just then an elderly man got up, walked slowly to the front, and picked up the old violin. He asked the auctioneer if he could try playing it.

*bid: 입찰액; 경매하다, 입찰하다

Answers p. 42

(D)

There wasn't a dry eye in the place. Finally the auctioneer composed (d) <u>himself</u> and reopened the bidding. Someone bid five hundred dollars, another bid a thousand. That violin sold that day for nine thousand dollars! Someone who had been half asleep in the back room throughout the proceedings asked what made the difference. A woman answered that when the old man played (e) <u>he</u> put everyone in the spirit. When we place ourselves in tune with the spirit, we give our lives new meaning.

Words

china *n.* 도자기
linen *n.* 침구류
rapidly *ad.* 빠르게
auctioneer *n.* 경매인
weather-beaten *a.* 햇볕에 거칠어진
additional *a.* 추가적인
request *n.* 요청 *v.* 요청하다
pull out ~을 꺼내다
handkerchief *n.* 손수건
rub *v.* 문지르다
pluck *v.* (현을) 뜯다[퉁기다]
string *n.* 줄
out-of-place *a.* 자리에 맞지 않는
object *n.* 물건
compose oneself 마음을 가라앉히다
proceeding *n.* 행사
in tune with ~과 가락을 맞춘, ~과 조화된

1 주어진 글 (A)에 이어질 내용을 순서에 맞게 배열한 것으로 가장 적절한 것은?

① (B) − (D) − (C)   ② (C) − (B) − (D)
③ (C) − (D) − (B)   ④ (D) − (B) − (C)
⑤ (D) − (C) − (B)

2 밑줄 친 (a)~(e) 중에서 가리키는 대상이 나머지 넷과 다른 것은?

① (a)   ② (b)   ③ (c)   ④ (d)   ⑤ (e)

3 글의 내용과 일치하지 않는 것은?

① 경매의 끝 무렵, 경매인은 오래된 바이올린을 제시했다.
② 노인은 주머니에서 손수건을 꺼내 그 악기를 문지르기 시작했다.
③ 연주를 마치고도 노인은 바이올린을 경매인에게 돌려주지 않았다.
④ 10달러는 너그러운 입찰액이라고 한 남자가 말했다.
⑤ 행사 내내 뒤쪽에서 졸던 사람이 경매 금액에 왜 차이가 생겼는지를 물었다.

4 글을 읽고 답할 수 없는 질문은?

① What was sold at the auction?
② What did the violin offered at the auction look like?
③ How much did the auctioneer think the violin was worth?
④ What did the old man play on the violin?
⑤ Who asked what made the difference?

5 글의 내용과 일치하도록 다음 빈칸에 적절한 말을 글에서 찾아 쓰시오.

> A woman said that the old man's performance impressed people so it made a _____.

6 |Flow Chart| 다음 빈칸에 적절한 단어를 쓰시오. (단, 주어진 철자로 시작할 것)

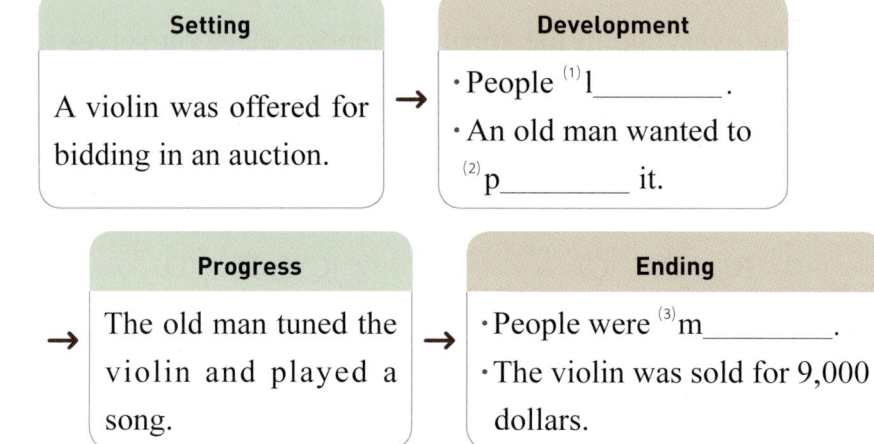

Setting	Development
A violin was offered for bidding in an auction.	• People (1)l_____. • An old man wanted to (2)p_____ it.

Progress	Ending
The old man tuned the violin and played a song.	• People were (3)m_____. • The violin was sold for 9,000 dollars.

Reading 비법 💡

긴 글을 읽을 때 사건의 흐름을 메모하면, 앞에 나온 내용을 기억하기 쉽다.

Reading Skill 키워드에 따라 글의 흐름을 파악해 봅시다.

도입	오래되고 약간 더러운 바이올린이 _____에 제시됨
전개	• 참석자들이 아주 적은 금액을 입찰액으로 제시함 • 한 노인이 바이올린을 _____해 볼 수 있는지 물어봄
발전	• 노인은 바이올린을 닦고 _____한 다음 흑인 영가 한 곡을 연주함 • 연주 후 노인은 자리로 돌아감
결말	• 사람들이 모두 감동함 • 바이올린이 _____ 달러에 판매됨

직독직해 Skill 다음을 의미 단위로 끊어 읽고(/), 주어(S)와 동사(V)에 표시해 봅시다.

• A story is told of an auction where some of the finest china, linens, and other items of great value were being sold.

_____

Wise English Sayings

" "The only way to do great work is to love what you do."
(훌륭한 일을 하는 유일한 방법은 당신이 하는 일을 사랑하는 것이다.)

Steve Jobs

" "I have not failed. I've just found 10,000 ways that won't work."
(나는 실패한 적이 없다. 나는 다만 효과가 없는 만 가지 방법을 찾았을 뿐이다.)

Thomas Edison

" "The biggest adventure you can ever take is to live the life of your dreams."
(당신이 할 수 있는 가장 큰 모험은 당신이 꿈꾸는 삶을 사는 것이다.)

Oprah Winfrey

" "All our dreams can come true if we have the courage to pursue them."
(우리가 그것들을 추구할 용기가 있다면 우리의 모든 꿈은 이루어질 수 있다.)

Walt Disney

" "Success is not final, failure is not fatal: it is the courage to continue that counts."
(성공은 최종적인 것이 아니며, 실패는 치명적이지 않다: 중요한 것은 계속하는 용기이다.)

Winston Churchill

READING 40

다음 글을 읽고, 물음에 답하시오.

기출 응용

(A)

A boy had just joined the best school in town. In the morning, his granddad took him to the school. When (a) <u>he</u> went onto the playground with his grandson, the children surrounded them. "What a funny old man," one boy smirked. A girl with brown hair pointed at the pair and jumped up and down. Suddenly, the bell ⁵ rang and the children ran off to their first lesson.

＊smirk: 히죽히죽 웃다

Mini Quiz

(D)의 'The old man took his grandson firmly by the hand, and led him out of the school gate.'에 나타난 할아버지의 감정을 우리말로 써 봅시다.

(B)

In some schools the children completely ignored the old man, and in others, they made fun of (b) <u>him</u>. When this happened, he would turn sadly and go home. Finally, he went onto the tiny playground of a very small school, and leaned against the fence, ¹⁰ exhausted. The bell rang, and the crowd of children ran out onto the playground. "Sir, are you all right? Shall I bring you a glass of water?" a voice said. "We've got a bench in the playground — come and sit down," another voice said. Soon a young teacher came out onto the playground. ¹⁵

(C)

The old man greeted (c) <u>him</u> and said: "Finally, I've found my grandson the best school in town." "You're mistaken, sir. Our school is not the best — it's small and cramped." The old man didn't argue with the teacher. Instead, he made arrangements for ²⁰ his grandson to join the school, and then the old man left. That evening, the boy's mom said to (d) <u>him</u>: "Dad, you can't even read. How do you know you've found the best teacher of all?" "Judge a teacher by his pupils," the old man replied.

＊cramped: 비좁은

(D)

The old man took his grandson firmly by the hand, and led him out of the school gate. "Brilliant, I don't have to go to school!" the boy exclaimed. "You do, but not this one," his granddad replied. "I'll find you a school myself." The granddad took his grandson back to his own house, asked the boy's grandma to look after him, and went off to look for a teacher (e) himself. Every time he spotted a school, the old man went onto the playground and waited for the children to come out at break time.

Words

granddad *n.* 할아버지
playground *n.* 운동장
surround *v.* 둘러싸다
completely *ad.* 완전히
ignore *v.* 무시하다
make fun of ~을 놀리다
lean against ~에 기대다
fence *n.* 울타리
exhausted *a.* 지친
make arrangements for ~을 위해 준비하다
judge *v.* 판단하다
exclaim *v.* 소리치다
reply *v.* 대답하다
spot *v.* 발견하다

1 주어진 글 (A)에 이어질 내용을 순서에 맞게 배열한 것으로 가장 적절한 것은?

① (B) – (D) – (C)   ② (C) – (B) – (D)
③ (C) – (D) – (B)   ④ (D) – (B) – (C)
⑤ (D) – (C) – (B)

2 밑줄 친 (a)~(e) 중에서 가리키는 대상이 나머지 넷과 다른 것은?

① (a)   ② (b)   ③ (c)   ④ (d)   ⑤ (e)

3 글의 내용과 일치하는 것은?

① 소년은 마을에서 가장 좋은 학교를 마음에 들어 했다.
② 노인은 좋은 학교를 찾기 위해 여러 학교를 직접 다녔다.
③ 노인은 여러 선생님들과 논쟁을 벌였다.
④ 노인이 마음에 들어 한 학교는 크고 시설이 좋았다.
⑤ 소년은 부모님이 안계셔서 조부모님의 보살핌을 받았다.

4 다음 영영풀이에 해당하는 단어를 각각 글에서 찾아 쓰시오.

(1) to be around something on all sides _____
(2) to intentionally not listen or give attention to _____
(3) to say or shout something suddenly because of surprise, fear, pleasure, etc. _____

5 글의 내용과 일치하도록 <u>틀린</u> 부분을 고쳐 문장을 다시 쓰시오.

> The old man was rejected by some polite children and a young teacher, and he said he'd send his grandson to the school.

→ _____

6 |Flow Chart| 다음 빈칸에 적절한 단어를 쓰시오. (단, 주어진 철자로 시작할 것)

Setting	Development
A boy and his granddad went to the best school.	· The old man felt [(1)]b_____ about the children's teasing. · He looked for a good school.

Progress	Ending
He found a school with [(2)]p_____ children.	· He decided to send his grandson to the school. · He said to his daughter that he can identify the [(3)]t_____ by their pupils.

Reading 비법

첫 번째 문단에서 제시된 갈등 상황을 이해하면, 글의 흐름을 파악하기 쉽다.

Reading Skill 키워드에 따라 글의 흐름을 파악해 봅시다.

도입	노인이 손자를 데리고 가장 _____ 학교에 갔으나 조롱을 당함
전개	· 노인은 손자가 다닐 학교를 찾아다니기 시작함 · 쉬는 시간에 아이들이 _____으로 나오기를 기다림
발전	· 노인은 아이들에게 무시당하거나 놀림을 받음 · 한 작은 학교에서 다정하고 공손한 대접을 받음
결말	· 노인은 손자를 그 학교에 _____ 함 · 노인은 자신의 딸에게 _____를 보고 선생님을 판단할 수 있다고 말함

직독직해 Skill 다음을 의미 단위로 끊어 읽고(/), 주어(S)와 동사(V)에 표시해 봅시다.

· Finally, he went onto the tiny playground of a very small school and leaned against the fence, exhausted.

_____

" "Believe you can and you're halfway there."

(할 수 있다고 믿으면 절반은 간 것이다.)

Theodore Roosevelt

" "You don't have to see the whole staircase, just take the first step."

(계단 전체를 볼 필요는 없고, 첫 걸음만 내딛으면 된다.)

Martin Luther King Jr.

" "Success is not the key to happiness. Happiness is the key to success. If you love what you are doing, you will be successful."

(성공이 행복의 열쇠는 아니다. 행복은 성공의 열쇠이다. 만약 여러분이 하고 있는 일을 사랑한다면, 여러분은 성공할 것이다.)

Albert Schweitzer

" "The only limit to our realization of tomorrow will be our doubts of today."

(우리가 내일을 실현하는 데 있어 유일한 한계는 오늘에 대한 의심일 것이다.)

Franklin D. Roosevelt

" "The best way to predict your future is to create it."

(미래를 예측하는 가장 좋은 방법은 그것을 창조하는 것이다.)

Abraham Lincoln

MEMO

MEMO

MEMO

MEMO

MEMO

이 책을 검토해 주신 선생님

강원

권미현 원주 리드영어
김나은 나은영어학원
김보라 전문 과외
김세진 세진쌤영어
김영남 전문과외
김현경 플러스일등해법학원
남상근 브릿지영어전문학원
백희영 이상학원
안서아 숲영어전문학원
안예린 웅진씽크빅퇴계학원
오진아 라온영어
윤아영 라온영어
이금석 케이유이에스비
이승주 이상학원
이정혜 이튼영어학원
임지은 더써밋학원
전수지 에리카영어학원
최가영 전문과외
최세빈 초석대입전문학원
최현주 최샘영어
하지현 하이디영어과외방

경기

갈현주 GTC영어
강경표 정상어학원
강동수 평촌 열정과 신념
강수미 뿌리깊은영수학원
강수현 전문과외
강수현 중동엠마영어
강승희 전문과외
강신혜 에이블중고등영어학원
강예진 YJ영어의정원
강희주 유타스
고승환 독한공부입시학원
고윤지 전문과외
고혜경 전문과외
고혜리 최강영수학원
곽억훈 최강영어학원
권경화 양일고등학교
권수현 프라미스자이영어학원
권응경 애니랑영어
권정현 수잔잉글리쉬학원
권종혁 고등바른공부학원
권지영 전문과외
권향숙 에이블 플러스 영어
기매무 전문과외
길대현 E&C학원
김고은 전문과외
김광수 더배움잉글리쉬
김규리 전문과외
김규은 분당소피아영어학원
김미원 한진연 입시전략연구소 수원센터
김미희 J&W 학원
김민기 빨리강해지는학원(은계)
김민선 HC영수전문학원
김민영 레이크에듀영어
김민정 분당영덕여자고등학교
김민정 이화영어교습소
김병희 전문과외
김보희 스푼잉글리쉬

김부경 더에듀
김상겸 물푸레스쿨
김세종 데이비드영어교습소
김승민 룩스영어 영어교습소
김승훈 진접최강학원
김연종 S4국영수학원 고덕국제점
김완혁 단칼영어학원
김우성 남양 아토즈영어학원
김원동 미래인학원
김유경 더웨이퍼스 어학원
김유림 리드해법영어
김윤겸 상승영어
김의식 에스엔티입시학원
김정은 조이럭영어학원
김종문 유타스학원
김지원 더이룸영어교습소
김진용 플랜즈영어학원
김진희 하이노크영어학원
김창ौ 영품학원
김하늘 훈선생영어학원
김현겸 전문과외
김현영 영스타영어
김현정 배곧 탑클래스 영수학원
김형원 마운트피스가
김혜연 하나영어교습소
김후중 동탄더플랜영어학원
김희용 동탄에이블영어학원
나병찬 베스트교육 호매실
나영은 강남청솔기숙학원
남현정 단단영어
남현제 강남글로벌학원
노연웅 알찬교육학원
노영임 하이영어
노영현 정상어학원
마현정 인스쿨학원
문슬기 문쌤영어 전문과외
문은영 삼성영어쎈수학은계학원
문지희 용인 필탑학원
문장균 스카이학원
박강태 아이엠 영어학원
박계리 글로리영어교습소
박민주 전문과외
박민호 아이린영어
박상유 콕수학오드리영어보습학원
박서은 영어종결센터 풍무지점, 전문과외
박서은 용인 필탑학원
박선영 잉글리쉬머핀
박선이 썬영어
박성식 경화여자English Business고등학교
박소희 김포정상어학원 사우점
박수인 용인필탑학원
박수정 가온학원
박승민 광주비상에듀기숙학원
박신혜 아너스잉글리쉬클럽
박영심 전문과외
박영철 이즈원 영어수학 전문학원
박영훈 권선대성종합학원
박은경 서영영어
박은경 제이스영어
박정현 JH 스파르타 영어학원
박정호 AJET초등융합학원
박정훈 안양외국어고등학교

박지연 시작공부방
박천웅 한빛에듀
박치옥 Park's Room English
박해리 전문과외
박현선 안양외국어고등학교
박형 지에듀 중동캠퍼스
박혜원 잇올스파르타-분당이매
박혜준 에이미잉글리쉬영어교습소
박희원 더에듀영어학원
반൯愛 리딩유영어
방선아 가온영어
백승민 윈영어학원
백은진 리한에듀영어학원
백재원 서윤희 입시영어학원
백지연 다산미래학원
서기동 멘토 1440 영어 학원
서다혜 Cloe English
서동기 모티프온학원
서미현 S4국영수학원
서정원 이챕터스영어학원
서준선 리드인 천지인학원
서혜주 집현전보습학원
성미경 위너스학원
성언형 키랩 영어연구소
손민지 씨앤씨학원
손영은 팁탑잉글리쉬
손영화 공터영어옥정센트럴파크푸르지오센터
손유리 하비투스학원
송동섭 송동섭영어
송상종 에듀플러스
송재웅 전문과외
송정은 송스커뮤니티센터
송택준 전문과외
송희승 ivi영어
신다영 우리학원
신준호 와와코칭학습센터 이매점
신혜원 해밀영어
안지민 이엔영어학원
안지원 프렌잉글리시 은여울캠퍼스
양상현 리케이온랭귀지포럼(동수원)
양양혜 전문과외
양창현 조셉입시학원
엄한수 양명고등학교
엘렌신 엘렌씬영어
염지민 전문과외
오동산 이랩스영어학원
오민희 미니오영어
오수혜 훈에듀라카잉글리시
오원지 동아세상에듀코
오주향 대치힐영어학원
왕형규 이룸영어학원
유경민 Judy English
유수민 해를품은입시학원
유승주 더에듀영어
유연이 큐이엠
유예지 한내학원
유옥경 만점영어
유지아 CINDY'S ENGLISH
유효선 앨리스 영어학원
윤겸서 운양에듀플렉스
윤석호 야탑고등학교
윤숙현 광덕고등학교

윤연정 오스카빌 영어
윤정원 윤선생igse플랜어학원
윤정희 수어람학원
윤지후 락수학 앤 윤영어
윤현정 위너영수학원
이경수 대감학원
이광열 열강영어교습소
이권우 수원 레볼리쉬 어학원
이규섭 학생애학원(학생愛학원)
이기쁨 전문과외
이다은 유앤유영어전문학원
이민재 제리킹영어학원
이보라 디오영어
이보라 김쌤보습 이쌤영어학원
이상윤 김영화 영어학원
이서윤 계몽학원
이선구 인코(EnCORE)어학원
이선미 정현영어학원
이수정 이그잼포유
이수진 백암고등학교
이승봉 이지어학원
이시내 생각나무
이에녹 목동 엘리엔학원
이연경 명품M수학x비온드 잉글리쉬학원
이연건 감탄영어&다온해법영어교습소
이영민 상승공감학원
이유정 평택 클래스가다른학원
이유진 에셀영어 교습소
이재협 사차원학원
이주현 웅진정자학원
이준 맨투맨학원
이지원 S4국영수학원
이지혜 리케이온
이진성 필탑학원
이충기 영어나무
이한곤 바로e영수단과학원
이혁준 퍼스트영수학원
이혜랑 Perfect Point+
임경야 니니 영어
임광영 러셀메가스터디기숙학원
임수경 전문과외
임수정 이화영어
임은희 Eunice English
임창민 김포우리학원
임태현 대치명인학원
장목 학플학원
장미래 안성종로엠스쿨
장민석 일킴훈련소입시학원
장은주 휘 잉글리쉬
장현정 도프(DOPE) 영어학원
장혜민 아발론 어학원 김포한강 캠퍼스
장혜진 필탑학원
장효선 영어의품격
전미경 아일리영어
전선우 IS입시전문학원
전성훈 훈선생영어학원
전수진 어센틱 영어학원
전영인 전문과외
전주원 필업단과전문학원
정다운 전문과외
정다움 카인드학원
정미영 미쉘영어과외

정보경 블룸영어학원
정성봉 한강미래인재
정성은 JK영어수학전문학원
정성태 에이든영어학원
정아름 필탑학원(용인)
정연우 최강학원
정연욱 인크쌤영어학원
정영선 시퀀트 영수 학원
정영훈 채움학원
정윤하 전문과외
정인하 뮤엠영어 별가람점
정지연 공부의정석학원
정혜윤 공력발전소학원
제정미 제이영어
조승규 제이앤와이(jandy)어학원
조용원 이티엘영어교습소
조원웅 클라비스 영어전문학원
조은쌤 조은쌤&장쌤 영어전문학원
조정휘 유하이에듀 학원
조준모 베스트교육 영어
조춘화 뮤엠영어발곡학원
조한나 S4고덕국제점
조혜원 탑티어
주명숙 비버영어전문학원
주지은 JIEUN ENGLISH CLASS 지은영어
채희수 전문과외
최광현 포인트학원
최명지 수만휘기숙학원
최민석 안성 탑클래스 기숙학원
최봉제 솔빛나루관 성공학원
최상이 엄마영어아빠수학학원
최세열 탑스존영수전문단과학원
최아란 알맹영어학원
최유나 최유나 안산영어과외
최윤옥 이룸영어
최은진 한라영어
최은진 고래영어
최인선 캐써린쌤의슈가영어교습소
최정아 보라리드인영수학원
최주현 일품 영어
최준덕 S4국영수학원 소사벌점
최진 전문과외
최현우 판다교육학원(위례)
최희정 SJ쌤영어
추정한 추정한영어
표호진 전문과외
하사랑 덕계한샘학원
하이디 하이디드림팀
한송이 키아트학원
한예진 용인필탑학원
한지선 G1230문산캠퍼스
현윤아 부천중동그린타운해법영어
홍승완 전문과외
홍은화 라라영어수학
홍희섭 조이 영어공부방
황은진 더에듀영어
황인아 고래영어학원
황인옥 하이탑 학원

경남

고성관 T.O.P EDU학원
김루 상승영수전문학원
김문명 생각쑥쑥공부방

김선우 이해성 김해 의대관 학원
김성은 네오시스템영어전문학원
김소민 창원다올영어수학학원
김재훈 창원 더케이영어학원
김주은 더큰샘학원
김준 가우스 SME전문학원
김태리 전문과외
김현우 창녕대성고등학교
김현주 삼성영어셀레나 프리미엄신명점
나현호 펜덕스 어학원 율하센터
박영하 네오시스템영어학원
박재형 인투잉글리쉬어학원
박정주 창원 타임영어전문학원
배송이 JS어학원
배승빈 에스영어전문학원
배현령 배선생영어
백민경 Michelle
손선영 이화멘토영어학원
신형섭 크림슨어학원
심정은 제시카영어교습소
안혜경 티오피에듀학원
양경화 봄영어
양기영 다니엘학원
우지아 종로엠스쿨
윤지연 에이프릴어학원
이근호 레이첼 잉글리쉬
이수길 명성학원
이아현 다름학원
이연홍 Rhee's English Class
이원평 코치클래스 영어학원
이인아 인잉글리쉬
이지훈 엠베스트SE학원 신진주 캠퍼스
임나영 삼성영어셀레나 남양영어교습소
임진희 진해어썸영어학원
장은정 케이트어학원
장재훈 ASK 배움학원
장지영 잉글리시아이 명동사랑채점
정상락 비상잉글리시아이대운점영어교습소
정수정 지탑영어
최승관 창신고등학교
최지영 시퀀스영수학원
최환준 Jun English
최효정 인에이블영수학원
하동권 네오시스템영어학원
한지용 성민국영수학원
허민정 허달영어
황다영 헤럴드어학원
황은영 에이블학원

경북
Kailey Pak 케일리 영어
강민표 현일고등학교
강유진 지니쌤영어
강은석 미래인재학원
강혜성 EiE 고려대 어학원
계지숙 Happy Helen English
김광현 그린빌
김도람 다이너마이트잉글리쉬
김도영 김도영어학원
김상호 전문과외
김주훈 아너스영어
김지훈 알앤비
김혜지 스카이 프라임 에듀

문상헌 안동 에이원영어
박경애 포항 대성초이스학원
박계민 영광중학교
박규정 베네치아 영어 교습소
박지은 능률주니어랩꿈터학원
배세왕 BK영수전문학원
변민준 한솔플러스영어수학학원 약목점
손누리 이든샘영수학원
유진욱 공부의힘 영어수학전문학원
윤재호 이상럴 일등단과학원
이강정 이룸단과학원
이상원 필즈학원
이지연 전문과외
이지은 Izzy English
장가을 앨리스영어학원
장미 잉글리시아이 원리학원
전영아 N&K영어학원
정보경 울진고등학교
정선린 포항항도중학교
최동희 전문과외
최미선 영천영어전문과외

광주
김도엽 스카이영어전문학원
김동익 이룸교육원
김병남 위즈덤 영어
김상연 공감영어어학원
김서현 디엔영어
김수인 광주 모조잉글리쉬
김신 와이(Y) 아카데미
김영연 전문과외
김원경 전문과외
김유경 프라임아카데미
김유희 김유희 영어학원
김윤희 수프림 영어공부방
김인화 김인화영어학원
나혜빈 윤선생우리집앞영어교실
문장엽 엠제이영어수학전문학원
박주형 봉선동 한수위 영어학원
봉병주 철수와영수
신지수 온에어영어학원
양신애 윤학당오름국어영어학원
오승리 이지스터디
오평안 상무 지산한길어학원
우진일 블루페스 영어학원
유현주 유즈영어교습소
윤상혁 하이엔드 영어 학원
이남주 장원학원
이민정 롱맨어학원
이현창 진월유앤아이어학원
임지상 외대어학원
전솔 서강고등학교
정지선 이지스터디
채성문 마하나임 영수학원
한기석 하이(E)영어교습소
한방엽 베스트영수학원

대구
강정middleCanTalk English
고은진 헬렌영어
곽민경 조성애세움영어수학학원
구정모 대구여자상업고등학교
권보현 씨즈더데이어학원
권오길 공부를 디자인하다

권익재 제이슨영어교습소
권하련 아너스이엠에스학원
김근아 블루힐영어학원
김기목 목샘영어교습소
김나래 더베스트영어학원
김다영 헬렌영어학원
김미나 전문과외
김민재 열공열강 영수학원
김병훈 LU영어
김상완 YEP영어학원
김연정 유니티영어
김예지 헬렌 영어
김유환 잉글과한글
김정혜 제니퍼영어
김종석 에이블영수학원
김준석 크누KNU입시학원
김지영 김지영 영어
김진호 강성영어
김철우 메라키 영어 교습소
김하나 하나로운영어
김희정 이선생영어학원
노태경 전문과외
문창숙 지앤비(GnB)스페셜입시학원
민승규 민승규영어학원
박고은 스테듀입시학원
박라율 열공열강영어수학학원
박소현 공터영어 테크노폴리스센터
박연희 좀다른영어
박예빈 영재키움영어수학전문학원
박지환 전문과외
방성모 방성모영어학원
배정연 이앤하이공부방
백재민 에소테리카 영어학원
서정인 서울입시학원
신혜경 전문과외
심경아 Shim's English
심유진 대구유신학원
엄재경 하이엔드영어학원
오다인 헬렌영어 프리미어 1관,2관
원현지 원샘영어교습소
위은령 브릿지영어
유지연 에스피영어학원
윤이강 윤이강 영어
이근성 헬렌영어학원
이동현 쌤마스터입시학원
이미경 전문과외
이수희 EAON 영어학원
이승민 KEREC
이승현 학문당입시학원
이지민 아이플러스 수학
이지현 아이플러스 수학
이진영 전문과외
이헌욱 이헌욱 영어학원
임지민 헬렌영어학원
임형주 사범대단과학원
장지연 이지영어
장현진 고려대EIE어학원(현풍)
전윤애 올링글리쉬
전윤영 뮤엠영어 경동초점
전지민 헬렌영어학원
정대운 유신학원
정소영 씨즈더데이월암어학원

정연주 대한민국 입시학원
정용희 에스피영어
정은경 전문과외
조혜연 연쌤영어수학학원
진보라 메이킹어학원
최정임 컬럼비아 영어학원
최현희 다온수학학원
최효진 너를 위한 영어
한정아 능인고등학교
황슬 사적인영어

대전
Tony Park 전문과외
강은혜 노마드국어영어학원
고우리 영어의 꿈
권현이 디디샘영어
길민주 전문과외
김경이 영어서당학원
김근범 딱쌤학원
김기형 상승학원
김영철 빅뱅잉글리시캠퍼스
김유진 굿티처강남학원
김주리 위드제이영어
김하나 위드유학원
나규성 비전21학원
남영종 엠베스트SE 대전 전민점
노현서 앨리잉글리쉬아카데미
민지원 민쌤영어교습소
박난정 제일학원
박성희 청담프라임학원
박효진 박효진 영어
박효춘 수잔스튜터링
심효령 삼부가람학원
안수정 궁극의 사고
오봉주 새미래영수학원
유수민 제일학원
윤영숙 전문과외
이고은 고은영어
이길형 빌드업영어
이대희 청명대입학원
이보배 비비영어
이성구 청명대입학원
이수미 이수미어학원
이영란 일일주의 학원
이원성 파스칼베스티안학원
이재근 이재근영어수학학원
이홍원 홍T영어
임혜지 마이더스 손 영어학원
장유리 테스영어
정동현 대성외국어
정라라 영어문화원 정라라 영어교습소
정예슬 유레카원학원
정윤희 Alex's English
정혜수 쌜영어
조재형 에듀플렉스
조현 퍼스트학원
채송은 위캔영어학원
최성호 에이스영어교습소
최현우 파스칼베스티안학원
한왕호 김태현영어학원
한형식 서대전여자고등학교
황지현 공부자존감영어입시학원

부산
강민주 전문과외
강하늘 뉴스터디종합학원
고경원 JS 영수학원
김도담 도담한영어교실
김도성 코어영어 교습소
김동혁 코어영어수학전문학원
김동휘 장정호 영어전문학원
김미혜 더멘토영어
김병택 탑으로가는 영어 교습소
김서영 대치명인학원(해운대)
김성미 다올영어
김소림 엘라영어학원
김소연 전문과외
김수정 리더스어학원
김연주 링구아어학원
김은숙 강동초등학교
김재경 부산진구 탑클래스 영어학원
김지애 김지애영어연구소
김진규 의문을열다
김효은 김효은 영어전문학원
남재호 제니스학원
류미향 류미향입시영어
박미진 MJ영어학원
박수진 제이엔씨 영어학원
박영주 전문과외
박지우 영어를 ON하다
박지은 박지은영어전문과외방
박창헌 오늘도,영어그리고수학
배찬원 에이플러스 영어교습소
변혜련 전문과외
성장우 전문과외
손소희 호이겐스학원
손지안 정관 아슬란학원
송석준 비상아이비츠 해랑학원
송초롱 괴정최상위영어
심혜정 명품수학
안영실 개금국제어학원
안정희 GnB어학원양성캠퍼스
양희주 링구아어학원 해운대
오세창 범천반석단과학원
오정안 쏘트
오지은 이루다영어
윤경은 쌤드루
윤지영 잉글리쉬무무영어교습소
윤진희 전문과외
이기연 미네르바국제아카데미
이미정 탑에듀영어교습소
이상석 상석영어
이순실 종로엠스쿨(하단분원)
이윤호 메트로 영어
이재우 무한꿈터
이지현 Serena영어
이혜정 로엠어학원
임정연 침팬지영어학원 마린시티점
장민지 탑클래스영어학원
정승덕 성균관 영어
정영훈 J&C영어전문학원(제이엔씨)
조정호 입시영어전문 THOUGHT
채지영 리드앤톡영어도서관학원
최승빈 다온학원
최우성 초이English&Pass

최이내 전문과외
최효선 해피트리어학원
탁아진 에이블영어.국어학원
한영희 미래탐구 해운대

서울

kimhyerim 아르테에비뉴
가혜림 벨쌤.com
강민정 네오 과학학원
강보경 크라센어학원
강성호 대원고등학교
강정훈 더(the)상승학원
강준수 전문과외
강현숙 토피아어학원 중계캠퍼스
공리아 리더스 잠실
구나현 플러스잉글리쉬영어교습소
구대만 잇올 스파르타 독재학원
구민모 키움학원
구지은 DYB최선Mate 본사
권혜령 전문과외
김경수 탑킴입시앤영어
김나결 레이쌤영어교습소
김남철 마이티마우스학원
김명열 대치명인학원
김미은 오늘도맑음 영어교습소
김미정 전문과외
김병준 iLO ENGLISH
김보경 클라우드캐슬영어교습소
김빛나 뮤엠영어피닉스영어교습소
김상희 스카이플러스학원
김선경 대치마크영어
김성근 배움자리학원
김성연 대치열린학원
김소정 브로든 영어
김승환 Arnold English Class
김연아 올리비아 영어교습소
김영삼 YS영어공부방
김은영 루시아 잉글리시
김은정 전문과외
김은진 에이스영어교습소
김정민 더블유 영어학원
김정수 토즈 스터디센터
김종현 김종현영어
김지현 다원교육 목동
김태홍 이투스247학원 송파점
김하은 전문과외
김현영 대치웰영어학원
김현정 진심영어
김현지 전문과외
김혜림 대치 청담 어학원
김혜영 스터디원
김희정 스터디 코치
나선아 전문과외
노은경 이은재어학원
노종주 전문과외
노진숙 최선어학원
노현희 전문과외
노혜정 최강학원
도선혜 중계동 영어 공부방
류하영 전문과외
맹혜선 휘경여자고등학교
명가은 명가은영어학원
문명기 문명기 영어학원

문민아 탄탄대로 입시컨설팅
문지현 반포헨리학원
박광운 영어교습소
박기철 한진연 입시전략연구소
박남규 알짜영어교습소
박미애 명문지혜학원
박미정 위드멘토학원
박병석 주영학원
박선경 씨투엠학원
박소영 JOY English
박소하 전문과외
박솔이 SOLE ENGLISH
박수정 YBM잉클루 박수정 영어학원
박숙규 이지수능교육
박은경 오늘영어교습소
박정미 드림영어하이수학학원
박정효 성북메가스터디
박준용 은평 G1230 학원
박지연 영어공부연구소
박진경 JAYz ENGLISH
박찬경 펜타곤영어학원
박현정 1등급학원
반향진 세레나영어수학
배수현 남다른이해
배현정 전문과외
변지예 북두칠성학원
서예은 스터디브릭스학원 내신관
서은조 방배중학교
손종민 미즈원어학원
신경훈 탑앤탑 수학영어 학원
신연우 목동 씨앤씨학원
신정애 당산점 와와학습코칭학원
신지혜 비욘드 어드밴스트
신호현 아로새김학원
신희정 신쌤 영어
심나현 성북메가스터디
안미영 스카이플러스학원
안웅희 이엔엠국영수전문학원
양세희 양세희수능영어 학원
양하나 목동 씨앤씨 바이올렛T
어호주 이-베스트 영어학원
엄태열 대치차오름학원
오남숙 헬리오 오쌤 영어
오은경 전문과외
용혜영 SWEET ENGLISH 영어전문 공부방
우승희 우승희영어학원
유경미 무무&차(천광학원)
윤성 대치동 새움학원
윤은미 CnT 영어학원
윤지인 반포잉글리쉬튜터링
이계훈 이지영어학원
이광희 가온에듀 2관
이국재 공감학원
이남규 신정송현학원
이명순 Top Class English
이미나 위드미영어교습소
이미영 티엠하버드영어학원
이상수 넥서스학원
이석원 숭실중학교
이석호 한샘영재학원
이성택 엠아이씨영어학원
이수정 영샘영어

이승미 금천정상어학원
이아진 AJ INSTITUTE
이연주 Real_YJ English
이윤형 아만다영어학원
이은선 드림영어하이수학학원
이은영 DNA영어학원
이은정 전문과외
이은주 대치써미트영어학원
이자임 자몽영어교습소
이정인 프레임 학원
이정혜 수시이룸교육
이주희 윌링학원
이지민 대치명인학원 은평캠퍼스
이지연 석률학원
이철웅 비상하는 또또학원
이혜숙 사당대성보습학원
이혜정 이루리학원
이희영 이쌤영어 아카데미 교습소
이희진 목동씨앤씨
임서은 형설학원
임소례 윤선생영어교실 신내키움
임은희 전문과외
장서희 전문과외
장소당 최선어학원
전계령 신촌 메가스터디학원
전수진 절대영어학원
전지영 탑클래스영수학원
정가람 촘촘영어
정경록 미즈원어학원
정민혜 정민혜밀착영어학원
정성준 팁탑영어
정유하 YNS 열정과신념 영어학원
정재욱 씨알학원
정지희 대치하이엔어전문학원
정해림 서울숭의초등학교 영어전담
조미영 튼튼영어 마스터클럽 구로학원
조민석 더원영수학원
조민재 정성학원
조봉현 조셉영어국어학원
조연아 연쌤 영어
조용수 EMC이승환영어전문학원
조용현 바른스터디학원
조은성 종로학원
조인희 가디언 어학원(본원)
진영민 브로든영어학원
채상우 클레어영어
채에스더 문래중학교
천수진 메리트영어
천예은 폴티스 영어학원
최가은 지엔영어
최민주 전문과외
최수린 목동 CNC 국제관
최안나 영어의완성 영어교습소
최유송 목동 씨앤씨학원(CNC)
최유정 강북청솔학원
최정문 한성학원
최형미 전문과외
최희재 SA어학원
편선경 IGSE Academy
하다님 연세마스터스 학원
하제원 더블랙에듀
한인혜 레나잉글리쉬

한혜주 박홍학원
함규민 클레어영어교실
허미영 삼성영어 창일교실 학원
현승준 강남종로학원 교대점
홍대균 홍대균 영어
홍영민 성북상상학원
홍희진 이티영어학원
황상희 어나더레벨 영어전문학원
황선애 앤스영어학원
황혜진 이루다 영어

세종

김보경 더시에나
방종영 세움학원
백승희 백승희영어
손대령 강한영어학원
송지원 베이 교육컨설팅
안성주 더타임학원
안초롱 21세기학원
이지현 OEC 올리비아 영어 교습소
이현지 전문과외
허욱 전문과외

울산

강상배 전문과외
김경수 핀포인트영어학원
김경현 에린영어
김광규 EIE 온양어학원
김주희 하이디 영어교습소
김한중 스마트영어전문학원
서예원 해법멘토영어수학학원
송회철 꿈꾸는고래
양혜정 양혜정영어
엄여은 준쌤영어교습소
윤주이 인생영어학원
이서경 이서경영어
이수현 제이엘영어교습소
이윤미 제이앤스 영어수학
임재희 임재희영어전문학원
정은선 한국esl어학원
조충일 YBM잉클루 울산언양 제1캠퍼스
최나비 더오름high-end학원
한건수 한스영어
허부배 비즈단과학원
황희정 장검 앵커학원

인천

강재민 스터디위드제이쌤
고미경 쎄리영어학원
김갑헌 카일쌤영어학원
김미경 전문과외
김선나 태풍영어학원
김영태 에듀터학원
김영호 조주석수학&영어클리닉학원
김옥경 잉글리쉬 베이
김지연 송도탑영어학원
김지이 Jenna's English
김현미 송도탑영어학원
김현민 에이플러스원영어수학학원
나일지 두드림하이학원
남미경 뮤엠구월서초영어교습소
문지현 고대어학원
박민아 하이영어
박소연 링컨 영어

박정우 영수원칙학원
박주현 Ashley's English Corner
박진영 인천외국어고등학교
배이슬 비상영수학원
서유화 K&C American School
성하용 타이탄 영어
송현민 Kathy's Class
신나리 이루다교육학원
신은주 명문학원
신현정 전문과외
심현정 전문과외
오희정 엠베스트SE논현캐슬
원정연 공탑학원
윤선 밀턴 영어학원
윤효주 프렌잉글리시청라레이크블루
윤희영 세일영어
이가희 S&U영어
이동규 인천상아초등학교
이미선 고품격EM EDU
이수진 전문과외
이윤주 Triple One
이은정 인천 논현 고등학교
이주연 레이쳴영어
이진희 이진희 영어
이한아 선한영수
장승혁 지엘학원
전혜원 제일고등학교
정도영 대신학원
정춘기 정상어학원 남동분원
조슈아 와이즈에듀학원
조윤정 원당중학교
최민지 빅뱅영어
최수련 업앤업영어교습소
최지유 J(제이)영수전문학원
최창영 학산에듀
한은경 호크마학원
황성현 인천외국어고등학교

전남

강용문 JK영수
강유미 정상어학원 목포남악분원
고경희 에이블 잉글리쉬
곽혜진 H&J ENGLISH
김미선 여수개인교습
김아름 전문과외
김은정 BestnBest
류성준 타임영어학원
박동규 정상학원
박민지 벨라영어
박현아 정상어학원 목포남악분원
서창현 목포백련초등학교
손빛나 프렌잉글리시 여수웅천학원
손성호 아름다운 11월학원
양명승 엠에스어학원
오은주 순천금당고등학교
이상호 스카이입시학원
이영주 재키리 영어학원
임동묵 문향고등학교
조소은 수잉글리쉬
차형진 상아탑학원
황상윤 K&H 중고등 영어 전문학원

전북

길지만 비상잉글리시아이영어학원

중학 국어의 문을 두드려라!

똑똑한 독해
중학 국어

똑똑

중학 국어 **비문학 독해+어휘**

똑똑한 독해

똑독

중학 국어
비문학
독해+어휘

실전편
3

1 비문학 독해의 기본이 되는 독해력과 어휘력을 동시에 습득
2 중학교 국어·도덕·사회·과학·음악·미술 교과서 연계 배경지식 강화
3 수능형·서술형 논술형 등 다양한 유형의 문제로 단계별 실력 향상

이투스북

똑독
중학 국어 **문법**
기본편

똑독 중학 국어 **문법**

똑똑한 독해
똑독
중학 국어 **어휘**
1

똑독 중학 국어 **어휘**

개념 학습과 문제 풀이의
1DAY 구성으로
계획적인 학습 가능

중학교 국어 교과서와
100% 연계된
개념 학습

족보닷컴을 활용하여
출제한 문제로
내신 시험과 수행 평가 대비

- 이투스북 도서는 전국 서점 및 온라인 서점에서 구매하실 수 있습니다.
- 이투스북 온라인 서점 | www.etoosbook.com

이투스북

Reading∞
master 중등

기본 독해부터 **수능 독해**까지 한번에 완성

Reading∞ master 중등

수능 *plus* 내신

Level 3

이투스북

Reading∞
master 중등

수능
plus
내신

Level **3**

Tens of thousands of years ago, play was necessary for the survival of dogs' ancestors, the wolves. Wolves are social animals. They cannot survive (A) if / unless they cooperate with other wolves. The way wolves learn the rules of the game in their society (B) is / are largely by playing games. (①) ⓐA wolf puppy that did not feel a strong urge to play would not survive. (②) What happens if today we take a small puppy, isolate it in a cage, and give it water, food, and medicine? (③) But it will still feel a strong urge to play. (④) So even though it has food and shelter, if the puppy (C) locks / is locked in a cage its whole life, it will be very miserable. (⑤) This is because its emotional needs do not reflect its present condition, but rather ⓑthe influence of earlier evolutionary processes.

*evolutionary: 진화의

1

(A), (B), (C)의 각 네모 안에서 어법에 맞는 표현으로 가장 적절한 것은?

	(A)	(B)	(C)
①	if	…… is	…… locks
②	if	…… are	…… is locked
③	unless	…… is	…… is locked
④	unless	…… are	…… is locked
⑤	unless	…… is	…… locks

2

윗글의 ①~⑤ 중, 주어진 문장이 들어가기에 가장 적절한 곳은?

This puppy no longer needs to play to survive.

①   ②   ③   ④   ⑤

3

윗글을 다음과 같이 요약할 때, 빈칸에 들어갈 말로 가장 적절한 것은?

Play was very important for the survival of wolves and their puppies today have a natural need for play, which cannot be _____ by just providing food and shelter.

① angry   ② proud
③ nervous   ④ surprised
⑤ satisfied

4 서술형

윗글의 밑줄 친 문장 ⓐ를 우리말로 바르게 옮기시오.

→ _____

5 서술형

윗글의 밑줄 친 ⓑ가 의미하는 것을 20자 이내의 우리말로 쓰시오.

→ _____

다음 글을 읽고, 물음에 답해 봅시다.

Most of life's stressors are more like marathons than sprints. If we give it everything we've got in the first mile, 우리가 나머지 25마일을 어떻게 헤쳐 나가겠는가? In today's world, we're ①dealing with new stresses coming at us, even as we try to find our way through a ②chronic stress situation. You may be dealing with a new baby when an ③urgent situation comes up at work. Or you may be getting into a fight with your spouse when you're trying to figure out ___ⓐ___ to pay the bills. So it doesn't make sense (A) put/to put all of your energy into dealing with one type of stress — you need to keep ④reserves on hand for the unexpected crisis (B) that / what will inevitably rear its head. When stressors are layered on each other without time for ⑤recovery, you can get ill. So allow yourself just (C) doing/to do what's most important and allow time for rest, rather than trying to ___ⓑ___ all the time.

*inevitably: 필연적으로

1

윗글의 밑줄 친 ①~⑤의 우리말 뜻이 잘못 연결된 것은?

① deal with: ~에 대처하다
② chronic: 만성의
③ urgent: 긴급한
④ reserve: 여력, 비축
⑤ recovery: 재발견

2

윗글의 빈칸 ⓐ에 들어갈 말로 가장 적절한 것은?

① how   ② what
③ when   ④ where
⑤ which

3

윗글의 빈칸 ⓑ에 들어갈 말로 가장 적절한 것은?

① be right
② ask for help
③ do everything
④ relieve your stress
⑤ find something new

4 서술형

윗글의 밑줄 친 우리말과 의미가 같도록 괄호 안의 말을 바르게 배열하시오.

(get through, are, we, the other twenty-five, how, going to)

➡ _____

5 서술형

윗글의 (A), (B), (C) 각 네모 안에서 어법에 맞는 표현으로 적절한 것을 골라 쓰시오.

(A) _____   (B) _____

(C) _____

The whole of human society operates on knowing the future _____ . (①) For example, farmers in India know when the monsoon rains ⓐcome next year, and so they know when to plant the crops. (②) Farmers in Indonesia know there are two monsoon rains each year, so next year they can have two harvests. (③) But the need to predict goes deeper than this; it influences every part of our lives. (④) Our houses, roads, railways, airports, offices, and so on are all designed for the local climate. (⑤) For example, in England all the houses have central heating, ⓑas the outside temperature is usually below 20˚C, but no air conditioning, as temperatures rarely go beyond 26˚C, ⓒwhile in Australia the opposite is true: most houses have air conditioning but rarely central heating.

1

윗글의 빈칸에 들어갈 말로 가장 적절한 것은?

① risk
② advance
③ weather
④ innovation
⑤ technology

2

윗글의 ①~⑤ 중, 주어진 문장이 들어가기에 가장 적절한 곳은?

> This is based on their knowledge of the past, as the monsoons have always come at about the same time each year in living memory.

①　　②　　③　　④　　⑤

3

윗글의 밑줄 친 ⓑas와 같은 의미로 쓰인 것은?

① I met Tim as I was walking to the park.
② As I always say, practice makes perfect.
③ The restaurant was just as busy as it was last weekend.
④ As the night went by, the guests started to leave one by one.
⑤ She couldn't hear what he was saying, as the music was too loud.

4 서술형

윗글의 밑줄 친 ⓐcome을 어법상 적절한 형태로 고치시오.

➡ _____

5 서술형

윗글의 밑줄 친 ⓒ를 우리말로 바르게 옮기시오.

➡ _____

_____

다음 글을 읽고, 물음에 답해 봅시다.

Our memories are very @sensitive to cortisol levels. (a)The hippocampus is the area of the brain that plays important roles in learning and memory formation, and it's ①directly affected by changes in cortisol levels. I'm sure this ②has happened to you: you arrive at an exam, more or less prepared but very ⓑnervous, and your mind goes ⓒblank. But you studied for it! This is easily explained: ③what has happened is that your hippocampus is blocked by a ⓓsudden rise in cortisol. Anticipatory nerves, _____ from worries like "I might fail, I don't know what's going to happen, I can't remember, they're sure to ask about the things I didn't review" ④block the hippocampus and the memory. It means that our fears, ⓔunfounded to begin with, end up ⑤become reality.

*cortisol: 코르티솔(부신 피질에서 생기는 스테로이드 호르몬의 일종)
**hippocampus: 해마   ***anticipatory: 예측되는

1

윗글의 밑줄 친 @~ⓔ 중, 다음 영영풀이에 해당하는 단어는?

not based on fact or without any evidence to support it

① @   ② ⓑ   ③ ⓒ   ④ ⓓ   ⑤ ⓔ

2

윗글의 빈칸에 들어갈 말로 가장 적절한 것은?

① stem   ② stems
③ stemming   ④ stemmed
⑤ to stem

3

윗글을 다음과 같이 요약할 때, 빈칸 (A), (B)에 들어갈 말로 가장 적절한 것은?

Cortisol levels affect our ___(A)___ by blocking the hippocampus, which can cause memory failure in ___(B)___ situations like exams.

        (A)   (B)
① feeling   ······ exciting
② feeling   ······ anxious
③ mind   ······ relaxed
④ memory   ······ boring
⑤ memory   ······ stressful

4 서술형

윗글의 밑줄 친 (a)를 우리말로 바르게 옮기시오.

➡ _____

5 서술형

윗글의 밑줄 친 ①~⑤ 중, 어법상 틀린 것을 골라 바르게 고치시오.

(   ) ➡ _____

다음 글을 읽고, 물음에 답해 봅시다.

One way that music can lead game players in the right direction is through the _____ of music. A player will notice when the music that represented a specific location gently ⓐdisappears. This creates ①relative quietness and gives the player the impression that there is nothing ⓑleft to do or see in that area. The game developers ②intentionally create a sense of *nothingness* by removing the music, hoping to ③subconsciously motivate the player ⓒto go elsewhere. This is a time-honored technique that has ⓓused across many game genres, from old-school adventure games to modern shooting games. While it is not a particularly ④refined approach, it can be very effective. When removing the music for this purpose, 우리는 가능한 한 미묘하도록 노력해야 한다, so that the player notices the change on a subconscious level. When ⓔhandled correctly, the player should only feel a sense of slight ⑤dissatisfaction with the game's "emptiness" in that area, lead to a desire to explore other places.

1

윗글의 빈칸에 들어갈 말로 가장 적절한 것은?

① study   ② beauty
③ absence   ④ diversity
⑤ harmony

2

윗글의 밑줄 친 ⓐ~ⓔ 중, 어법상 <u>틀린</u> 것은?

① ⓐ   ② ⓑ   ③ ⓒ   ④ ⓓ   ⑤ ⓔ

3

윗글의 밑줄 친 ①~⑤의 우리말 뜻이 <u>잘못</u> 연결된 것은?

① relative: 친척
② intentionally: 의도적으로
③ subconsciously: 잠재의식적으로
④ refined: 세련된
⑤ dissatisfaction: 불만

4 서술형

윗글의 밑줄 친 우리말을 괄호 안의 말을 이용하여 영어로 바르게 옮기시오.

(try, as, subtle, possible)

→ _____

5 서술형

윗글의 밑줄 친 lead를 어법상 적절한 형태로 고치시오.

→ _____

다음 글을 읽고, 물음에 답해 봅시다.

Our ability to accurately recognize and label emotions (A) is / are often referred to as *emotional granularity*. In the words of Harvard psychologist Susan David, "Learning to label emotions with a more nuanced vocabulary can be (B) absolute / absolutely transformative." David explains that if we don't have a rich emotional vocabulary, ⓐ it is difficult to communicate our needs and to get the support (C) that / what we need from others. _____ those who are able to distinguish between a range of various emotions "do much, ⓑ much better at managing the ups and downs of ordinary existence than those who see everything in black and white." In fact, research shows that the process of labeling emotional experience is related to greater emotional regulation and psychosocial well-being.

*granularity: 입자도, 입상(粒狀)　**nuanced: 미묘한 차이가 있는

1

윗글의 밑줄 친 ⓐ it과 쓰임이 같은 것은?

① It was a beautiful day.
② I can't believe it's already September.
③ It's a short walk to the store from here.
④ I can't find my phone, have you seen it?
⑤ It is important to stay inside in hot weather.

2

윗글의 빈칸에 들어갈 말로 가장 적절한 것은?

① So　　　　　② Or
③ But　　　　　④ And
⑤ Because

3

윗글의 밑줄 친 ⓑ much 대신에 쓸 수 없는 것은?

① even　　　　② far
③ still　　　　④ a lot
⑤ very

4 서술형

윗글의 (A), (B), (C) 각 네모 안에서 어법에 맞는 표현으로 적절한 것을 골라 쓰시오.

(A) _____　(B) _____
(C) _____

5 서술형

윗글을 다음과 같이 요약할 때, 괄호 안에서 적절한 말을 골라 쓰시오.

Having a (poor / rich) emotional vocabulary is important for effective communication and better management of daily challenges, leading to (greater / smaller) emotional regulation and well-being.

다음 글을 읽고, 물음에 답해 봅시다.

Dear Ms. Kelly Grace,

We ⓐattended a concert ①where you were the featured cellist, and we were absolutely fascinated by your ⓑtalent. Your ability to bring the sound of the cello to life ②left a lasting ⓒimpression on us. My fiancé and I have always been fans of classical music, and having live cello at our wedding ceremony would make it ③even more special. We are getting married on April 21 at Grand Plaza Hotel. We would be ⓓhonored ④if you could join us and play our favorite piece, *Ave Maria* by Franz Schubert. (A) Your performance will not only add elegance to the event but also make it truly unforgettable for us and our guests. Please let us ⑤to know if you are ⓔavailable on the said date and _____ your fee would be for your performance. Thank you for your time.

Warm regards,

Ann Langers & Sam Tround

1

윗글을 읽고 답할 수 <u>없는</u> 질문은?

① What does Ms. Kelly Grace play?

② Why do the writers want to invite Ms. Kelly Grace?

③ When is the wedding ceremony?

④ What piece do the writers want to be played?

⑤ How much is the performance fee?

2

윗글의 밑줄 친 ⓐ~ⓔ의 우리말 뜻이 <u>잘못</u> 연결된 것은?

① ⓐ attend: 참석하다

② ⓑ talent: 재능

③ ⓒ impression: 표현

④ ⓓ honor: ~에게 영광을 주다

⑤ ⓔ available: 여유[시간]가 있는

3

윗글의 빈칸에 들어갈 말로 가장 적절한 것은?

① who　　　　　② which

③ that　　　　　④ what

⑤ when

4 　서술형

윗글의 밑줄 친 문장 (A)를 우리말로 바르게 옮기시오.

➡ _____

_____

5 　서술형

윗글의 밑줄 친 ①~⑤ 중, 어법상 틀린 것을 골라 바르게 고치시오.

(　　) ➡ _____

다음 글을 읽고, 물음에 답해 봅시다.

When I was in the army, my instructors ⓐ would show up in my barracks room, and ⓑ the first thing they would inspect was our bed. It was a simple task, but every morning we ① were required to make our bed to perfection. It seemed a little ridiculous at the time, but the wisdom of this simple act ② has been proven to me many times over. If you make your bed every morning, you will have accomplished the first task of the day. It will give ③ to you a small sense of pride and it will encourage you ④ to do another task and another. By the end of the day, that one task ⑤ completed will have turned into many tasks completed. If you can't do little things right, you will never do the big things right.

*barracks room: (병영의) 생활관

1

윗글의 내용을 다음과 같이 요약할 때, 빈칸 (A), (B)에 들어갈 말로 가장 적절한 것은?

> Making sure to do small things ___(A)___ can help you gain ___(B)___ accomplishments in the long run.

	(A)	(B)
①	correctly	greater
②	quietly	weaker
③	correctly	slower
④	quietly	fewer
⑤	suddenly	stronger

2

윗글의 밑줄 친 ⓐ would 대신에 쓸 수 있는 것은?

① should　　② could
③ might　　④ used to
⑤ had to

3

윗글의 밑줄 친 ①~⑤ 중, 어법상 틀린 것은?

①　　②　　③　　④　　⑤

4 서술형

윗글의 밑줄 친 ⓑ에서 생략된 말을 넣어 문장을 다시 쓰시오.

➡ _____

5 서술형

윗글에서 다음 영영풀이에 해당하는 단어를 찾아 쓰시오.

> to look at something or someone carefully in order to discover information, especially about their quality or condition

➡ _____

It is now widely accepted that music can increase exercise effectiveness. (①) That is, if we listen to music while working out, we are more likely to work out longer and harder, _____ will help increase endurance and strength. (②) Music works well as a blocker for the signals of mental tiredness and physical exhaustion that your brain receives during exercise. (③) (A) Listen / Listening to complex music (as opposed to simple music) is thought to take up a significant amount of our limited attention system. (④) It may therefore reduce the number of these tiredness messages (B) that / what get through, or may reduce their effect on our reactions. (⑤) One of the (C) result / results of this is that we lose track of how hard we have worked or how long we have been exercising. The usual reaction to this situation is to work out for longer; music "colours" our impression of fatigue.

*fatigue: 피로

1

윗글의 ①~⑤ 중, 주어진 문장이 들어가기에 가장 적절한 곳은?

How does music have these kinds of effects?

①   ②   ③   ④   ⑤

2

윗글의 빈칸에 들어갈 말로 가장 적절한 것은?

① who   ② which
③ that   ④ what
⑤ when

3

윗글을 다음과 같이 요약할 때, 빈칸 ⓐ, ⓑ에 들어갈 말로 가장 적절한 것은?

Music during exercise blocks ___ⓐ___ signals and ___ⓑ___ endurance and strength.

　　　　　ⓐ　　　　　　　ⓑ
① tiredness ······ trains
② reliefs ······ reduces
③ tiredness ······ increases
④ reliefs ······ develops
⑤ excitement ······ maintains

4 서술형

윗글의 밑줄 친 this situation의 구체적인 내용을 50자 이내의 우리말로 쓰시오.

➡ _____

_____

5 서술형

윗글의 (A), (B), (C) 각 네모 안에서 어법에 맞는 표현으로 적절한 것을 골라 쓰시오.

(A) _____   (B) _____

(C) _____

다음 글을 읽고, 물음에 답해 봅시다.

Many people view sleep as ① merely a "down time" when their brain shuts off and their body rests. In a rush to meet work, school, family, or household responsibilities, people cut back on their sleep, ② thinking it won't be a problem, because all of these other activities seem much more important. But research reveals that a number of vital tasks carried out during sleep ③ helping to maintain good health and enable people to function at their best. While you sleep, your brain is hard at work forming the pathways ④ necessary for learning and creating memories and new insights. Without ⑤ enough sleep, you can't focus and pay attention or respond quickly. A lack of sleep may even cause mood problems. _____, growing evidence shows that a continuous lack of sleep increases the risk for developing serious diseases.

*vital: 매우 중요한

1

윗글의 제목으로 가장 적절한 것은?

① The Negative Impact of Sleep
② The Mysterious World of Dreams
③ Ways to Boosting Brain Performance
④ Sleep: More Than Just a Time to Rest
⑤ The Art of Good Sleep: Timing and Environment Tips

2

윗글의 밑줄 친 ①~⑤ 중, 어법상 틀린 것은?

①   ②   ③   ④   ⑤

3

윗글의 빈칸에 들어갈 말로 가장 적절한 것은?

① However
② Therefore
③ Otherwise
④ In addition
⑤ For example

4 서술형

윗글의 밑줄 친 문장을 우리말로 바르게 옮기시오.

➡ _____

_____

5 서술형

윗글에서 다음 영영풀이에 해당하는 단어를 찾아 쓰시오.

a condition of not having any or enough of something

➡ _____

When we pay for a restaurant meal with a credit card, do we really feel like we're paying right now? (①) Not really. (②) We're just signing our name; the payment will be sometime in the future. (③) Similarly, when the bill comes later, do we really feel like we're paying? (④) Not really. (⑤) (A)Not only credit card companies employ the illusion of time shifting to relieve the pain of paying, but they do it twice — once by making it feel like we are going to pay later and once by making us feel like we already paid. This way they enable us to enjoy ourselves, and spend our money, more freely. Credit cards use our desire to avoid the pain of paying. (B)And that has given them the power to shift the way we perceive value.

1

윗글의 제목으로 가장 적절한 것은?

① Credit Cards and Our Financial Plan
② A Simple Guide to Managing Our Cards
③ Tips for Maximizing Credit Card Rewards
④ Using Credit Cards Wisely: Dos and Don'ts
⑤ How Credit Cards Influence Our Spending

2

윗글의 ①~⑤ 중, 주어진 문장이 들어가기에 가장 적절한 곳은?

At that point, we feel like we already paid at the restaurant.

①　　②　　③　　④　　⑤

3

윗글에 쓰인 단어와 우리말 뜻이 바르게 연결된 것은?

① payment: 환불
② bill: 지폐
③ shifting: 교대
④ spend: 쓰다
⑤ desire: 가치

4 서술형

윗글의 밑줄 친 (A)를 어법에 맞는 표현으로 적절하게 고쳐 쓰시오.

➡ _____

5 서술형

윗글의 밑줄 친 (B)와 같은 뜻이 되도록 빈칸에 적절한 말을 한 단어로 쓰시오.

= And that has given them the power to shift _____ we perceive value.

다음 글을 읽고, 물음에 답해 봅시다.

The part of the brain that controls our feelings has no capacity for _____. ⓐIt is this disconnect that makes putting our feelings into words so hard. We have trouble, for example, ⓑexplain why we married the person we married. We struggle to put into words the ①real reasons why we love them, so we talk around it or rationalize it. "She's funny, she's smart," we start. But there are ②lots of funny and smart people in the world, and we don't love ⓒthem or we don't want to marry them. There is obviously ③more to falling in love than just personality and competence. ④Rationally, we know our explanation isn't the real reason. It is how our loved ones make us ⓓfeel, but those feelings are really ⑤easy to put into words.

1

윗글의 빈칸에 들어갈 말로 가장 적절한 것은?

① change   ② growth
③ learning   ④ language
⑤ creativity

2

윗글의 밑줄 친 ⓑ, ⓓ의 형태로 알맞은 것은?

	ⓑ	ⓓ
①	explaining	feeling
②	to explain	feeling
③	explaining	feel
④	to explain	feel
⑤	explaining	to feel

3

윗글의 밑줄 친 ⓒthem이 가리키는 것은?

① our feelings
② words
③ the real reasons
④ our loved ones
⑤ lots of funny and smart people

4 서술형

윗글의 밑줄 친 문장 ⓐ를 우리말로 바르게 옮기시오.

➡ _____

5 서술형

윗글의 밑줄 친 ①~⑤ 중, 문맥상 낱말의 쓰임이 적절하지 않은 것을 골라 바르게 고치시오.

(   ) ➡ _____

다음 글을 읽고, 물음에 답해 봅시다.

One of the most powerful (A) tool/tools to find meaning in our lives is ①reflective journaling — thinking back on and writing about what has happened to us. In the 1990s, Stanford University researchers asked some students on spring break to journal about their most important ②personal values and their daily activities. _____, others were asked to write about only the good things in the day. Three weeks later, the students who had written about their values (B) showing/showed more ③positive results than the ones who had only focused on the good things. ⓐThe former students were reported to be happier, healthier, and more ④confident about their ability to deal with stress than the latter (C) one/ones. ⓑ어떻게 그들의 하루의 활동들이 그들의 가치를 지지했는지에 대해 성찰함으로써, students had gained a new view on those activities and choices. Little stresses and difficulties were now signs of their values in action. Suddenly, their lives were full of ⑤meaningful activities. And all they had to do was reflect on their experiences with their personal values.

1

윗글의 빈칸에 들어갈 말로 가장 적절한 것은?

① In fact
② Moreover
③ Therefore
④ For example
⑤ On the other hand

2

윗글의 (A), (B), (C) 각 네모 안에서 어법에 맞는 표현으로 가장 적절한 것은?

	(A)	(B)	(C)
①	tool	showing	ones
②	tool	showed	one
③	tools	showing	one
④	tools	showed	ones
⑤	tools	showed	one

3

윗글의 밑줄 친 ①~⑤ 중, 다음 영영풀이에 해당하는 단어는?

having a feeling or belief that you can do something well or succeed at something

①   ②   ③   ④   ⑤

4 (서술형)

윗글의 밑줄 친 ⓐ가 가리키는 내용을 찾아 쓰시오.

➡ _____

5 (서술형)

윗글의 밑줄 친 우리말 ⓑ를 괄호 안의 말을 이용하여 영어로 바르게 옮기시오. (단, 어형 변화 가능)

(reflect, on, daily activities, support, values)

➡ By _____

다음 글을 읽고, 물음에 답해 봅시다.

Atlanta Electric Car Tour

Are you looking for a tour without traffic ① congestion? If so, here we are. (A) 우리는 전기차를 이용한 Atlanta 시내 관광을 제공합니다.

What to Expect

② Cruise the city with a guide who shares facts and information about the history, culture, and people of the city as you ride.

Departure and Return

· Departure details – The American Hotel at 160 Ted Street

· Return details – Returns to ③ original departure point

Accessibility

· Wheelchair accessible

· No pets, _____ service animals for the disabled are allowed.

Additional Information

· Minimum age 18 years. No ④ infants.

· This experience requires good weather. (B) If it's canceled due to poor weather, you'll be given a full refund.

For more information, please ⑤ contact us at atlantacartour@citytour.org.

*traffic congestion: 교통 혼잡

1

윗글의 빈칸에 들어갈 말로 가장 적절한 것은?

① and   ② but   ③ or
④ so   ⑤ although

2

윗글의 밑줄 친 ①~⑤의 우리말 뜻이 잘못 연결된 것은?

① congestion: 혼잡
② cruise: 천천히 돌아다니다
③ original: 원래의
④ infant: 청소년
⑤ contact: 연락하다

3

윗글에서 언급되지 않은 것은?

① 투어 진행 방법
② 출발 장소와 도착 장소
③ 투어 참가비
④ 휠체어 가능 여부
⑤ 최소 참가 연령

4 서술형

윗글의 밑줄 친 우리말 (A)와 의미가 같도록 괄호 안의 말을 바르게 배열 하세요.

(offer, city tours, by, electric car, of Atlanta)

➡ _____

5 서술형

윗글의 밑줄 친 문장 (B)를 우리말로 바르게 옮기시오.

➡ _____

After-School Coding Class

Do you want to learn to code your own games, apps, and websites? If you know ____ⓐ____ to use a mouse and keyboard, then you've already got what it takes. Let's have some fun and be creative with this class!

Age Requirement:

This coding class is designed for students aged 10 to 18.

Class Schedule:

Every Friday, March 1 – June 30

· Game development: 4:00 p.m. – 5:30 p.m.

· Python programming: 5:30 p.m. – 7:00 p.m.

Where: West Library

Costs: $30 for each class (free for students under 12)

How and When to Apply

· 여러분은 온라인이나 전화로 수업을 신청할 수 있습니다.

· Registration forms must ____ⓑ____ by 6:00 p.m., February 25.

Preparation:

Students should bring their own laptops.

For more information, please visit our website.

1

윗글에서 언급되지 않은 것은?

① 참가 가능 연령　　② 수업 시간

③ 수강자 수　　　　④ 수업료

⑤ 신청 마감일

2

윗글의 빈칸 ⓐ에 들어갈 말로 가장 적절한 것은?

① what　　　　② how

③ which　　　　④ when

⑤ where

3

윗글의 빈칸 ⓑ에 들어갈 말로 가장 적절한 것은?

① send　　　　② sending

③ sent　　　　④ be sent

⑤ to send

4 서술형

윗글의 밑줄 친 우리말을 괄호 안의 말을 이용하여 영어로 바르게 옮기시오.

(sign up for, either, or, by)

➡ _____

5 서술형

윗글에서 다음 영영풀이에 해당하는 단어를 찾아 쓰시오.

> having all the necessary tools or skills to handle a particular situation or task

➡ _____

Percentage of UK People Who Used
Online Course and Online Learning
Material (in 2020, by age group)

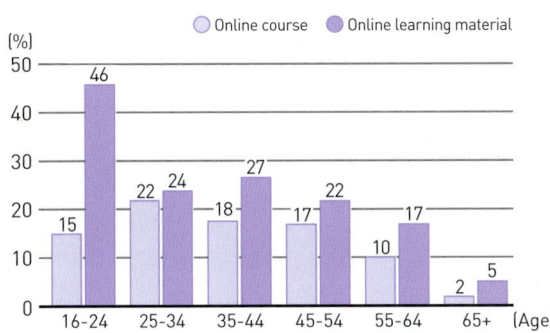

The ① above graph shows the percentage of people in the UK (A) who / which used online courses and online learning ② materials, by age group, in 2020. Most ③ notably, in each age group, the percentage of people who used online learning materials was higher than (B) that / those of people who used online courses. The 25–34 age group had the highest percentage of people who used online courses ④ among all the age groups. Those aged 65 and older were the least likely to use online courses and online learning materials among the six age groups. Among the six age groups, the ⑤ gap between the percentage of people who used online courses _____ that of people who used online learning materials (C) was / were the smallest in the 25–34 age group. In each of the 25–34, 35–44, and 45–54 age groups, 열 명 중 한 명이 넘는 사람들이 온라인 학습 자료를 이용했다.

1

윗글의 빈칸에 들어갈 말로 가장 적절한 것은?

① and   ② but   ③ or

④ so   ⑤ because

2

윗글의 (A), (B), (C) 각 네모 안에서 어법에 맞는 표현으로 가장 적절한 것은?

	(A)	(B)	(C)
①	who	that	was
②	who	those	were
③	who	that	were
④	which	those	was
⑤	which	that	were

3

윗글의 밑줄 친 ①~⑤의 우리말 뜻이 잘못 연결된 것은?

① above: 위의   ② material: 자료

③ notably: 다양하게   ④ among: ~ 중에

⑤ gap: 차이, 간격

4 〔서술형〕

위 도표의 내용과 일치하지 않는 부분을 바르게 고쳐 문장을 다시 쓰시오.

> The 16–24 age group had the smallest percentage of people who used online learning materials among all the age groups.

➡ _____

_____

5 〔서술형〕

윗글의 밑줄 친 우리말과 의미가 같도록 괄호 안의 말을 바르게 배열하시오.

(used, than, in, ten people, online learning materials, one, more)

➡ _____

다음 글을 읽고, 물음에 답해 봅시다.

Frantz Fanon was born in 1925 on a Caribbean island, ___(A)___ was then a French ① colony. His father was a ② descendant of African slaves and worked as a ③ customs officer. He left home to volunteer for the Free French Forces in World War II, and after the war he studied both medicine and psychology in Lyon, France. ⓐOne year after becoming a doctor to treat mental illness in 1951, he published his first book: *Black Skin, White Masks*. In 1953, Fanon moved to Algeria, ___(B)___ he worked as a hospital doctor for mental health. After hearing his patients' tales of the torture during the war, he was shocked and ④ resigned from his government-supported job. He began ⓑ work for the Algerian independence movement. In the late 1950s, he ⑤ developed blood cancer. During his illness, he wrote his final book, *The Wretched of the Earth*, arguing for a different world.

*torture: 고문

1

Frantz Fanon에 관해 윗글에서 언급한 것은?

① 생년월일
② 어머니의 신분과 직업
③ 첫 번째 책의 집필 기간
④ 알제리로 이사한 이유
⑤ 마지막 책의 주요 내용

2

윗글의 빈칸 (A), (B)에 들어갈 말로 가장 적절한 것은?

(A)	(B)
① which	⋯⋯ when
② where	⋯⋯ when
③ which	⋯⋯ where
④ where	⋯⋯ where
⑤ that	⋯⋯ why

3

윗글의 밑줄 친 ①~⑤의 우리말 뜻이 <u>잘못</u> 연결된 것은?

① colony: 식민지
② descendant: 후손
③ customs: 세관
④ resign: 설계하다
⑤ develop: (병·문제가) 생기다

4 〔서술형〕

윗글의 밑줄 친 ⓐ를 우리말로 바르게 옮기시오.

➡ _____

5 〔서술형〕

윗글의 밑줄 친 ⓑwork를 어법상 적절한 형태로 고치시오.

➡ _____

다음 글을 읽고, 물음에 답해 봅시다.

At a very young age, Greta Thunberg ① was diagnosed with Asperger syndrome. People with the syndrome cannot socialize very well, but they are able to focus really deeply on ⓐ one thing. When she was 8 years old, she heard about climate change. She became deeply ② interested in it. She became a vegan, and she refused ③ to ride in airplanes because of their high carbon footprint. She started to speak to people around her about climate change. In 2018, she skipped school and walked to her country's parliament in Sweden. She sat quietly in front of the building with a sign ④ that read "SCHOOL STRIKE FOR CLIMATE." Thunberg continued to protest once ⓑ a week by skipping school on Fridays. Her protest caught the attention of the media, and soon, students all over the world followed her and ⑤ hold protests in their own countries. Thunberg quickly became an icon in the fight against climate change.

1

윗글의 밑줄 친 ①~⑤ 중, 어법상 틀린 것은?

①   ②   ③   ④   ⑤

2

Greta Thunberg가 한 활동이 <u>아닌</u> 것은?

① 채식주의자가 되었다.
② 비행기를 타지 않았다.
③ 주위 사람들에게 홍보했다.
④ 의회 앞에서 시위를 했다.
⑤ 주요 언론사에 자신의 활동을 알렸다.

3

윗글의 밑줄 친 ⓑ a와 <u>다른</u> 의미로 쓰인 것은?

① She runs 5 miles a day.
② I ate a slice of pizza for lunch.
③ The tickets to the concert were $50 a person.
④ The speed limit on this road is 50 miles an hour.
⑤ The gym offers yoga classes three times a day.

4 （서술형）

Greta Thunberg에게 밑줄 친 ⓐ one thing은 무엇인지 윗글에서 찾아 쓰시오.

➡ _____

5 （서술형）

윗글에서 다음 영영풀이에 해당하는 단어를 찾아 쓰시오.

> to pass over something or to not do something that was planned

➡ _____

Antonie van Leeuwenhoek was a scientist well known for his cell research. He was born in Delft, Netherlands, on October 24, 1632. At the age of 16, he began to learn job skills in Amsterdam. At the age of 22, he returned to Delft and started his business as a linen draper. His business prospered, and he began to ① devote much of his time to his hobby of grinding lenses and (A) use /using them to study tiny objects. He knew only one language, Dutch, ⓐ which was quite ② unusual for scientists of his time. But his curiosity was ③ limited, and he worked hard. He had an important skill. He knew (B) how / what to make things out of glass. This skill came in handy when he made lenses for his ④ simple microscope. He paid close attention to the things he saw and wrote down his ⑤ observations. ⓑ Since he couldn't draw well, he hired an artist to draw pictures of (C) that / what he described.

*cell: 세포   **linen draper: 직물상, 리넨 상인

1

윗글의 밑줄 친 ①~⑤ 중, 문맥상 낱말의 쓰임이 적절하지 않은 것은?

①   ②   ③   ④   ⑤

2

Antonie van Leeuwenhoek에 관해 윗글에서 언급되지 않은 것은?

① 직업
② 생년월일
③ 20대 때의 취미
④ 기술을 배운 곳
⑤ 화가를 고용한 이유

3

윗글의 밑줄 친 ⓑ Since와 같은 의미로 쓰인 것은?

① I've studied Spanish since I was in high school.
② They've been together since they met in college.
③ Since it's raining, I don't think we should go to the park.
④ Henry hasn't spoken to me since we had an argument last week.
⑤ Since the pandemic started, many people have started working from home.

4 서술형

윗글의 (A), (B), (C) 각 네모 안에서 어법에 맞는 표현으로 적절한 것을 골라 쓰시오.

(A) _____   (B) _____

(C) _____

5 서술형

윗글의 밑줄 친 ⓐwhich 대신에 들어갈 수 있는 말을 두 단어로 쓰시오.

➡ _____

다음 글을 읽고, 물음에 답해 봅시다.

In the late afternoon, Brandon finished feeding his cows on ①his farm and decided to call it a day. As usual, his two sons, Louie, 6, and Everett, 3, had followed ②him around as he worked on his farm. On the way back to the house, the boys ran ahead of their father, and when Brandon stopped _____ the pasture gate, Louie went to an old well to drink water. The board covering the well opening had, over time, grown weak. When Louie stepped on it, it broke. Brandon had just finished closing the gate when ③he turned around and saw only his youngest son. "Where's Louie?" he shouted to Everett. Everett, his blue eyes full of fear, told him, "④He fell in the hole!" The-37-year old immediately realized what happened. *Noooo!* He was scared because Louie could barely swim. Brandon raced over to the well, and when he heard Louie splashing far below, ⑤he jumped in.

*splash: 첨벙거리다

1

윗글의 밑줄 친 ①~⑤ 중, 가리키는 대상이 나머지 넷과 다른 것은?

①   ②   ③   ④   ⑤

2

윗글의 빈칸에 들어갈 말로 가장 적절한 것은?

① close   ② closing
③ to close   ④ closed
⑤ be closed

3

윗글을 다음과 같이 요약할 때, 빈칸 (A), (B)에 들어갈 말로 가장 적절한 것은?

While Brandon was closing the pasture gate, Louie fell into an old well by stepping on a ___(A)___ board. Brandon immediately jumped in to ___(B)___ him.

  (A)   (B)
① weak ······ save
② long ······ help
③ flat ······ join
④ short ······ support
⑤ thick ······ meet

4 서술형

윗글의 밑줄 친 문장에서 어법상 틀린 부분을 고쳐 문장을 다시 쓰시오.

➡ _____

5 서술형

윗글에서 다음 영영풀이에 해당하는 단어를 찾아 쓰시오.

a deep hole in the ground from which water, oil, or gas can be obtained

➡ _____

Cathy called me back just as I was leaving the house this morning and gave me a stiff little hug. She slipped a typewritten note into my hand, 내가 나가야 할 날짜가 적힌 공식적인 퇴거 통지서를 내게 주면서. She couldn't meet my eye. She gave ①to me a sad smile and said, "I hate to do this to you, Rachel, I honestly do." The whole thing ___ⓐ___ very awkward. We were standing in the hallway. I ___ⓑ___ like crying, but I didn't want to make her feel ②worse than she already did, so I _____ⓒ_____ and said, "Not at all, it's honestly no problem," as though she'd just asked me to do her a small favour. On the train, the tears come, and I don't care ③if people are watching me. They might think ④that my dog has been run over or that I have ⑤diagnosed with a terminal illness.

1

윗글의 빈칸 ⓐ, ⓑ에 공통으로 들어갈 말로 가장 적절한 것은?

① was   ② did
③ had   ④ felt
⑤ looked

2

윗글의 빈칸 ⓒ에 들어갈 말로 가장 적절한 것은?

① cried out loud
② made fun of her
③ just smiled cheerily
④ couldn't help but cry
⑤ was getting angry with her

3

윗글의 내용과 일치하지 <u>않는</u> 것은?

① Cathy는 Rachel이 집을 나서려고 할 때 불러 세웠다.
② Rachel은 Cathy에게서 쪽지를 받았다.
③ Cathy는 Rachel의 눈을 마주치지 못했다.
④ Rachel은 Cathy에게 아무렇지 않은 척했다.
⑤ Rachel은 사람들이 자신을 이상하게 생각할까 봐 전전긍긍했다.

4 서술형

윗글의 밑줄 친 우리말과 의미가 같도록 괄호 안의 말을 바르게 배열하여 문장을 완성하시오.

(formal, me, giving, of, my, discharge, notice)
including a departure date

➡ _____

5 서술형

윗글의 밑줄 친 ①~⑤ 중, 어법상 틀린 것을 2개 찾아 바르게 고쳐 쓰시오.

(1) (   ) ➡ _____

(2) (   ) ➡ _____

다음 글을 읽고, 물음에 답해 봅시다.

All the finalists, including Zoe, ①<u>were</u> <u>waiting</u> for the final result. At last, the principal stepped on stage. "I will now ⓐ<u>present</u> this year's top academic award to the student who has achieved the highest placing." He smiled at the row of seats ②<u>where</u> the twelve finalists had gathered. Zoe wiped a sweaty hand on her handkerchief and looked at the other finalists. <u>그들은 모두 그녀만큼 창백하고 불안해 보였다.</u> Zoe and one of the other ③<u>finalist</u> had won first placing in four subjects, so the result depended on how teachers ranked their hard work and confidence. "The Trophy for General Excellence ④<u>is awarded</u> to Miss Zoe Perry," the principal finally said. "Could Zoe step this way, please?" Zoe felt as if she ⓑ(be) in heaven. She walked into the thunder of applause ⑤<u>with</u> a big smile.

1

윗글의 밑줄 친 ①~⑤ 중, 어법상 틀린 것은?

①　　　②　　　③　　　④　　　⑤

2

윗글의 밑줄 친 ⓐpresent와 같은 의미로 쓰인 것은?

① He told us what the <u>present</u> situation was.

② The winners were <u>presented</u> with medals.

③ Josh and I prepared a small <u>present</u> for Sue.

④ More than 50 people will <u>present</u> at the meeting.

⑤ The <u>present</u> owner bought the house several years ago.

3

윗글의 내용과 일치하는 것은?

① 교장 선생님은 무대 위에 앉아 있었다.

② Zoe는 네 명의 학업 최우수상 후보자 중 한 명이었다.

③ 다른 최종 입상 후보자들이 땀을 흘리는 Zoe를 보았다.

④ 네 과목에서 1위를 차지한 후보자는 두 명이었다.

⑤ 교사 중 한 명이 최우수상을 발표했다.

4 서술형

윗글의 괄호 ⓑ 안의 be를 어법상 적절한 형태로 쓰시오.

➡ _____

5 서술형

윗글의 밑줄 친 우리말과 의미가 같도록 괄호 안의 말을 바르게 배열하여 문장을 완성하시오.

(looked, uneasy, pale, she, all, they, as, and, as, did)

➡ _____

　　Imagination expands our horizons in all time dimensions — present, past, and future. In the context of the present, or more precisely, the very near future, we explore (A) that / what is possible for us to do here and now. This gives us a practical perspective when considering what we currently desire. 과거에 방향이 맞춰진 시야는 우리 자신과 우리에게 의미 있는 것에 관한 시각을 제공한다. (B) Because / Although we cannot change the past, the perspective influences choices we make in the present and for the future. Of the three time horizons, the future-oriented one has the greatest impact on our decision-making. That's because people tend (C) think / to think more about the future than the past or the present. Since many events are more pleasurable to imagine than to experience, thinking of the future _____ .

*horizon: 시야, 수평선, 지평선　**dimension: 차원

1

(A), (B), (C)의 각 네모 안에서 어법에 맞는 표현으로 가장 적절한 것은?

	(A)		(B)		(C)
①	that	·····	Because	·····	think
②	what	·····	Although	·····	think
③	what	·····	Because	·····	to think
④	what	·····	Although	·····	to think
⑤	that	·····	Although	·····	to think

2

윗글의 빈칸에 들어갈 말로 가장 적절한 것은?

① makes us explore more
② gives us a lot of pleasure
③ is important for the present
④ greatly affects our decisions
⑤ allows us to predict the future

3

윗글을 다음과 같이 요약할 때, 빈칸에 들어갈 말로 가장 적절한 것은?

> We're inclined to see things in terms of time, and imagination makes us see the past, present, and future in different _____ .

① choices　　　　② events
③ experience　　　④ dimension
⑤ perspectives

4 서술형

윗글에서 다음 영영 풀이에 해당하는 단어를 찾아 쓰시오.

> an effect, or an influence

_____

5 서술형

윗글의 밑줄 친 우리말과 의미가 같도록 |보기|에서 적절한 단어를 골라 쓰시오. (필요 시 단어의 형태를 바꿀 것)

보기
> direct　with　provide　at

➡ The horizon _____ _____ the past _____ us _____ a perspective about ourselves and what is meaningful for us.

다음 글을 읽고, 물음에 답해 봅시다.

You may be familiar with ___ⓐ___ awake by a dripping tap, or an alarm clock that ticks too loudly. 여러분이 더 많이 들을수록, 그것은 더 커진다. Naturally, your perception is playing a trick on you, since no one is turning (A) up / down the volume. But, because you start paying attention to the sound, and choose to perceive it as (B) delightful / annoying , your level of irritation goes up until it becomes unbearable. So, you jump out of bed to make it ___ⓑ___ . Even though it may seem (C) possible / impossible to you under those circumstances, some people actually do not mind those sounds. And yet other people are capable of attending to the sound, only to let go of the sound. The difference is found not in the "truth" about a dripping tap or a ticking clock, but in your framings: whatever you give energy to, ___ⓒ___ .

*perception: 지각

1

윗글의 빈칸 ⓐ, ⓑ에 들어갈 어법에 맞는 표현이 바르게 짝지어진 것은?

	ⓐ		ⓑ
①	keep	⋯⋯	stop
②	keeping	⋯⋯	stopping
③	being kept	⋯⋯	stop
④	keeping	⋯⋯	stopped
⑤	being kept	⋯⋯	to stop

2

(A), (B), (C)의 각 네모 안에서 문맥에 맞는 낱말로 가장 적절한 것은?

	(A)		(B)		(C)
①	up	⋯⋯	delightful	⋯⋯	possible
②	down	⋯⋯	annoying	⋯⋯	possible
③	down	⋯⋯	delightful	⋯⋯	impossible
④	up	⋯⋯	annoying	⋯⋯	impossible
⑤	up	⋯⋯	delightful	⋯⋯	impossible

3

윗글의 빈칸 ⓒ에 들어갈 말로 가장 적절한 것은?

① ticks   ② stops

③ decreases   ④ grows

⑤ disappears

4 서술형

윗글의 밑줄 친 우리말과 의미가 같도록 괄호 안의 말을 활용하여 영작하시오. (8단어로 쓸 것)

(listen, much, loud, get)

➡ _____

5 서술형

윗글의 밑줄 친 부분을 우리말로 해석하시오.

➡ _____

Robert Schumann once said, "The laws of morals are (A) that/those of art." What the great man is saying here is (B) what/that there is good music and bad music. The greatest music, even if it's tragic in nature, takes us to a world higher than ours; somehow the beauty uplifts us. Bad music, _____, degrades us. It's the same with performances: ⓐa bad performance isn't necessarily the result of incompetence. Some of the worst performances occur when the performers, 아무리 숙달되었더라도, are thinking more of themselves than of the music they're playing. These doubtful characters aren't really listening to (C) what/that the composer is saying — they're just showing off, hoping that they'll have a great 'success' with the public. The performer's basic task is to try to understand the meaning of the music, and then to communicate it honestly to others.

*degrade: 격하시키다   **incompetence: 무능

1

(A), (B), (C)의 각 네모 안에서 어법에 맞는 표현으로 가장 적절한 것은?

	(A)	(B)	(C)
①	that	⋯⋯ what	⋯⋯ what
②	those	⋯⋯ that	⋯⋯ what
③	those	⋯⋯ what	⋯⋯ what
④	those	⋯⋯ that	⋯⋯ that
⑤	that	⋯⋯ what	⋯⋯ that

2

윗글의 빈칸에 들어갈 말로 가장 적절한 것은?

① in addition
② most of all
③ in other words
④ on the other hand
⑤ in the same manner

3

윗글의 밑줄 친 ⓐ를 바르게 해석한 것은?

① 나쁜 연주는 무능한 결과를 가져온다.
② 나쁜 연주는 대개 무능의 결과물이다.
③ 나쁜 연주가 반드시 무능의 결과는 아니다.
④ 나쁜 연주의 결과는 모두 무능함 때문이다.
⑤ 나쁜 연주가 무능한 결과를 필요로 하지는 않는다.

4 〔 서술형 〕

윗글에서 다음 영영 풀이에 해당하는 표현을 찾아 적절한 형태로 바꿔 쓰시오. (2단어로 쓸 것)

> to behave in a way that is intended to attract people's attention and make them admire you

_____

5 〔 서술형 〕

윗글의 밑줄 친 우리말과 의미가 같도록 괄호 안의 말을 바르게 배열하여 문장을 완성하시오.

(accomplished, no, how, matter)

➡ _____

Suppose you are a filmmaker like George Lucas and spend $11 million ① produce a film such as *Star Wars*. 어느 기간 동안 그 비용이 필요 경비로 취급되어야 할까? It should be expensed over _____ of the film. But what is ② its entire economic life? It's the whole period ③ when the film and various kinds of related products can earn money. So the filmmaker must estimate how much revenue ④ will be earned from box office sales, video sales, television, games, toys, stationery items, and so on. In the case of Twentieth Century Fox's *Star Wars*, that could be more than 50 years. The film was originally released in 1977 and rereleased in 1997, and domestic revenues ⑤ total nearly $500 million for *Star Wars* and continue to grow. This situation demonstrates the difficulty of properly matching expenses to revenues of films.

*revenue: 수입

1

윗글의 제목으로 가장 적절한 것은?

① How to Reduce Film Production Cost
② The Secret to the Success of *Star Wars*
③ How Long Is the Entire Economic Life of a Film?
④ Things to Consider When Investing in Movies
⑤ The Difficulty of Properly Comparing Film Expenses with Income

2

윗글의 빈칸에 들어갈 말로 가장 적절한 것은?

① the running period
② the production scale
③ the number of workers
④ the entire economic life
⑤ the size of the investment

3

윗글의 밑줄 친 ①~⑤ 중, 어법상 틀린 것은?

①   ②   ③   ④   ⑤

4 서술형

윗글의 밑줄 친 우리말과 의미가 같도록 |보기에서 적절한 단어를 골라 빈칸에 쓰시오. (단, 어형 변화 가능)

┌ 보기 ┐

period   expense   over   what

➡ _____ _____ _____ should the cost _____ _____?

5 서술형

윗글의 밑줄 친 This situation이 의미하는 바를 우리말로 쓰시오. (50자 내외)

➡ _____

READING
27
PART 01 **Review Test**
다음 글을 읽고, 물음에 답해 봅시다.

Answers p. 55

Sleeping with the lights or TV on ①is associated with an increased risk of weight gain and obesity. This was proved by a study ②published by the National Institute of Environmental Health Sciences in North Carolina. These researchers followed more than 43,000 women aged between thirty-five and seventy-four years over a five-year period.   ⓐ   to those sleeping without artificial light, those exposed to light at night were, (A)평균적으로, ③heavier by 5 kg or more. ④It appears, then, that artificial light disrupts or delays the body's natural clock and upsets the normal hormone balance. Even though the visual stimulation ⑤didn't have any noticeable effect on self-reported sleep quality, (B)이러한 결과는 우리가 자러 가기 전과 후 모두 가능한 한 밤에 많은 빛을 제거하는 것의 가능한 이득을 정말로 암시한다.   ⓑ   senses, then, may be as much about removing unwanted sources of environmental stimulation as it is about adding new ones.

1

윗글의 요지로 가장 적절한 것은?

① 자기 전에 조명 강도를 조절해야 한다.

② 인공조명은 신체의 자연 시계를 교란한다.

③ 조명을 켜고 자는 것은 숙면에 방해가 된다.

④ 호르몬 균형 유지를 위해 수면 환경이 중요하다.

⑤ 자는 동안 인공조명에 노출되는 것은 비만의 위험을 높인다.

2

윗글의 밑줄 친 ①~⑤의 우리말 뜻이 알맞지 <u>않은</u> 것은?

① ~와 연관되어 있다

② ~에 의해 발표된

③ 5킬로그램 이상 더 무거운

④ 그것은 발생한다

⑤ ~에 눈에 띄는 영향을 전혀 주지 못했다

3

윗글의 빈칸 ⓐ, ⓑ에 들어갈 말이 바르게 짝지어진 것은?

	ⓐ	ⓑ
①	Compare	Control
②	Compared	Controlled
③	Compared	Controlling
④	Comparing	Controlled
⑤	Comparing	Controlling

4 서술형

윗글의 밑줄 친 우리말 (A)를 두 단어의 영어로 쓰시오.

➡ _____

5 서술형

윗글의 밑줄 친 우리말 (B)와 의미가 같도록 |보기|에서 적절한 단어를 골라 |조건|에 맞게 쓰시오.

┌ 보기 ┐

hint   light   do   as
possible   remove   much

┌ 조건 ┐

1. 필요 시 단어의 형태를 바꿀 것

2. 중복 사용 가능

➡ these results _____ _____ at the potential benefits of _____ _____ _____ _____ _____ _____ at night, both before and after we go to sleep

다음 글을 읽고, 물음에 답해 봅시다.

Friction is a force between two surfaces that are sliding, or trying to slide, across each other. For example, when you try to push a book along the floor, friction makes this ① difficult. 마찰은 항상 물체가 움직이고 있거나 움직이려 하고 있는 방향과 반대 방향에서 작용한다. So friction always _____. The amount of friction depends on the surface materials. The ② rougher the surface is, the more friction is produced. Friction also produces heat. For example, if you rub your hands together quickly, they will get ③ warmer. Friction can be a useful force because it prevents our shoes from slipping on the floor when we walk and ④ makes car tires from skidding on the road. When you walk, friction occurs between the tread on your shoes and the ground, acting to grip the ground and ⑤ prevent sliding.

*skid: 미끄러지다 **tread: 접지면, 바닥

1

윗글의 밑줄 친 ①~⑤ 중, 문맥상 낱말의 쓰임이 적절하지 <u>않은</u> 것은?

①　　②　　③　　④　　⑤

2

윗글의 빈칸에 들어갈 말로 가장 적절한 것은?

① produces heat
② causes sliding
③ increases skidding
④ causes an object to fall
⑤ slows a moving object down

3

윗글을 다음과 같이 요약할 때, 빈칸에 들어갈 말로 가장 적절한 것은?

Friction force is a _____ force that acts in the direction of blocking the movement when two objects in contact are in relative motion.

① gravity　　　　② slipping
③ magnetic　　　④ resistance
⑤ contraction

4 서술형

윗글에서 다음 영영 풀이에 해당하는 단어를 찾아 주어진 철자로 시작하여 쓰시오.

the top layer or outside part of something

s_____

5 서술형

윗글의 밑줄 친 우리말과 의미가 같도록 괄호 안의 말을 바르게 배열하여 문장을 완성하시오.

(which, opposite, in, the object, the direction, is moving, to)

➡ Friction always works in the direction _____, or trying to move.

Where do parents, teachers, and students get the idea ①that math is just for some people? When people think that some kids just can't do math, that success in math ②reserves for only "smart" kids, then they can easily accept that many students fail math and hate math. _____, we have found that many teachers actually console their students ⓐby telling them not to worry about doing poorly in math because not everyone ③can excel in it. These adult enablers — parents and teachers alike — allow kids ④to give up on math before they've barely gotten started. No wonder more than ⑤a few students simply dismiss their own poor performance by declaring: ⓑ"I'm not a math person."

1

윗글의 요지로 가장 적절한 것은?

① 모든 사람이 수학에 뛰어날 수는 없다.
② 기존의 수학 평가 방식에는 많은 문제점이 있다.
③ 일부 성인 조력자들은 학생들이 수학을 포기하도록 허용한다.
④ 대부분의 학생이 자신들의 수학 성취 수준에 대해 만족하지 못한다.
⑤ 수학을 일찍 포기한 학생들을 위한 특별 프로그램이 요구된다.

2

윗글의 빈칸에 들어갈 말로 가장 적절한 것은?

① At last   ② In fact
③ However   ④ In conclusion
⑤ On the contrary

3

밑줄 친 ⓑI'm not a math person.이 윗글에서 의미하는 바로 가장 적절한 것은?

① I won't major in math.
② I didn't study math hard.
③ My math score is below average.
④ I will not prepare for the math test.
⑤ I don't care about my low math score.

4 서술형

윗글의 밑줄 친 ①~⑤ 중, 어법상 틀린 것을 찾아 바르게 고쳐 쓰시오.

(   ) ⇒ _____

5 서술형

윗글의 밑줄 친 ⓐ를 우리말로 해석하시오.

⇒ _____

다음 글을 읽고, 물음에 답해 봅시다.

According to Marguerite La Caze, fashion contributes to our lives and provides a medium for us (A) ⬚develop / to develop⬚ and exhibit important social virtues. Fashion may be beautiful, innovative, and useful; we can display creativity and good taste in our fashion choices. And in (B) ⬚dressing / dressed⬚ with taste and care, we represent both self-respect and a concern for the pleasure of others. There is no doubt (C) ⬚what / that⬚ fashion can be a source of interest and pleasure ___ⓐ___ links us to each other. That is, fashion provides a sociable aspect along with opportunities to imagine oneself differently — to try on different ___ⓑ___.

*virtue: 가치

1

(A), (B), (C)의 각 네모 안에서 어법에 맞는 표현으로 가장 적절한 것은?

	(A)	(B)	(C)
①	develop	⋯⋯ dressing	⋯⋯ what
②	develop	⋯⋯ dressed	⋯⋯ that
③	to develop	⋯⋯ dressing	⋯⋯ that
④	to develop	⋯⋯ dressed	⋯⋯ that
⑤	to develop	⋯⋯ dressing	⋯⋯ what

2

윗글의 빈칸 ⓐ에 들어갈 말로 가장 적절한 것은?

① how   ② who
③ when   ④ which
⑤ where

3

윗글의 빈칸 ⓑ에 들어갈 말로 가장 적절한 것은?

① lives   ② virtues
③ identities   ④ self-respect
⑤ creativities

4 서술형

윗글에서 다음 영영 풀이에 해당하는 단어를 찾아 쓰시오.

the thing by which or through which something is done

_____

5 서술형

윗글의 밑줄 친 부분을 우리말로 해석하시오.

➡ _____

다음 글을 읽고, 물음에 답해 봅시다.

We have evolved ①to be a species of teachers and learners. The ability to understand other people ②arrives around the ninth month, at a moment in development ③which babies begin to check the attention of others by holding or pointing at objects. At a year, 그들은 같은 것을 응시하거나, 만지거나, 들으며 다른 사람의 주의를 따라갈 수 있다. At 15 months they can direct it. Listen to that! Look over there! Shared attention is the starting point of conscious human learning. It is ④why infants don't learn to talk from video, audio, or overhearing parental conversations. We haven't _____ to. That's why it matters ⑤that we talk to our children. It's also why we can't learn from robots — yet.

1

윗글의 요지로 가장 적절한 것은?

① Shared attention is important in learning.

② Parents play an important role in learning.

③ Babies begin to understand others around 9 months old.

④ Humans evolved into a species of teacher and learner.

⑤ Language learning requires a lot of people's cooperation.

2

윗글의 밑줄 친 ①~⑤ 중, 어법상 틀린 것은?

①   ②   ③   ④   ⑤

3

윗글의 빈칸에 들어갈 말로 가장 적절한 것은?

① started   ② taught

③ learned   ④ evolved

⑤ produced

4 서술형

윗글을 읽고 다음 질문에 영어로 답하시오. (2단어)

By what does conscious human learning begin for the first time?

➡ _____

5 서술형

윗글의 밑줄 친 우리말과 의미가 같도록 |보기|에서 적절한 말을 골라 쓰시오. (단, 어형 변화 가능)

| 보기 |
| hold   follow   listen to   gaze at   touch |

➡ they can _____ another's attention, _____, _____, or _____ the same thing

다음 글을 읽고, 물음에 답해 봅시다.

Generalization without specific examples that humanize writing is (A) interesting / boring to the listener and to the reader. Who wants to read platitudes all day? Who wants to hear the words great, greater, best, smartest, finest, humanitarian, on and on and on without (B) general / specific examples? Instead of using these 'nothing words,' leave them out completely and just describe the particulars. There is nothing worse than reading a scene in 주인공이 대놓고 영웅적이거나, 용감하거나, 비극적이거나, 혹은 웃기다고 묘사되는 소설, while thereafter, the writer quickly moves on to something else. That's no good, no good at all. You have to use less one word descriptions and more (C) simple / detailed, engaging descriptions if you want to make something real.

*platitude: 상투적인 말

1

윗글의 제목으로 가장 적절한 것은?

① The Typical Structure of Novels

② Realistic Writing Requires Practice

③ The Need for Detailed Expressions in Writings

④ Generalization Errors Found in Many Writings

⑤ The Importance of Explaining the Main Character in Detail

2

(A), (B), (C)의 각 네모 안에서 문맥에 맞는 낱말로 가장 적절한 것은?

	(A)	(B)	(C)
①	interesting	general	simple
②	interesting	specific	detailed
③	boring	general	simple
④	boring	specific	detailed
⑤	boring	general	detailed

3

윗글의 내용과 일치하지 <u>않는</u> 것은?

① 구체적인 사례는 글을 인간미 있게 만든다.

② 독자는 상투적인 표현을 읽고 싶어 하지 않는다.

③ 의미 없는 표현의 나열보다는 세부 사항을 서술하는 것이 좋다.

④ 공허한 말들로 주인공을 묘사하고 넘어가는 소설은 전혀 좋지 않다.

⑤ 실감 나는 글을 위해 한 단어 묘사를 많이 사용해야 한다.

4 서술형

밑줄 친 nothing words와 반대의 의미로 쓰인 말을 윗글에서 찾아 쓰시오. (주어진 글자로 시작하여 적절한 형태로 쓸 것)

➡ the p_____

5 서술형

윗글의 밑줄 친 우리말과 의미가 같도록 |보기|에서 적절한 단어를 골라 쓰시오. (필요 시 단어의 형태를 바꿀 것)

| 보기 |
| which   is   as   in   describe |

➡ a novel _____ _____ a main character _____ _____ up front _____ heroic or brave or tragic or funny

다음 글을 읽고, 물음에 답해 봅시다.

Think about it. ⓐ <u>얼마나 많은 여러분의 시간이 사람들이 이미 아는 것을 그들에게 가르치는 데 쓰이는가?</u> If a problem is not caused by a lack of skill — _____, if the person could do it if they really wanted to — then training the person in order ①<u>to fix</u> the problem is a waste of time. Most of the time it's likely ②<u>that</u> the problem won't be caused by a genuine lack of skill. People will usually be able to do ③<u>what</u>'s expected of them except, of course, people who are new to their jobs or are doing a task that is new to them. Ask yourself, "Could he or she do it if they really ④<u>want</u> to (or if their lives depended on it)?" Training is a ⓑ<u>valuable</u> activity when it is focused on ⑤<u>building</u> skills and knowledge that are really needed.

1

윗글의 요지로 가장 적절한 것은?

① 새로운 과업의 숙달에는 절대적인 시간이 필요하다.
② 사람들은 보통 자신들이 하기로 기대되는 것을 할 수 있다.
③ 기술의 부족 때문에 각종 문제가 유발될 가능성은 높지 않다.
④ 훈련은 꼭 필요한 기술과 지식을 쌓는 데 초점을 맞추어야 한다.
⑤ 모두의 기대를 넘어선 결과를 만들어 내는 것에는 어려움이 따른다.

2

윗글의 빈칸에 들어갈 말로 가장 적절한 것 <u>2개</u>를 고르면?

① above all
② in other words
③ in contrast
④ in the meantime
⑤ that is to say

3

윗글의 밑줄 친 ⓑ와 바꿔 쓸 수 있는 것으로 적절하지 <u>않</u>은 것은?

① worthy
② precious
③ priceless
④ worthless
⑤ invaluable

4 〔서술형〕

윗글의 밑줄 친 ①~⑤ 중, 어법상 <u>틀린</u> 것을 찾아 바르게 고쳐 쓰시오.

(   ) ➡ _____

5 〔서술형〕

윗글의 밑줄 친 우리말 ⓐ와 의미가 같도록 괄호 안의 말을 바르게 배열하여 문장을 완성하시오.

(is, teaching, something, people, they, spent, already know)
➡ How much of your time _____
_____?

다음 글을 읽고, 물음에 답해 봅시다.

If you've ever made a poor choice, you might be interested in learning how to break that habit. One great way ①to trick your brain into doing so is to sign a "Ulysses Contract." The name of this life tip comes from the Greek myth about Ulysses, a captain ②which ship sailed past the island of the Sirens, a tribe of dangerous women who lured victims to their death with their irresistible songs. ③Knowing that he would otherwise be unable to resist, Ulysses instructed his crew to stuff their ears with cotton and tie him to the ship's mast to prevent him from ④turning their ship towards the Sirens. It worked for him, and you can do the same thing by locking ⑤yourself out of your temptations. For example, if you want to stay off your cellphone and concentrate on your work, 여러분의 주의를 산만하게 하는 앱들을 삭제하거나 친구에게 여러분의 비밀번호를 바꿔 달라고 요청하라!

*lure: 유혹하다   **mast: 돛대

1

윗글의 요지로 가장 적절한 것은?

① Try to overcome irresistible temptations.
② Bad choices always come with responsibility.
③ Change passwords periodically for security reasons.
④ Eliminate distractions to concentrate on your work.
⑤ Stay away from cell phones if you want to concentrate.

2

윗글의 밑줄 친 ①~⑤ 중, 어법상 틀린 것은?

① 　　② 　　③ 　　④ 　　⑤

3

윗글의 내용과 일치하는 것은?

① 'Ulysses 계약'은 Ulysses와 여성 부족 사이의 계약을 말한다.
② Ulysses의 노래가 선원들을 죽음에 이르게 했다.
③ Ulysses는 사이렌에게 저항하는 방법을 알지 못했다.
④ 선원들은 Ulysses가 배를 돌리는 것을 막고 싶어 했다.
⑤ Ulysses는 자신을 배의 돛대에 묶으라고 지시했다.

4 　서술형

윗글의 밑줄 친 doing so가 가리키는 것을 우리말로 쓰시오. (30자 내외)

➡ _____

5 　서술형

윗글의 밑줄 친 우리말과 의미가 같도록 괄호 안의 말을 바르게 배열하여 문장을 완성하시오.

(distract, change, ask, that, you, your password, or, a friend, to)

➡ delete the apps _____

_____

다음 글을 읽고, 물음에 답해 봅시다.

In the myth of Sisyphus, Hades punished Sisyphus by forcing him to roll a huge rock up a hill only for it ① roll back down every time it neared the top. Surprisingly, the myth of Sisyphus is a valuable starting point for seeking guidance. This story, ② focused on a bizarre punishment, can seem far removed from life in organizations today. And even if leaders feel, in their low moments, ③ that their work is somehow Sisyphean, that isn't the case in any straightforward way. 그들의 일은 지루하지도 단조롭지도 않다. They work with others, not in solitude, so they have companionship and support. And, ④ despite its pressures, a world with markets everywhere is a world of great opportunities for initiative, creativity, and reward. With the right skills, hard work, and some luck, leaders can meet their goals and ⑤ earn the rewards they deserve. In other words, they can _____.

*bizarre: 괴상한   **initiative: 진취성

1

윗글의 요지로 가장 적절한 것은?

① 지도자는 고독한 순간을 이겨내야 한다.
② 지도자는 Sisyphus와 같은 처벌을 감수해야 한다.
③ Sisyphus의 신화는 현대인의 숙명에 대한 내용이다.
④ Sisyphus의 신화에서처럼 지도자는 반복적인 일을 해야 한다.
⑤ 지도자는 기술과 노동을 바탕으로 조직에서의 발전을 이룰 수 있다.

2

윗글의 밑줄 친 they가 가리키는 것은?

① leaders
② their goals
③ organizations
④ opportunities
⑤ the right skills

3

윗글의 빈칸에 들어갈 말로 가장 적절한 것은?

① have another great opportunity
② remain happy even after a failure
③ keep their rock at the top of the hill
④ roll a huge rock up a hill repeatedly
⑤ look for new opportunities in other places

4 서술형

윗글의 밑줄 친 ①~⑤ 중, 어법상 틀린 것을 찾아 바르게 고쳐 쓰시오.

(   ) ⇒ _____

5 서술형

윗글의 밑줄 친 우리말과 의미가 같도록 빈칸에 알맞은 상관접속사를 쓰시오.

➡ Their jobs are _____ boring _____ monotonous.

다음 글을 읽고, 물음에 답해 봅시다.

A psychology professor raised a glass of water while teaching stress management (A) principals / principles to her students and asked them, "How heavy is this glass of water I'm holding?" Students shouted out various answers. The professor replied, "The absolute weight of this glass doesn't matter. It depends on _____. If I hold it for a minute, it's (B) quiet / quite light. But, if I hold it for a day straight, it will cause severe pain in my arm, force me to drop the glass to the floor. In each case, the weight of the glass is the same, but 제가 그것을 더 오래 들고 있을수록, 그것은 저에게 더 무겁게 느껴집니다." As the class nodded their heads in agreement, she continued, "Your stresses in life are like this glass of water. If you still feel the weight of yesterday's stress, it's a strong sign that it's time to put the glass (C) down / up."

1

윗글의 제목으로 가장 적절한 것은?

① The Bad Effects of Stress on the Body
② What Matters Is the Duration of Stress
③ The Importance of Stress Cause Analysis
④ Several Tips for Not Getting Stressed Out
⑤ Remember the Principles of Stress Management

2

(A), (B), (C)의 각 네모 안에서 문맥에 맞는 낱말로 가장 적절한 것은?

	(A)	(B)	(C)
①	principals	quite	down
②	principals	quiet	up
③	principles	quite	down
④	principles	quiet	up
⑤	principles	quite	up

3

윗글의 빈칸에 들어갈 말로 가장 적절한 것은?

① how heavy it is
② how long I hold it
③ if the glass is light or heavy
④ whether it causes pain or not
⑤ how much water is in the glass

4 (서술형)

윗글의 밑줄 친 force를 어법상 적절한 형태로 쓰시오.

➡ _____

5 (서술형)

윗글의 밑줄 친 우리말과 의미가 같도록 |보기|에서 적절한 단어를 골라 쓰시오. (필요 시 단어의 형태를 바꿀 것)

| 보기 |
| hold   long   heavy   feel |

➡ the _____ I _____ it, the _____ it _____ to me

다음 글을 읽고, 물음에 답해 봅시다.

An old story describes two snakes that live in a barn. One has ten heads, the other just one. If a fire breaks out in the barn, ①that snake is more likely to survive? The conventional answer is the one-headed snake. It will make a quick decision and follow through on ⓐit, while the ten-headed snake will have a hard time ②making up its minds and will move too slowly.

The thinking behind this story is common and sensible. A house divided against itself, we are told, cannot stand. Napoleon said that one bad general does better than two good ⓑones. And, when we think about great leaders, the standard picture is that their hearts and minds are one, ③unified by a single purpose.

But this conventional wisdom may miss something important. When a problem is uncertain and shifting, and when its practical and moral dimensions are unclear, _____ offer important advantages. This means that when people face challenges and feel pulled in different directions, they shouldn't see ④them as confused or inadequate. Complicated motives often indicate that someone really understands ⑤what is going on, and their motives can be valuable guides in moving forward.

*barn: 헛간

1

윗글의 요지로 가장 적절한 것은?

① 모두를 만족시키는 결정은 존재하지 않는다.
② 지도자가 늘 옳은 결정을 내리는 것은 아니다.
③ 지나치게 복잡한 동기는 빠른 결정을 방해한다.
④ 전통적인 기준에 의해서만 결정을 내려서는 안 된다.
⑤ 문제가 분명하지 않을 때는 여러 각도에서 바라보아야 한다.

2

윗글의 밑줄 친 ①~⑤ 중, 어법상 틀린 것을 2개 고르면?

①   ②   ③   ④   ⑤

3

윗글의 빈칸에 들어갈 말로 가장 적절한 것은?

① simple goals
② general wisdom
③ complicated motives
④ too common motives
⑤ conventional questions

4 서술형

윗글의 밑줄 친 ⓐ, ⓑ가 가리키는 것을 각각 찾아 쓰시오.

ⓐ _____   ⓑ _____

5 서술형

윗글을 읽고 다음 질문에 영어로 답하시오. (빈칸이 11단어가 되도록 쓸 것)

Q: According to the passage, why is a snake with one head more likely to survive in case of a fire?

A: Because _____.

다음 글을 읽고, 물음에 답해 봅시다.

The longest journey we will make is the eighteen inches between our head and heart. If we take this journey, it can ① shorten our misery in the world. Impatience, judgment, frustration, and anger reside in our heads. When we live in that place too long, it makes us unhappy. But when we take the journey from our heads to our hearts, something shifts ② inside. What if we were able to love everything _____ gets in our way? What if we tried loving the shopper who unknowingly steps in front of us in line, the driver who cuts us off in traffic, the swimmer who splashes us with water during a belly dive, or the reader who pens a bad online review of our writing?

Every person who makes us ③ miserable is like us — a human being, most likely doing the best they can, deeply loved by their parents, a child, or a friend. And how many times have we ④ unknowingly stepped in front of someone in line? Cut someone off in traffic? Splashed someone in a pool? Or made a ⑤ positive statement about something we've read? 우리가 만나는 모든 사람 속에 우리의 일부가 있다는 것을 기억하는 것은 도움이 된다.

*reside: (어떤 장소에) 있다

1

윗글의 주제를 가장 잘 나타내는 사자성어는?

① 외유내강   ② 노심초사
③ 유유자적   ④ 역지사지
⑤ 동병상련

2

윗글의 밑줄 친 ①~⑤ 중, 문맥상 낱말의 쓰임이 적절하지 않은 것은?

①   ②   ③   ④   ⑤

3

밑줄 친 live in that place too long이 윗글에서 의미하는 바로 가장 적절한 것은?

① are overly optimistic
② think a lot at the same time
③ don't think of many things at once
④ don't express our feelings to anyone
⑤ are too caught up in negative thoughts

4 서술형

윗글의 빈칸에 적절한 관계대명사를 쓰시오.

➡ _____

5 서술형

윗글의 밑줄 친 우리말과 의미가 같도록 괄호 안의 말을 바르게 배열하여 문장을 완성하시오.

(that, us, in, a piece of, we, remember, to, resides, meet, every person)

➡ It helps _____

_____.

A story is told of an auction ① where some of the finest china, linens, and other items of great value were being sold. All of the items sold rapidly. But at the end of the auction, the auctioneer offered an old, weather-beaten violin. Without any additional explanation, he placed it onto the table. It looked like a plain violin, only a little dirty. Compared with the other valuable items, it looked ② very cheaper and poorer in quality.

Upon first notice, those in attendance laughed at the out-of-place object. "What's the bid?" the auctioneer asked. A woman said, "I'll give you two dollars." A man yelled, "I'll take it off your hands for five dollars." Still another man shouted, "Ten dollars, and this is a really generous bid!" After about ten seconds, the auctioneer raised his hammer to close the bidding. Just then an elderly man got up, walked slowly to the front, and ③ picked up the old violin. He asked the auctioneer if he could try (A) play it.

The auctioneer looked a little surprised, but he accepted the elderly man's request. The elderly man pulled out a handkerchief from his pocket and began to rub the instrument. As he rubbed, the violin began to shine. He then began to pluck the strings and turn the pegs to tune ④ it. He placed the violin in position and began to play the familiar ⓓ spiritual "Amazing Grace." When he finished (B) play, the man gave the violin back to the auctioneer and walked slowly back to his seat.

There wasn't a dry eye in the place. Finally the auctioneer composed himself and reopened the bidding. Someone bid five hundred dollars, another bid a thousand. That violin sold that day for nine thousand dollars! Someone who had been half asleep in the back room throughout the proceedings asked ⑤ what made the difference. A woman answered that when the old man played he put everyone in the spirit. 우리가 영혼과 스스로의 가락을 맞추면, 우리는 우리의 삶에 새로운 의미를 준다.

*auction: 경매   **bid 입찰액; 경매하다, 입찰하다
**peg: (현악기의) 줄감

1

윗글의 밑줄 친 ①~⑤ 중 어법상 틀린 것은?

①   ②   ③   ④   ⑤

2 서술형

윗글의 밑줄 친 (A), (B)를 각각 어법상 적절한 형태로 쓰시오.

(A) _____   (B) _____

3 서술형

윗글의 밑줄 친 우리말과 의미가 같도록 |보기|에서 적절한 말을 골라 문장을 완성하시오. (단, 어형 변화 가능)

┌ 보기 ┐
place oneself   in tune with   our lives
give new meaning
└─────────────────────────────┘

➡ When we _____
the spirit, we _____.

다음 글을 읽고, 물음에 답해 봅시다.

A boy had just joined the best school in town. In the morning, his granddad took him to the school. When he went onto the playground with his grandson, the children surrounded them. "①How a funny old man," one boy smirked. A girl with brown hair pointed at the pair and jumped up and down. Suddenly, the bell rang and the children ran off to their first lesson.

The old man took his grandson firmly by the hand, and led him out of the school gate. "Brilliant, I don't have to go to school!" the boy exclaimed. "You do, but not this one," his granddad replied. "ⓐI'll find you a school myself." The granddad took his grandson back to his own house, asked the boy's grandma ②to look after him, and went off to look for a teacher himself. Every time he spotted a school, the old man went onto the playground, and waited for the children to come out at break time.

In some schools the children completely ignored the old man, and in others, they made fun of him. When this happened, he would turn sadly and ③went home. Finally, he went onto the tiny playground of a very small school, and leaned against the fence, ④exhausted. The bell rang, and the crowd of children ran out onto the playground. "Sir, are you all right? ⓑShall I bring you a glass of water?" a voice said. "We've got a bench in the playground — come and sit down," another voice said. Soon a young teacher came out onto the playground.

The old man greeted him and said: "Finally, I've found my grandson the best school in town." "You're mistaken, sir. Our school is not the best — it's small and cramped." The old man didn't argue with the teacher. Instead, he made arrangements for his grandson ⑤to join the school, and then the old man left. That evening, the boy's mom said to him: "Dad, you can't even read. How do you know you've found the best teacher of all?" "Judge a teacher by his _____," the old man replied.

*smirk: 히죽히죽 웃다　**cramped: 비좁은

1

윗글의 빈칸에 들어갈 말로 가장 적절한 것은?

① pupils　　　② speech
③ family　　　④ attitude
⑤ appearance

2 〔서술형〕

윗글의 밑줄 친 ①~⑤ 중, 어법상 틀린 것을 두 개 찾아 바르게 고쳐 쓰시오.

(1) (　　) ➡ _____
(2) (　　) ➡ _____

3 〔서술형〕

윗글의 밑줄 친 ⓐ, ⓑ를 3형식 문장으로 바꿔 쓰시오.

ⓐ ➡ _____
ⓑ ➡ _____

READING 01

1 Tens of thousands of years ago, play was necessary for the survival of dogs' ancestors, the wolves.

_____

2 They cannot survive unless they cooperate with other wolves.

_____

3 What happens if today we take a small puppy, isolate it in a cage, and give it water, food, and medicine?

_____

4 So even though it has food and shelter, if the puppy is locked in a cage its whole life, it will be very miserable.

_____

5 This is because its emotional needs do not reflect its present condition, but rather the influence of earlier evolutionary processes.

_____

READING 02

1 If we give it everything we've got in the first mile, how are we going to get through the other twenty-five?

_____

2 In today's world, we're dealing with new stresses coming at us, even as we try to find our way through a chronic stress situation.

_____

3 You may be dealing with a new baby when an urgent situation comes up at work.

_____

4 When stressors are layered on each other without time for recovery, you can get ill.

_____

READING 03

1 The whole of human society operates on knowing the future weather.

_____

2 Farmers in Indonesia know there are two monsoon rains each year, so next year they can have two harvests.

_____

3 This is based on their knowledge of the past, as the monsoons have always come at about the same time each year in living memory.

_____

4 Our houses, roads, railways, airports, offices, and so on are all designed for the local climate.

_____

READING 04

1 Our memories are very sensitive to cortisol levels.

_____

2 The hippocampus is the area of the brain that plays important roles in learning and memory formation, and it's directly affected by changes in cortisol levels.

_____

3 I'm sure this has happened to you: you arrive at an exam, more or less prepared but very nervous, and your mind goes blank.

_____

4 Anticipatory nerves, stemming from worries like "I might fail, I don't know what's going to happen, I can't remember, they're sure to ask about the things I didn't review" block the hippocampus and the memory.

_____

READING **05**

1 The game developers intentionally create a sense of *nothingness* by removing the music, hoping to subconsciously motivate the player to go elsewhere.

_____

2 This is a time-honored technique that has been used across many game genres, from old-school adventure games to modern shooting games.

_____

3 While it is not a particularly refined approach, it can be very effective.

_____

4 When handled correctly, the player should only feel a sense of slight dissatisfaction with the game's "emptiness" in that area, leading to a desire to explore other places.

_____

READING **06**

1 In the words of Harvard psychologist Susan David, "Learning to label emotions with a more nuanced vocabulary can be absolutely transformative."

_____

2 David explains that if we don't have a rich emotional vocabulary, it is difficult to communicate our needs and to get the support that we need from others.

_____

3 But those who are able to distinguish between a range of various emotions "do much, much better at managing the ups and downs of ordinary existence than those who see everything in black and white."

_____

4 In fact, research shows that the process of labeling emotional experience is related to greater emotional regulation and psychosocial well-being.

_____

READING **07**

1 We attended a concert where you were the featured cellist, and we were absolutely fascinated by your talent.

_____

2 Your ability to bring the sound of the cello to life left a lasting impression on us.

_____

3 My fiancé and I have always been fans of classical music, and having live cello at our wedding ceremony would make it even more special.

_____

4 We would be honored if you could join us and play our favorite piece, *Ave Maria* by Franz Schubert.

_____

READING **08**

1 When I was in the army, my instructors would show up in my barracks room, and the first thing they would inspect was our bed.

_____

2 It was a simple task, but every morning we were required to make our bed to perfection.

_____

3 If you make your bed every morning, you will have accomplished the first task of the day.

_____

4 It will give you a small sense of pride and it will encourage you to do another task and another.

_____

5 If you can't do little things right, you will never do the big things right.

_____

READING 09

1 It is now widely accepted that music can increase exercise effectiveness.

_____

2 That is, if we listen to music while working out, we are more likely to work out longer and harder, which will help increase endurance and strength.

_____

3 How does music have these kinds of effects?

_____

4 Listening to complex music (as opposed to simple music) is thought to take up a significant amount of our limited attention system.

_____

5 The usual reaction to this situation is to work out for longer; music "colours" our impression of fatigue.

_____

READING 10

1 Many people view sleep as merely a "down time" when their brain shuts off and their body rests.

_____

2 In a rush to meet work, school, family, or household responsibilities, people cut back on their sleep, thinking it won't be a problem, because all of these other activities seem much more important.

_____

3 Without enough sleep, you can't focus and pay attention or respond quickly.

_____

4 A lack of sleep may even cause mood problems.

_____

READING 11

1 We're just signing our name; the payment will be sometime in the future.

_____

2 Similarly, when the bill comes later, do we really feel like we're paying?

_____

3 Credit cards use our desire to avoid the pain of paying.

_____

4 And that has given them the power to shift the way we perceive value.

_____

5 As credit cards creates a separation between the time we consume and the time we pay, they lessen the pain of paying, enabling us to spend more freely.

_____

READING 12

1 We struggle to put into words the real reasons why we love them, so we talk around it or rationalize it.

_____

2 But there are lots of funny and smart people in the world, and we don't love them or we don't want to marry them.

_____

3 There is obviously more to falling in love than just personality and competence.

_____

4 It is how our loved ones make us feel, but those feelings are really hard to put into words.

_____

5 It is difficult to express our emotions in words because the part of the brain managing our feelings has an inability to produce language.

_____

READING 13

1 One of the most powerful tools to find meaning in our lives is reflective journaling — thinking back on and writing about what has happened to us.

_____

2 The former students were reported to be happier, healthier, and more confident about their ability to deal with stress than the latter ones.

_____

3 Little stresses and difficulties were now signs of their values in action.

_____

4 And all they had to do was reflect on their experiences with their personal values.

_____

READING 14

1 Are you looking for a tour without traffic congestion?

_____

2 We offer city tours of Atlanta by electric car.

_____

3 No pets, but service animals for the disabled are allowed.

_____

4 This experience requires good weather.

_____

5 For more information, please contact us at atlantacartour@citytour.org.

_____

글을 의미 단위로 끊어 읽고 주어와 동사에 표시하며 해석하시오.

Answers p. 65

READING 15

1 Do you want to learn to code your own games, apps, and websites?

2 Let's have some fun and be creative with this class!

3 This coding class is designed for students aged 10 to 18.

4 Registration forms must be sent by 6:00 p.m., February 25.

5 Students should bring their own laptops.

READING 16

1 The above graph shows the percentage of people in the UK who used online courses and online learning materials, by age group, in 2020.

2 The 25-34 age group had the highest percentage of people who used online courses among all the age groups.

3 Those aged 65 and older were the least likely to use online courses and online learning materials among the six age groups.

4 Among the six age groups, the gap between the percentage of people who used online courses and that of people who used online learning materials was the smallest in the 25-34 age group.

READING **17**

1 Frantz Fanon was born in 1925 on a Caribbean island, which was then a French colony.

_____

2 His father was a descendant of African slaves, and worked as a customs officer.

_____

3 One year after becoming a doctor to treat mental illness in 1951, he published his first book: _Black Skin, White Masks_.

_____

4 He began working for the Algerian independence movement.

_____

5 During his illness, he wrote his final book, _The Wretched of the Earth_, arguing for a different world.

_____

READING **18**

1 At a very young age, Greta Thunberg was diagnosed with Asperger syndrome.

_____

2 She became a vegan, and she refused to ride in airplanes because of their high carbon footprint.

_____

3 She started to speak to people around her about climate change.

_____

4 In 2018, she skipped school and walked to her country's parliament in Sweden.

_____

5 Thunberg continued to protest once a week by skipping school on Fridays.

_____

READING **19**

1 Antonie van Leeuwenhoek was a scientist well known for his cell research.

_____

2 At the age of 22, he returned to Delft and started his business as a linen draper.

_____

3 But his curiosity was endless, and he worked hard.

_____

4 This skill came in handy when he made lenses for his simple microscope.

_____

5 Since he couldn't draw well, he hired an artist to draw pictures of what he described.

_____

READING **20**

1 In the late afternoon, Brandon finished feeding his cows on his farm and decided to call it a day.

_____

2 As usual, his two sons, Louie, 6, and Everett, 3, had followed him around as he worked on his farm.

_____

3 The board covering the well opening had, over time, grown weak.

_____

4 Everett, his blue eyes full of fear, told him, "He fell in the hole!"

_____

5 The 37-year-old immediately realized what had happened.

_____

READING 21

1 She slipped a typewritten note into my hand, giving me formal notice of my discharge, including a departure date.

_____

2 She gave me a sad smile and said, "I hate to do this to you, Rachel, I honestly do."

_____

3 On the train, the tears come, and I don't care if people are watching me.

_____

4 They might think that my dog has been run over or that I have been diagnosed with a terminal illness.

_____

READING 22

1 All the finalists, including Zoe, were waiting for the final result.

_____

2 He smiled at the row of seats where the twelve finalists had gathered.

_____

3 Zoe wiped a sweaty hand on her handkerchief and looked at the other finalists.

_____

4 They all looked as pale and uneasy as she did.

_____

5 She walked into the thunder of applause with a big smile.

_____

READING 23

1 Imagination expands our horizons in all time dimensions — present, past, and future.

_____

2 This gives us a practical perspective when considering what we currently desire.

_____

3 Of the three time horizons, the future-oriented one has the greatest impact on our decision-making.

_____

4 That's because people tend to think more about the future than the past or the present.

_____

5 Since many events are more pleasurable to imagine than to experience, thinking of the future greatly affects our decisions.

_____

READING 24

1 You may be familiar with being kept awake by a dripping tap, or an alarm clock that ticks too loudly.

_____

2 The more you listen, the louder it gets.

_____

3 Naturally, your perception is playing a trick on you, since no one is turning up the volume.

_____

4 So, you jump out of bed to make it stop.

_____

5 And yet other people are capable of attending to the sound, only to let go of the sound.

_____

READING **25**

1   Robert Schumann once said, "The laws of morals are those of art."

_____

2   What the great man is saying here is that there is good music and bad music.

_____

3   Bad music, on the other hand, degrades us.

_____

4   It's the same with performances: a bad performance isn't necessarily the result of incompetence.

_____

5   The performer's basic task is to try to understand the meaning of the music, and then to communicate it honestly to others.

_____

READING **26**

1   Suppose you are a filmmaker like George Lucas and spend $11 million to produce a film such as _Star Wars_.

_____

2   It should be expensed over the entire economic life of the film.

_____

3   It's the whole period when the film and various kinds of related products can earn money.

_____

4   In the case of Twentieth Century Fox's _Star Wars_, that could be more than 50 years.

_____

5   This situation demonstrates the difficulty of properly matching expenses to revenues of films.

_____

READING **27**

1 Sleeping with the lights or TV on is associated with an increased risk of weight gain and obesity.

_____

2 This was proved by a study published by the National Institute of Environmental Health Sciences in North Carolina.

_____

3 These researchers followed more than 43,000 women aged between thirty-five and seventy-four years over a five-year period.

_____

4 Controlling senses, then, may be as much about removing unwanted sources of environmental stimulation as it is about adding new ones.

_____

READING **28**

1 Friction is a force between two surfaces that are sliding, or trying to slide, across each other.

_____

2 For example, when you try to push a book along the floor, friction makes this difficult.

_____

3 The amount of friction depends on the surface materials.

_____

4 For example, if you rub your hands together quickly, they will get warmer.

_____

READING 29

1 Where do parents, teachers, and students get the idea that math is just for some people?

_____

2 In fact, we have found that many teachers actually console their students by telling them not to worry about doing poorly in math because not everyone can excel in it.

_____

3 An individual political actor may not need math, but they certainly need someone who understands math if they want to succeed.

_____

4 These adult enablers — parents and teachers alike — allow kids to give up on math before they've barely gotten started.

_____

READING 30

1 According to Marguerite La Caze, fashion contributes to our lives and provides a medium for us to develop and exhibit important social virtues.

_____

2 Fashion may be beautiful, innovative, and useful; we can display creativity and good taste in our fashion choices.

_____

3 There is no doubt that fashion can be a source of interest and pleasure which links us to each other.

_____

4 Although the fashion industry developed first in Europe and America, today it is an international and highly globalized industry.

_____

READING **31**

1 We have evolved to be a species of teachers and learners.

_____

2 Shared attention is the starting point of conscious human learning.

_____

3 It is why infants don't learn to talk from video, audio, or overhearing parental conversations.

_____

4 It's also why we can't learn from robots — yet.

_____

READING **32**

1 Generalization without specific examples that humanize writing is boring to the listener and to the reader.

_____

2 Who wants to hear the words great, greater, best, smartest, finest, humanitarian, on and on and on without specific examples?

_____

3 Instead of using these 'nothing words,' leave them out completely and just describe the particulars.

_____

4 There is nothing worse than reading a scene in a novel in which a main character is described up front as heroic or brave or tragic or funny, while thereafter, the writer quickly moves on to something else.

_____

READING 33

1 How much of your time is spent teaching people something they already know?

_____

2 If a problem is not caused by a lack of skill — in other words, if the person could do it if they really wanted to — then training the person in order to fix the problem is a waste of time.

_____

3 Most of the time it's likely that the problem won't be caused by a genuine lack of skill.

_____

4 Ask yourself, "Could he or she do it if they really wanted to (or if their lives depended on it)?"

_____

5 Training is a valuable activity when it is focused on building skills and knowledge that are really needed.

_____

READING 34

1 If you've ever made a poor choice, you might be interested in learning how to break that habit.

_____

2 One great way to trick your brain into doing so is to sign a "Ulysses Contract."

_____

3 It worked for him, and you can do the same thing by locking yourself out of your temptations.

_____

4 For example, if you want to stay off your cellphone and concentrate on your work, delete the apps that distract you or ask a friend to change your password!

_____

READING **35**

1 Surprisingly, the myth of Sisyphus is a valuable starting point for seeking guidance.

_____

2 This story, focused on a bizarre punishment, can seem far removed from life in organizations today.

_____

3 And even if leaders feel, in their low moments, that their work is somehow Sisyphean, that isn't the case in any straightforward way.

_____

4 They work with others, not in solitude, so they have companionship and support.

_____

5 In other words, they can keep their rock at the top of the hill.

_____

READING **36**

1 The professor replied, "The absolute weight of this glass doesn't matter."

_____

2 It depends on how long I hold it.

_____

3 If I hold it for a minute, it's quite light.

_____

4 As the class nodded their heads in agreement, she continued, "Your stresses in life are like this glass of water."

_____

5 If you still feel the weight of yesterday's stress, it's a strong sign that it's time to put the glass down.

_____

READING **37**

1 An old story describes two snakes that live in a barn.

_____

2 If a fire breaks out in the barn, which snake is more likely to survive?

_____

3 Napoleon said that one bad general does better than two good ones.

_____

4 When a problem is uncertain and shifting, and when its practical and moral dimensions are unclear, complicated motives offer important advantages.

_____

5 Complicated motives often indicate that someone really understands what is going on, and their motives can be valuable guides in moving forward.

_____

READING **38**

1 The longest journey we will make is the eighteen inches between our head and heart.

_____

2 Impatience, judgment, frustration, and anger reside in our heads.

_____

3 But when we take the journey from our heads to our hearts, something shifts inside.

_____

4 What if we were able to love everything that gets in our way?

_____

5 And how many times have we unknowingly stepped in front of someone in line?

_____

READING **39**

1 Without any additional explanation, he placed it onto the table.

_____

2 Compared with the other valuable items, it looked much cheaper and poorer in quality.

_____

3 The auctioneer looked a little surprised, but he accepted the elderly man's request.

_____

4 He placed the violin in position and began to play the familiar spiritual "Amazing Grace."

_____

5 When we place ourselves in tune with the spirit, we give our lives new meaning.

_____

READING **40**

1 A boy had just joined the best school in town.

_____

2 The old man took his grandson firmly by the hand, and led him out of the school gate.

_____

3 The granddad took his grandson back to his own house, asked the boy's grandma to look after him, and went off to look for a teacher himself.

_____

4 In some schools the children completely ignored the old man, and in others, they made fun of him.

_____

5 When this happened, he would turn sadly and go home.

_____

MEMO

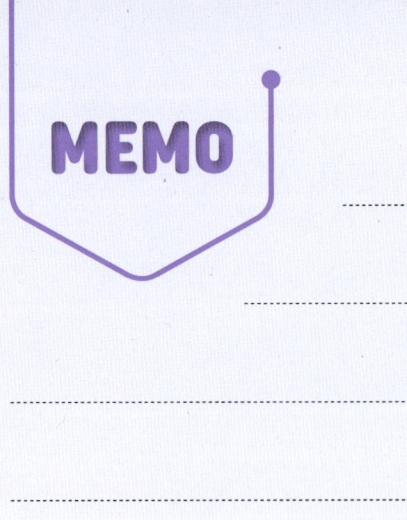

800문장으로 강화하는 **고등 필수 구문**

C.ORE 구문 800

✓ 우선 순위 빈출 구문   ✓ 고득점 대비 주요 구문

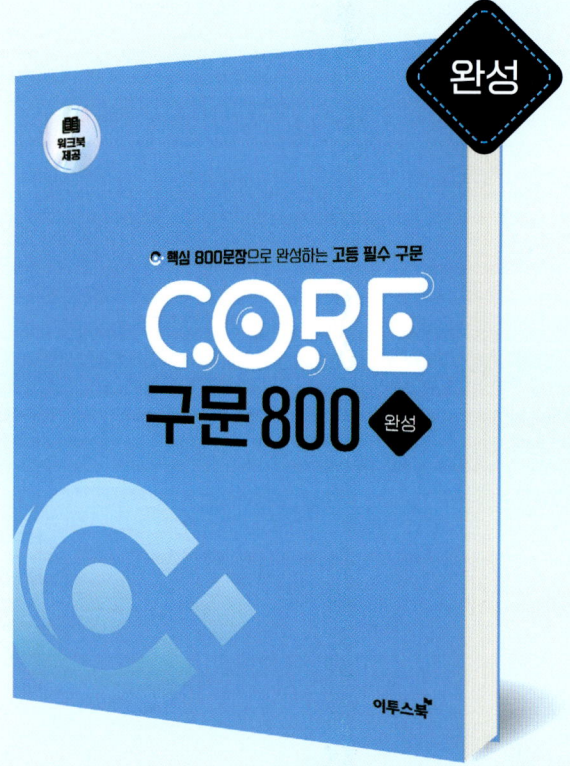

①
🖋 **필수 구문 포인트**

도식화 설명으로
구문 패턴 학습 가능

PLUS코너를 통한
심화 내용 학습

②
📖 **대표&연습 문장**

2~3개의 대표 문장으로
구문 패턴 연습 가능

직접 분석 및 해석 가능한
연습 문장 포함

③
🏆 **고난도 문장**

앞서 학습한 내용을
응용할 수 있는
고난도 문장 학습

 이투스북

Reading ∞ master 중등

수 plus 느 내신

Level 3

ANSWERS

중심 내용 파악하기

Reading Key 영어 지문 구조 이해하기   pp. 10~13

정답

A 주제문 욕구[특성]
　　예시 활동적, 낯가림, 시끄러운

B 소재 소개 표정
　　주제문 문화, 감정, 얼굴 표정, 보편적인

C 일반적인 이야기 연락하지, 거리감
　　반론(주제문) 관계, 일관되게[지속적으로]

D 주제문 칭찬하는
　　근거(예시) 관계, 불편한
　　주제문 사회적

해석

A 여러분의 반려동물의 특별한 욕구를 인식하고 그것을 존중해 주는 것이 중요하다. 예를 들어, 여러분의 반려동물이 활동적인 개라면 매일 밖으로 데리고 나가서 한 시간 동안 공을 쫓아다니게 하는 것이 실내에서 다루기가 더 쉬워질 것이다. 여러분의 고양이가 낯가림이 있다면 의상을 차려입고 고양이 품평회 쇼에 나가서 자신의 모습을 보여 주는 것을 원치 않을 것이다. 이와 비슷하게, 여러분은 마코앵무새가 항상 조용하기를 기대해서는 안 되는데, 그 이유는 그들이 천성적으로 시끄러운 동물이기 때문이다. 여러분의 아파트가 열대 우림만큼 소리를 잘 흡수하지 못하는 것은 그들의 잘못이 아니다.

B 얼굴 표정에 관한 한 흥미로운 연구가 최근에 미국 심리학회에서 발표되었다. 15명의 중국인과 15명의 스코틀랜드인이 이 연구에 참여했다. 그들은 컴퓨터 화면에서 감정 중립적인 얼굴을 보고 행복한, 슬픈, 놀란, 두려운 또는 화난 표정으로 분류했다. 연구에 따르면 중국인 참가자들은 얼굴 표정을 구별하기 위해 눈에 좀 더 집중하는 반면, 스코틀랜드인 참가자들은 눈썹과 입에 더 집중했다. 이것은 사람들이 문화가 다르면 감정을 다르게 인식한다는 것을 의미한다. 즉, 얼굴 표정은 '감정의 보편적인 언어'가 아니다.

C 때때로 우리는 우리가 알고 있는 사람들에게 오랫동안 연락하고 지내는 것을 잊는다. 그러다가 우리는 연락을 끊고 지냈다는 것을 갑자기 깨닫고 거리감을 느껴 일을 고치려고 노력한다. 우리는 우리가 오랫동안 이야기하지 못했던 사람들에게 전화하고, 작은 노력 하나가 우리가 만들어 낸 몇 달과 몇 년의 거리를 지우길 바란다. 그러나 이것은 거의 효과가 없다. 왜냐하면 관계들은 커다란 일회성의 해결책들로 지속되

지 않기 때문이다. 그것들은 자동차가 정기적으로 오일 교환이 필요한 것처럼 정기적인 관심이 필요하다. 한 번에 일을 고치려고 노력하기보다 일관되게 연락하고 지내는 것이 더 낫다.

D 모든 사람이 사랑받고 칭찬받기 좋아하기 때문에 때때로 사람들을 칭찬하는 것은 좋다. 가끔 사람들은 다른 사람들을 기분 좋게 만들기 위해, 그것이 진짜로 의미하는 것은 아닐지라도 "너 머리 자른 게 마음에 든다!"와 같이 말하는 사회적 거짓말을 한다. 이런 거짓말은 실제로 다른 사람들과의 관계를 이롭게 할 수 있다. 그것은 우리의 거짓말이 다른 사람을 즐겁게 해준다는 것을 알게 될 때 우리를 기분 좋게 하고 그것은 우리로 하여금 불편한 대화를 피할 수 있게 한다. 항상 진실을 말하는 것은 누군가의 자신감과 자존감을 해칠 수 있으므로 사회적 거짓말은 사람들의 기분을 좋게 만드는 데 도움이 될 수 있다.

Unit 01 주제 파악하기

READING 01 ▸ 정답 ②   pp. 14~15

Mini Quiz This puppy no longer needs to play to survive.

1 ③   **2** (1) T (2) F   **3** (1) survive (2) influenced

해석

수만 년 전, 개의 조상인 늑대의 생존을 위해 놀이가 필요했다. 늑대는 사회적 동물이다. 그들은 다른 늑대와 협력하지 않으면 생존할 수 없다. 늑대가 자신들의 사회에서 게임의 규칙을 배우는 방식은 주로 게임하는 것을 통해서이다. 놀고자 하는 강한 충동을 느끼지 않았던 늑대 새끼는 살아남지 못했을 것이다. 오늘날 우리가 작은 강아지를 데려다가 우리 안에 격려하고, 물, 음식, 그리고 약을 준다면 어떻게 될까? 이 강아지는 생존을 위해 더 이상 놀 필요가 없다. 그러나 강아지는 여전히 놀고 싶은 강한 충동을 느낄 것이다. 그래서 음식과 은신처가 있음에도 불구하고 강아지가 평생 우리에 갇히게 되면 그것은 매우 비참할 것이다. 이것은 강아지의 감정적 욕구가 자신의 현재 상태를 반영하는 것이 아니라 초기 진화 과정의 영향을 반영하기 때문이다.

해설

p. 14

개의 조상인 늑대의 생존에 있어 놀이는 필수적이었는데, 현재까지도 이런 진화 과정의 영향을 받아 개들은 감정적 욕구를 충족하기 위해 놀이에 대한 강한 충동이 있다는 내용의 글이므로, 글의 주제로 가장 적절한 것은 ② '강아지의 놀이 욕구에 대한 진화론적 설명'이다.

① 개의 진화 과정에서 의사소통의 역할
③ 강아지의 나쁜 습관을 고치기 위한 훈련 게임
④ 강아지 건강을 위한 사회화의 중요성
⑤ 개와 늑대의 신체적 유사성

p. 15

1 늑대들이 야생에서 생존하고 번식하기 위해 무엇을 먹어야 하는
지는 글에 언급되지 않았으므로, 글을 읽고 답할 수 없는 질문은
③ '늑대는 야생에서 생존하고 번식하기 위해 무엇을 먹어야 하는
가?'이다.
① 늑대는 수만 년 전에 혼자 살았는가?
② 늑대는 그들의 사회에서 행동하는 법을 어떻게 배우는가?
④ 다른 늑대 새끼들과 놀지 않은 늑대 새끼에게 무슨 일이 일어
났겠는가?
⑤ 강아지가 평생 우리에 갇히게 되면 어떻게 느끼겠는가?

2 (1) 늑대는 다른 늑대들과 협력하지 않으면 생존할 수 없다고 했으므
로, 글의 내용과 일치한다.
(2) 강아지의 감정적 욕구가 그들의 현재 상태를 반영하는 것이 아니
라 초기 진화 과정의 영향을 반영한다고 했으므로, 글의 내용과
일치하지 않는다.
해석 (1) 늑대들은 살아남기 위해 서로 협력했다.
(2) 강아지들의 감정적 욕구는 그들의 현재 상태를 반영한다.

3 강아지에게 음식과 은신처가 주어져 개의 조상인 늑대처럼 생존하
기 위해서 놀 필요가 없다 하더라도 놀지 못하고 우리에 갇히게 되
면 매우 비참해질 것인데, 이것은 그들의 감정적 욕구가 진화 과
정에 영향을 받기 때문이라고 했으므로, (1)은 survive, (2)는
influenced가 적절하다.
해석 개는 자기들의 조상인 늑대처럼 생존하기 위해 놀 필요가
없을지라도 여전히 놀고 싶어 하는데, 그것은 그것들의 감정적 욕구
가 초기의 진화 과정에 의해 영향을 받기 때문이다.

구문 설명

• **The way** [wolves learn the rules of the game in
their society] is largely **by playing** games.
[ ]는 The way를 수식하는 관계절로, The way 다음에 관계부
사 how가 생략되었다. 문장의 주어는 The way이며, 동사는 is이
다. 「by+-ing」는 '~함으로써'라는 의미이다.

Reading Skill

모범 답안

주제문	생존에 필수적이었던 놀이에 대한 욕구가 강아지에게 여전히 남아 있다.
근거문	• 음식과 은신처가 있어도 만약 강아지를 평생 우리에 가두어 두면 매우 비참할 것이다. • 강아지의 감정적인 욕구는 자신의 현재 상태보다는 초기 진화 과정의 영향을 반영한다.

직독직해 Skill

• A wolf puppy (S) / that did not feel / a strong
urge to play / would not survive (V).
늑대 새끼는 / 느끼지 않았던 / 놀고자 하는 강한 충동을 / 살아
남지 못했을 것이다

READING **02** ── 정답 ④ ── pp. 16~17

Mini Quiz to put all of your energy into dealing with
one type of stress

1 ④ 2 (1) T (2) F 3 (1) all (2) inevitably

해석

인생의 스트레스 요인 대부분은 단거리 경주보다는 오히려 마라톤에 가
깝다. 만약 우리가 첫 1마일에 가지고 있는 모든 것을 다 쏟는다면, 나머
지 25마일을 어떻게 헤쳐 나가겠는가? 오늘날의 세계에서, 우리는 만성
적인 스트레스 상황을 통해 우리의 길을 찾으려고 할 때조차도 우리에
게 다가오는 새로운 스트레스에 대처하고 있다. 직장에서 긴급한 상황
이 발생했을 때 여러분은 새로 태어난 아기를 상대하고 있을지도 모른
다. 또는 청구서를 지불할 방법을 알아 내려고 할 때 배우자와 싸움을 시
작하게 될 수도 있다. 그러므로 한 종류의 스트레스에 대처하는 데 여러
분의 모든 에너지를 쏟는 것은 말이 되지 않는데, 여러분은 필연적으로
드러날 예상치 못한 위기에 대비해 여력을 남겨 둘 필요가 있다. 스트레
스 요인들이 회복할 시간 없이 서로 층층이 쌓이면, 여러분은 병에 걸릴
수 있다. 그러니 항상 모든 것을 하려고 하지 말고, 가장 중요한 것을 하
고 휴식을 위한 시간을 갖도록 하라.

해설

p. 16

하나의 스트레스 요인이 해결되지 않은 상황에서 또 다른 스트레스 요
인이 발생할 수 있으므로, 하나의 스트레스에 대처하기 위해 모든 에너
지를 쏟기보다 중요한 것을 먼저 해서 다른 스트레스 상황을 해결하기
위한 에너지를 남겨 두라는 내용의 글이므로, 글의 주제로 가장 적절한
것은 ④ '삶에서의 스트레스에 대한 효과적인 스트레스 관리'이다.
① 가족 문제를 해결하는 데 필요한 기술
② 관계에 대한 스트레스의 부정적인 영향
③ 흔한 가족 문제에 대한 가능한 해결책
⑤ 일상의 스트레스를 줄이는 데 있어 운동의 중요성

p. 17

1 스트레스 요인은 단거리 경주보다 마라톤과 같다고 했으므로 지속
적인 특징이 있다고 볼 수 있다. 따라서 스트레스 요인의 특성으로

가장 적절한 것은 ④ '지속적인'이다.

① 사회적인　② 유용한　③ 상대적인　⑤ 변하는

2 (1) 스트레스 요인들이 서로 층층이 쌓이면 병에 걸릴 수 있다고 했으므로 글의 내용과 일치한다.

(2) 항상 모든 것을 하려고 하지 말고, 가장 중요한 것을 하고 휴식을 취하라고 했으므로 글의 내용과 일치하지 않는다.

해석 (1) 우리가 너무 많은 스트레스를 가질 경우, 우리는 병을 얻을 수도 있다.

(2) 우리는 모든 스트레스 상황을 처리한 후 쉬는 것이 필요하다.

3 필연적으로 드러날 예상치 못한 위기에 대응할 힘을 남겨 두라고 했고, 한 종류의 스트레스에 대처하는 데 모든 에너지를 쏟는 것은 말이 되지 않는다고 했으므로, (1)에는 all, (2)에는 inevitably가 적절하다.

해석 우리는 필연적으로 또 다른 위기에 직면할 것이기 때문에 스트레스가 많은 상황에 대처하기 위해 모든 에너지를 사용해서는 안 된다.

구문 설명

· So **it** doesn't make sense [to put all of your energy into dealing with one type of stress] ~.

it은 형식상의 주어이고, [　]가 내용상의 주어이다.

· So allow yourself just to do [what's most important] and allow time for rest, **rather than** trying to do everything all the time.

[　]는 do의 목적어 역할을 하는 명사절이다. rather than은 '~하지 말고, ~하기보다는'이라는 의미이다.

Reading Skill

모범 답안

주제문	하나의 스트레스에 대처하기 위해 모든 에너지를 쏟지 마라.
근거문	· 우리는 만성적인 스트레스 상황에 대처하면서도 우리에게 다가오는 새로운 스트레스에 대처하고 있다. · 스트레스 요인들이 회복할 시간 없이 쌓이면 병에 걸릴 수 있다.

직독직해 Skill

· Most of life's stressors (S) / are (V) more like marathons / than sprints.

인생의 스트레스 요인 대부분은 / 오히려 마라톤에 가깝다 / 단거리 경주보다는

Mini Quiz weather

1 ⑤　**2** (c)limate
3 (1) harvests　(2) below

해석

인간 사회 전체는 미래의 날씨를 아는 것을 기반으로 운영된다. 예를 들어, 인도의 농부들은 내년에 몬순 장마가 언제 올지를 알고 그래서 그들은 작물을 언제 심을지를 안다. 인도네시아의 농부들은 매년 몬순 장마가 두 번 있다는 것을 알고, 그래서 이듬해에 그들은 수확을 두 번 할 수 있다. 이것은 과거에 대한 그들의 지식에 기반을 두고 있는데, 살아 있는 기억 속에서 몬순은 매년 항상 거의 같은 시기에 왔기 때문이다. 그러나 예측할 필요는 이것보다 더욱더 깊어지며, 그것은 우리 생활의 모든 부분에 영향을 미친다. 우리의 집, 도로, 철도, 공항, 사무실 등은 모두 지역의 기후에 맞추어 설계된다. 예를 들어, 영국에서는 외부의 기온이 대체로 섭씨 20도 미만이기 때문에 모든 집이 중앙난방을 갖추고 있지만, 기온이 섭씨 26도 위로 올라가는 일은 좀처럼 없어서 냉방기는 없는 반면, 호주에서는 그 정반대가 사실이어서, 대부분의 집이 냉방기를 갖추고 있지만 중앙난방은 거의 없다.

해설

p. 18

인도나 인도네시아의 농부가 몬순 장마에 따라 작물을 심고 수확하는 것 외에도 집, 도로, 철도, 공항, 사무실 등 우리 생활의 전 영역이 지역의 기후에 맞춰 설계된다는 내용의 글이므로, 글의 주제로 가장 적절한 것은 ④ '우리 삶에 광범위하게 영향을 미치는 기후에 대한 지식'이다.

① 날씨를 정확하게 예측하는 것의 어려움
② 기후 변화를 다루는 새로운 기술
③ 기온 상승의 영향을 받는 날씨 패턴
⑤ 혹독한 기후에서 우리의 생존을 돕는 전통적인 지혜

p. 19

1 날씨나 기후에 맞게 영국에서는 중앙난방이 있고 냉방기는 없는 반면, 호주에서는 냉방기가 있고 중앙난방은 거의 없다고 했으므로, 글을 읽고 답할 수 있는 질문은 ⑤ '날씨는 실내 난방 및 냉방 시스템에 어떤 영향을 미치는가?'이다.

① 인도네시아에는 매년 비가 얼마나 내리는가?
② 호주에서 기록된 최고 기온은 얼마인가?
③ 호주 사람들은 언제 냉방 장치를 사용하기 시작했는가?
④ 인도인들은 몬순 장마가 언제 올지 어떻게 예측할 수 있는가?

2 인간 사회는 생활의 모든 부분이 지역의 기후에 맞추어 설계된다고 했으므로, 빈칸에는 climate가 적절하다.

해석 인간 사회는 농사, 집, 그리고 생활의 다른 측면에서의 결정을 하기 위해 지역의 기후에 관한 정보를 이용한다.

3 해석

국가	날씨에 대한 정보	날씨에 따른 대처 방안
인도네시아	매년 두 번의 몬순 장마가 있다.	그들은 두 번의 <u>수확</u>을 할 수 있다.
영국	외부 기온이 대체로 섭씨 20도 <u>미만</u>이다.	그들은 중앙난방은 있지만, 냉방기는 없다.

구문 설명

· Farmers in Indonesia know [there are two monsoon rains each year], ~.
know와 there 사이에 명사절을 이끄는 접속사 that이 생략되었으며, [ ]는 know의 목적어 역할을 하는 명사절이다.

· But the need **to predict** goes deeper than this; it influences every part of our lives.
to predict는 the need를 수식하는 형용사적 용법의 to부정사이다.

Reading Skill

모범 답안

주제문	날씨는 우리 생활 전반에 영향을 미친다.
근거문	· 인간 사회 전체는 미래의 날씨를 아는 것을 기반으로 운영된다. · 집, 도로, 철도, 공항, 사무실 등은 모두 해당 지역의 기후에 맞추어 설계된다.

직독직해 Skill

· For example, / farmers in India (S1) know (V1) / when the monsoon rains will come next year, / and so they (S2) know (V2) / when to plant the crops.
예를 들어 / 인도의 농부들은 안다 / 내년에 몬순 장마가 언제 올지를 / 그래서 그들은 안다 / 언제 작물을 심을지를

Unit 02 제목 파악하기

 READING **04** ▸ 정답 ③

pp. 20~21

(**Mini Quiz**) Our memories are very sensitive to cortisol levels.

1 ④ **2** our hippocampus, which is related to learning and remembering **3** (1) nervous (2) block

해석

우리의 기억은 코르티솔 농도에 매우 민감하다. 해마는 학습과 기억 형성에 중요한 역할을 하는 뇌의 영역이고, 그것은 코르티솔 농도의 변화에 직접적인 영향을 받는다. 나는 이것이 여러분에게 일어난 적이 있음을 확신하는데, 여러분은 거의 준비가 되었지만, 매우 긴장된 상태로 시험장에 도착하고 여러분의 정신은 멍해진다. 하지만 여러분은 그것을 위해 공부했다! 이것은 쉽게 설명되는데, 발생한 것은 코르티솔의 갑작스러운 상승으로 인해 여러분의 해마(의 기능)가 방해받은 것이다. "나는 실패할지도 몰라, 나는 무슨 일이 일어날지 모르겠어, 나는 기억이 안 나, 그들은 내가 복습하지 않은 것을 물어볼 거야"와 같은 걱정에서 비롯된 예측되는 긴장이 해마와 기억을 차단한다. 그것은 처음부터 근거 없는 우리의 두려움이 결국 현실이 된다는 것을 의미한다.

해설

p. 20

학습과 기억을 관장하는 해마가 코르티솔 농도의 영향을 받는다고 하고 나서, 시험공부를 한 뒤 기억을 하지 못하는 상황을 예시로 들어 그 이유를 설명하고 있다. 따라서 글의 제목으로 가장 적절한 것은 ③ '우리가 시험 중에 공부한 것을 잊어버리는 이유'이다.
① 기억력을 효과적으로 향상하는 방법
② 지능은 학업 성공을 보장하지 않는다
④ 복습: 좋은 성적을 얻기 위한 최선의 전략
⑤ 밤에 공부할 때 뇌에서 일어나는 일

p. 21

1 해마는 학습과 기억 형성에 중요한 역할을 하는 뇌의 영역이라고 했으므로, 글에서 언급된 것은 ④ '해마의 역할'이다.
① 코르티솔이 만들어지는 곳
② 공부하기 가장 좋은 시간
③ 해마의 크기
⑤ 코르티솔 농도를 줄이는 방법

2 학습과 기억 형성에 중요한 역할을 하는 해마는 코르티솔 농도의 변화에 영향을 받는다고 했으므로, our hippocampus, which is related to learning and remembering의 어순으로 배열해야 한다.
(**해석**) 코르티솔의 농도는 학습과 기억에 관련된 해마에 영향을 미친다.

3 거의 준비가 된 상태로 시험장에 도착하지만, 매우 긴장하고 정신이 멍해지는데, 이것은 코르티솔의 갑작스러운 상승으로 해마가 방해받은 것이라고 했으므로, (1)에는 nervous, (2)에는 block이 적절하다.
(**해석**) 만약 여러분이 너무 많이 걱정하고 매우 <u>긴장</u>하면, 코르티솔이 기억력에 책임이 있는 해마를 <u>방해</u>할 수 있다.

구문 설명

- The hippocampus is the area of the brain [that plays important roles in learning and memory formation], ~.

  [ ]는 the area of the brain을 수식하는 관계절이다.

- It means **that** our fears, unfounded to begin with, end up becoming reality.

  that은 means의 목적어 역할을 하는 명사절을 이끄는 접속사로, 주어와 동사를 갖춘 완전한 문장을 이끈다.

Reading Skill

모범 답안

주제문	우리의 기억은 코르티솔 농도에 매우 <u>민감</u>하다.
근거문	• 해마는 코르티솔 <u>농도</u>의 변화에 직접적인 영향을 받는다. • 준비가 된 상태로 시험장에 도착하지만, 매우 긴장하고 정신은 <u>멍해진다</u>. • 코르티솔의 갑작스러운 <u>상승</u>으로 인해 해마가 방해받은 것이다.

직독직해 Skill

- ~ what has happened (S) is (V) / that your hippocampus is blocked / by a sudden rise / in cortisol.

  발생한 것은 ~이다 / 여러분의 해마가 방해받은 / 갑작스러운 상승으로 / 코르티솔의

 READING **05** ▸ 정답 ⑤

pp. 22~23

Mini Quiz hoping to subconsciously motivate the player to go elsewhere

1 ③ **2** (1) T (2) F **3** have the music gently disappear 또는 have the music disappear gently

해석

음악이 게임 플레이어를 올바른 방향으로 이끌 수 있는 한 가지 방법은 음악의 '부재'를 통해서이다. 플레이어는 특정한 장소를 나타내는 음악

이 서서히 사라지는 때를 알아차릴 것이다. 이것은 상대적인 조용함을 만들고 플레이어에게 그 지역에서 할 것이나 볼 것이 남아 있지 않다는 인상을 준다. 게임 개발자는 플레이어가 다른 곳으로 가도록 잠재의식적으로 동기를 부여하기 바라며 의도적으로 음악을 제거하여 '없음'의 느낌을 만든다. 이것은 구식 어드벤처 게임에서 현대 슈팅 게임에 이르기까지 많은 게임 장르에 걸쳐 사용되어 온 유서 깊은 기법이다. 그것은 특별히 세련된 접근 방식은 아니지만, 매우 효과적일 수 있다. 이 목적을 위해 음악을 제거할 때 플레이어가 잠재의식 수준에서 변화를 알아차릴 수 있도록 가능한 한 미묘하도록 노력해야 한다. 제대로 처리하면 플레이어는 해당 지역에서 게임의 '공허함'에 대해 단지 약간의 불만만 느끼고 다른 장소를 탐색하려는 욕구로 이어진다.

해설

p. 22

게임 개발자는 게임에서 음악이 서서히 사라지게 하여 플레이어가 공허함을 느끼고 다른 장소로 가도록 동기를 부여한다는 내용의 글이므로, 글의 제목으로 가장 적절한 것은 ⑤ '게임 음악: 플레이어가 게임을 계속하게 하는 안내자'이다.

① 기술이 게임 음악을 바꾼 방법
② 게임 음악이 플레이어의 스트레스를 줄이는 방법
③ 비디오 게임: 학습을 증진시키는 도구
④ 게임을 하지 않는 사람이 게임 음악에 끌리는 이유

p. 23

1 다양한 게임 음악이 게임 플레이어에게 미치는 효과에 관한 내용은 언급되지 않았으므로, 글을 읽고 알 수 없는 것은 ③이다.

2 (1) 음악이 서서히 사라지면 플레이어는 공허함을 느끼고 다른 장소를 탐색하려는 욕구가 생긴다고 했으므로, 글의 내용과 일치한다.

(2) 음악을 서서히 잦아들게 하는 방법은 구식 게임부터 현대 게임에 이르기까지 사용되어 왔다고 했으므로, 글의 내용과 일치하지 않는다.

3 게임 개발자가 플레이어를 다른 곳에 보내려면 음악을 서서히 사라지게 한다고 했으므로, have the music gently disappear 또는 have the music disappear gently 순서로 배열한다.

해석 게임 플레이어가 게임의 다른 곳으로 이동시키기 위해 게임 개발자들은 음악을 서서히 사라지게 한다.

구문 설명

- One way [that music can lead game players in the right direction] is through the *absence* of music.

  [ ]는 관계절로 선행사인 One way를 수식한다.

- A player will notice [when the music {that represented a specific location} gently disappears].

  [ ]는 will notice의 목적어 역할을 하는 간접의문문이고, { }는 관계절로 선행사인 the music을 수식한다.

Reading Skill

주제문	음악이 게임 플레이어를 올바른 방향으로 이끌 수 있는 한 가지 방법은 음악이 없는 것이다.
근거문	• 게임 개발자는 의도적으로 음악을 제거하여 '없음'의 느낌을 만든다. • 플레이어는 공허함을 느끼고 다른 장소를 탐색하려는 욕구가 생긴다.

직독직해 Skill

- This (S) creates (V1) / relative quietness / and gives (V2) the player the impression / that there is nothing left / to do or see / in that area.
  이것은 만든다 / 상대적인 조용함을 / 그리고 플레이어에게 인상을 준다 / 남아 있지 않다는 / 할 것이나 볼 것이 / 그 지역에서

READING 06 ▸ 정답 ② pp. 24~25

Mini Quiz to communicate our needs and to get the support that we need from others

1 ⑤ 2 People who can recognize various emotions are more likely to handle life's challenges than those who label emotions simplistically. 3 (1) emotions (2) emotional

해석

감정을 정확하게 인식하고 그것에 이름을 붙일 수 있는 우리의 능력은 흔히 '감정 입자도'로 불린다. Harvard 대학의 심리학자인 Susan David의 말을 빌리면, "감정에 더 미묘한 차이가 있는 어휘로 이름을 붙이는 법을 배우는 것은 절대적으로 (사람을) 변화시킬 수 있다." David는 우리가 풍부한 감정적인 어휘를 갖고 있지 않으면, 우리의 욕구를 전달하고 우리가 필요로 하는 지지를 다른 사람들로부터 얻는 것이 어렵다고 설명한다. 그러나 광범위한 다양한 감정을 구별할 수 있는 사람들은 "모든 것을 흑백 논리로 보는 사람들보다 평범한 생활 중에 겪는 좋은 일과 궂은일을 헤치며 살아가는 것을 훨씬, 훨씬 더 잘한다." 사실, 연구 결과는 감정적인 경험에 이름을 붙이는 과정이 더 큰 감정적인 통제 및 심리 사회적인 행복과 관련되어 있다는 것을 보여 준다.

해설

p. 24

감정적인 어휘를 풍부하게 알고 있지 않으면 다른 사람들의 지지를 얻기 어려우며, 다양한 감정을 구별할 수 있는 사람은 평범한 생활 속에서

겪는 좋은 일과 궂은일을 헤치며 잘 살아가는 등 감정을 정확히 인식하고 감정에 이름을 붙이는 능력이 많을 때의 장점을 설명하고 있으므로, 글의 제목으로 가장 적절한 것은 ② '감정에 대해 상세히 이름을 붙이는 것은 유익하다'이다.
① 진정한 우정은 감정적 논쟁을 견딘다
③ 감정에 이름 붙이기: 행동보다 말이 쉽다
④ 효율성을 위해 과업을 분류하고 이름을 붙이라
⑤ 용기를 갖고 자신의 요구를 전달하라

p. 25

1 풍부한 감정적인 어휘를 갖고 있지 않으면, 우리의 요구를 전달하고 우리가 필요로 하는 지지를 다른 사람들로부터 얻는 것이 어렵다고 했으므로, 글을 읽고 답할 수 있는 질문은 ⑤ '우리의 요구 사항을 더 잘 전달하고 지지를 얻으려면 무엇이 필요한가?'이다.
① 효과적인 정서적 지지의 몇 가지 예는 무엇인가?
② 풍부한 감정적인 어휘를 구축하는 방법은 무엇인가?
③ 대부분의 사람들은 문제에 직면할 때 어떤 감정을 느끼는가?
④ 자신의 부정적인 감정을 다른 사람들에게 표현하는 가장 좋은 방법은 무엇인가?

2 광범위한 다양한 감정을 구별할 수 있는 사람들은 감정을 단순하게 이름 붙이는 사람들보다 좋은 일과 궂은일을 헤치며 살아가는 것을 훨씬 더 잘한다고 했으므로 less를 more로 고쳐 써야 한다.
해석 다양한 감정을 인식할 수 있는 사람들은 감정을 단순하게 이름 붙이는 사람들보다 인생의 도전에 덜(→ 더) 쉽게 대처한다.

3 다양한 감정을 구별하고 이름 붙일 수 있는 사람들은 그렇지 않은 사람들보다 의사소통을 잘하고, 감정을 더 잘 조절하고, 심리 사회적인 행복을 더 많이 느낀다고 했으므로, (1)에는 emotions, (2)에는 emotional이 적절하다.
해석 다양한 감정을 정확하게 인식하고 이름 붙일 수 있는 능력을 가진 사람들은 의사소통을 더 잘하고, 감정적인 조절을 더 잘하며, 그리고 심리 사회적으로 더 행복할 수 있다.

구문 설명

- David explains [that if we don't have a rich emotional vocabulary, it is difficult {to communicate our needs and to get the support that we need from others}].
  [ ]는 explains의 목적어로 쓰인 명사절이며, 「if+주어+동사, 주어+동사」의 구조가 사용되었다. it은 형식상의 주어이고, { }는 내용상의 주어이다.

- But those [who are able to distinguish between a range of various emotions] "do much, much **better** at managing the ups and downs of ordinary existence **than** those [who see everything in black and white]."
  두 개의 [ ]는 각각 바로 앞에 있는 those를 수식하는 관계절이고, 비교급 비교 구문인 「better ~ than ....」이 사용된 문장 구조이다.

주제문	감정을 정확히 인식하고 <u>이름</u> 붙일 수 있는 것은 유익하다.
근거문	• 다양한 <u>감정</u>을 구별할 수 있는 사람은 평범한 생활 속에서 겪는 좋은 일과 궂은일을 잘 헤쳐 나간다. • 감정적 경험에 이름을 붙이는 과정은 더 큰 감정 <u>통제</u> 및 심리 사회적인 행복과 관련되어 있다.

직독직해 Skill

· Our ability (S) / to accurately recognize and label emotions / is often referred (V) to / as *emotional granularity*.
우리의 능력은 / 감정을 정확하게 인식하고 (그것에) 이름을 붙일 수 있는 / 흔히 불린다 / '감정 입자도'라고

Unit 03 목적·주장 파악하기

READING 07 · 정답 ① pp. 26~27

Mini Quiz We would be honored if you could join us and play our favorite piece, *Ave Maria* by Franz Schubert.

1 ⑤ 2 if Ms. Grace performs at their wedding, it will be unforgettable 또는 it will be unforgettable if Ms. Grace performs at their wedding
3 (1) April (2) Grand Plaza Hotel

해석

Kelly Grace 씨께
우리는 귀하가 첼로 연주자로 특별 출연한 콘서트에 참석했고, 귀하의 재능에 완전히 매료되었습니다. 첼로 소리에 생명을 불어넣는 귀하의 능력은 우리에게 오랜 감명을 남겼습니다. 제 약혼자와 저는 항상 클래식 음악의 팬이었고 결혼식에서 라이브 첼로 연주가 있다면 우리 결혼식은 훨씬 더 특별해질 것입니다. 우리는 4월 21일에 그랜드 플라자 호텔에서 결혼할 예정입니다. 우리와 함께하셔서 우리가 가장 좋아하는 프란츠 슈베르트의 '아베 마리아'를 연주해 주시면 영광이겠습니다. 귀하의 공연은 행사에 우아함을 더할 뿐만 아니라 우리와 우리의 하객들이 행사를 정말 잊을 수 없게 만들기도 할 것입니다. 언급한 날짜에 (시간적) 여유가 있는지와 공연에 대한 비용을 알려 주십시오. 시간 내 주셔서 감사합니다.
Ann Langers와 Sam Tround 드림

해설

p. 26
특별 출연한 콘서트에서의 첼로 연주에 감명받아 자신들의 결혼식에서 라이브 첼로 연주를 해 달라고 요청하는 내용이므로, 글의 목적으로 가장 적절한 것은 ①이다.

p. 27
1 공연에 대한 비용을 알려 달라고 했으므로, 글의 내용과 일치하지 않는 것은 ⑤이다.

2 첼리스트가 결혼식에서 첼로 연주를 해 준다면 결혼식 행사를 정말 잊을 수 없을 것이라고 했으므로, if Ms. Grace performs at their wedding, it will be unforgettable 또는 주절을 먼저 써서 it will be unforgettable if Ms. Grace performs at their wedding의 어순으로 배열해야 한다.
해석 Ann Langers와 Sam Tround는 Grace 씨가 자신들의 결혼식에서 공연을 한다면 잊지 못할 것이라고 생각한다.

3 **해석**

§ 결혼식 초대 §
Ann Langers와 Sam Tround의 결혼
일시: <u>4월 21일 오후 2시</u>
장소: <u>그랜드 플라자 호텔</u>

구문 설명

· My fiancé and I have always been fans of classical music, and [having live cello at our wedding ceremony] **would make** it **even** more special.
[ ]는 주어로 쓰인 동명사구이고 would make가 동사이다. even은 비교급을 수식하여 '훨씬'의 의미를 나타낸다.

· Please **let us know** [if you are available on the said date], and [what your fee would be for your performance].
「let+목적어+동사원형」의 형태로 '~가 …하게 하다'의 의미를 나타낸다. [ ]로 표시된 두 개의 명사절이 know의 목적어 역할을 한다.

Reading Skill 모범 답안

목적	결혼식에 함께하여 우리가 가장 좋아하는 프란츠 슈베르트의 '아베 마리아'를 <u>연주</u>해 주시면 영광이겠습니다.
근거문	• 귀하의 <u>공연</u>은 행사에 우아함을 더할 뿐만 아니라 우리와 우리의 하객들이 행사를 정말 잊을 수 없게 만들기도 할 것입니다. • 해당 날짜에 가능한지 여부와 공연에 대한 <u>비용</u>을 알려 주십시오.

직독직해 Skill

· Your performance (S) / will not only add (V1) / elegance to the event / but also make (V2) it truly unforgettable / for us and our guests.
귀하의 공연은 / 더할 뿐만 아니라 / 행사에 우아함을 / 그것(행사)을 정말 잊을 수 없게 만들기도 할 것입니다 / 우리와 우리의 하객들이

READING 08 → 정답 ⑤ — pp. 28~29

Mini Quiz   to make our bed to perfection

1 ③ 2 encouraged 3 (1) perfection
(2) self-esteem   (3) completed

해석

내가 군대에 있을 때, 내 교관들이 나의 병영 생활관에 모습을 드러내 보이곤 했는데, 그들이 검사하곤 했던 처음의 것은 우리의 침대였다. 그것은 단순한 일이었지만, 매일 아침 우리는 침대를 완벽하게 정돈하도록 요구받았다. 그 당시에는 약간 우스꽝스럽게 보였지만, 이 단순한 행위의 지혜는 여러 차례 거듭하여 나에게 증명되었다. 여러분이 매일 아침 자신의 침대를 정돈한다면, 여러분은 하루의 첫 번째 과업을 성취한 것이 된다. 그것은 여러분에게 작은 자존감을 주고, 또 다른 과업을 잇달아서 하도록 해 줄 것이다. 하루가 끝날 때쯤에는, 완수된 그 하나의 과업이 여러 개의 완수된 과업으로 변해 있을 것이다. 작은 일들을 제대로 할 수 없으면, 여러분은 결코 큰일들을 제대로 할 수 없을 것이다.

해설

p. 28
침대를 완벽하게 정돈하는 작은 일을 아침에 해내면 하루의 첫 과업을 성취하게 되고, 작은 자존감이 주어져 다른 과업을 이어서 해나갈 수 있게 되므로, 작은 일을 제대로 하지 못하면 큰일을 제대로 할 수 없다고 했다. 따라서 필자의 주장으로 가장 적절한 것은 ⑤이다.

p. 29
1 하루의 과업을 완수해야 하는 시간에 대해서는 글에서 언급되지 않았으므로, 글을 읽고 답할 수 없는 질문은 ③ '모든 작업이 몇 시까지 완료되어야 했는가?'이다.
① 글쓴이는 어디에서 교훈을 얻었는가?
② 글쓴이는 군대에서 무엇을 해야 했는가?
④ 그 과업을 해야 했을 때 글쓴이는 처음에 어떻게 느꼈는가?
⑤ 첫 번째 과업을 완료했을 때 글쓴이에게 무슨 일이 일어났는가?

2 하루의 첫 번째 과업의 성취가 작은 자존감을 주어 다른 과업을 이어가게 해 준다고 했으므로, 괄호 안에서 적절한 말은 encouraged이다.

해석   자신의 아침 과업을 완수하는 것은 필자가 다른 과업을 하도록 했다.

3 **해석**

구문 설명

· When I was in the army, my instructors would show up in my barracks room, and the first thing [they would inspect] was our bed.
[ ]는 목적격 관계대명사 that이 생략된 관계절로 주어인 the first thing을 수식한다.

· By the end of the day, that one task **completed** will have **turned into** many tasks **completed**.
completed는 과거분사의 형태로 쓰여 앞에 있는 명사구 one task와 many tasks를 각각 수식한다. turn into는 '~으로 변하다'의 의미이다.

Reading Skill   모범 답안

주제문	작은 일을 제대로 할 수 없으면 큰일을 제대로 할 수 없을 것이다.
근거문	· 매일 아침 침대를 정돈하는 것은 작은 자존감을 주고, 또 다른 과업을 잇달아서 하게 해 준다. · 하루가 끝날 때쯤에는 완수된 하나의 과업이 여러 개의 완수된 과업으로 변해 있을 것이다.

직독직해 Skill

· ~ but / the wisdom of this simple act (S) / has been proven (V) / to me / many times over.
그러나 / 이 단순한 행위의 지혜는 / 증명되었다 / 나에게 / 여러 차례 거듭하여

Unit 04 요지 파악하기

READING 09 → 정답 ⑤ — pp. 30~31

Mini Quiz   Listening to complex music

1 ① **2** listen to complex music
3 (1) blocks (2) longer

해석

이제 음악이 운동 효과를 높일 수 있다는 것이 널리 받아들여지고 있다. 즉, 운동하는 동안 음악을 들으면, 더 오래 더 열심히 운동할 가능성이 더 커지는데, 그것은 지구력과 힘을 기르는 데 도움이 될 것이다. 음악은 어떻게 이런 종류의 효과를 가지는가? 음악은 운동 중에 여러분의 뇌가 받는 정신적 피로와 육체적 피로 신호에 대한 방해물로 잘 작용한다. (단순한 음악이 아닌) 복잡한 음악을 듣는 것은 우리의 제한된 주의력 시스템의 상당 부분을 차지한다고 생각된다. 따라서 그것(복잡한 음악을 듣는 것)은 통과하는 이러한 피로 메시지의 수를 줄일 수 있거나 우리의 반응에 미치는 영향을 줄일 수도 있다. 이것의 결과 중 하나는 우리가 얼마나 열심히 일했는지 또는 얼마나 오랫동안 운동했는지를 놓친다는 것이다. 이 상황에 대한 일반적인 반응은 더 오래 운동하는 것이다. 음악은 피로에 대한 우리의 인상에 '색을 입힌다.'

해설

p. 30
음악을 들으면 주의력의 상당 부분을 차지하게 되어, 뇌로 가는 피로 메시지를 줄여 일반적으로 더 오래 운동하게 된다고 했으므로, 글의 요지로 가장 적절한 것은 ⑤이다.

p. 31
1 운동을 오래 하면 지구력과 힘을 기르는 데 도움이 된다고 했으므로, 글에서 알 수 있는 내용으로 적절한 것은 ① '더 오래 운동하는 것의 이점'이다.
② 하루 중 운동하기 가장 좋은 시간
③ 살을 빼는 간단한 운동
④ 사람들이 운동을 중단하는 이유
⑤ 근력 운동을 위한 최고의 음악 스타일

2 복잡한 음악을 듣는 것은 우리의 제한된 주의력 시스템의 상당 부분을 차지해서 피로 메시지의 수를 줄일 수 있다고 했으므로, 빈칸에는 '복잡한 음악을 듣다(listen to complex music)'가 들어가는 것이 적절하다.
해석 운동의 효과를 높이기 위해서 복잡한 음악을 들어야 한다.

3 **해석** 사람들이 운동할 때 ...

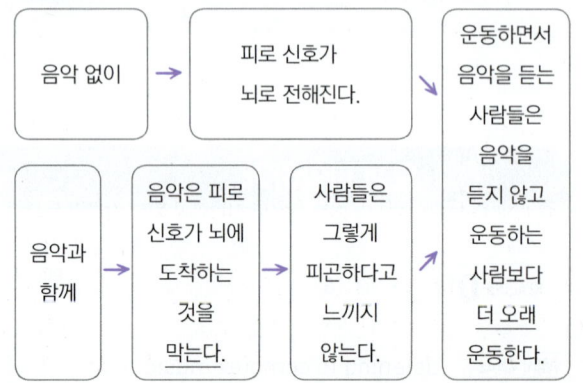

음악 없이 → 피로 신호가 뇌로 전해진다. → 운동하면서 음악을 듣는 사람들은 음악을 듣지 않고 운동하는 사람보다 더 오래 운동한다.

음악과 함께 → 음악은 피로 신호가 뇌에 도착하는 것을 막는다. → 사람들은 그렇게 피곤하다고 느끼지 않는다. ↗

구문 설명

· It [may therefore reduce the number of these tiredness messages that get through], or [may reduce their effect on our reactions].
두 개의 [ ]는 or로 연결된 동사구로 주어인 It에 이어진다.

· **One** of the results of this **is** that we lose track of [how hard we have worked] or [how long we have been exercising].
One of the results of this가 주어인데, One이 주어의 핵이므로 단수 동사 is가 쓰였다. 두 개의 명사절 [ ]가 or로 연결되어 lose track of에 이어진다.

Reading Skill

모범 답안

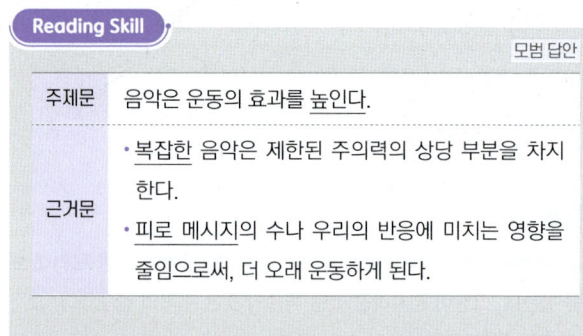

주제문	음악은 운동의 효과를 높인다.
근거문	· 복잡한 음악은 제한된 주의력의 상당 부분을 차지한다. · 피로 메시지의 수나 우리의 반응에 미치는 영향을 줄임으로써, 더 오래 운동하게 된다.

직독직해 Skill

· Music (S) works (V) well / as a blocker / for the signals / of mental tiredness and physical exhaustion / that your brain receives / during exercise.
음악은 잘 작용한다 / 방해물로 / 신호에 대한 / 정신적 피로와 신체적 피로의 / 여러분의 뇌가 받는 / 운동 중에

READING 10 · 정답 ①  pp. 32~33

Mini Quiz cut back on their sleep

1 ① **2** Cutting back on sleep increases the risk of developing serious diseases. **3** (1) 건강 (2) 경로

해석

많은 사람이 수면을 단지 뇌가 멈추고 신체가 쉬는 '휴식 시간'으로 여긴다. 일, 학교, 가족, 또는 가정의 책임을 다하기 위해 급급하여, 사람들은 수면 시간을 줄이고, 그것이 문제가 되지 않을 것으로 생각하는데, 왜냐하면 이러한 모든 다른 활동들이 훨씬 더 중요해 보이기 때문이다. 하지만 수면 중에 수행되는 매우 중요한 많은 과업이 건강을 유지하는 데 도

움이 되고 사람들이 최상의 수준으로 기능할 수 있게 해 준다는 것을 연구는 밝히고 있다. 잠을 자는 동안, 여러분의 뇌는 학습하고 기억과 새로운 통찰을 만드는 데 필요한 경로를 형성하느라 열심히 일하고 있다. 충분한 수면이 없다면, 여러분은 정신을 집중하고 주의를 기울이거나 빠르게 반응할 수 없다. 수면 부족은 심지어 감정 (조절) 문제를 일으킬 수도 있다. 게다가, 계속된 수면 부족이 심각한 질병의 발생 위험을 증가시킨다는 것을 점점 더 많은 증거가 보여 준다.

p. 32

해설

수면은 단지 뇌와 신체가 쉬는 시간이 아닌 건강 유지와 신체를 최상의 수준으로 기능할 수 있게 일하는 시간이며, 수면 부족은 정신 집중 문제, 빠른 반응의 어려움, 감정 문제 등 많은 건강상의 문제를 일으킨다고 했으므로, 글의 요지로 가장 적절한 것은 ①이다.

p. 33

1 많은 사람이 수면을 단지 뇌가 멈추고 신체가 쉬는 시간으로 여기며 수면 시간을 줄여도 문제가 되지 않을 것으로 생각한다고 했으므로, 글을 읽고 답할 수 있는 질문은 ① '왜 사람들은 잠이 다른 활동만큼 중요하지 않다고 생각하는가?'이다.
② 양질의 수면을 위한 좋은 수면 습관은 무엇인가?
③ 인구의 몇 퍼센트가 수면에 어려움을 겪는가?
④ 보통 사람은 밤에 잠을 얼마나 자는가?
⑤ 자신이 잠을 제대로 못 자고 있는지 어떻게 알 수 있는가?

2 계속된 수면 부족이 심각한 질병의 발생 위험을 증가시킨다는 증거가 점점 더 많아진다고 했으므로, decreases를 increases로 고쳐야 한다.
해석 수면 시간을 줄이는 것은 심각한 질병의 발생 위험을 줄인다(→ 증가시킨다).

3 실제 수면은 건강 유지에 도움이 되고, 자는 동안 뇌가 학습, 기억, 새로운 통찰 형성에 필요한 경로를 형성하느라 열심히 일하고 있다고 했으므로, (1)에는 '건강', (2)에는 '경로'가 적절하다.

구문 설명

· But research reveals [that a number of vital tasks {carried out during sleep} (help to maintain good health) and (enable people to function at their best)].
[ ]는 reveals의 목적어 역할을 하는 명사절이다. { }는 과거분사구로 명사절의 주어인 a number of vital tasks를 수식한다. 두 개의 동사구 ( )는 and로 연결되어 that절 안에 있는 주어와 이어진다.

· In addition, growing evidence **shows** [that a continuous lack of sleep increases the risk for developing serious diseases].
문장의 주어는 동명사구 growing evidence로 단수 취급하므로 단수 동사 shows가 쓰였다. [ ]는 shows의 목적어 역할을 하는

명사절이다.

Reading Skill

모범 답안

주제문	수면 중에 수행되는 중요한 과업이 건강을 유지하는 데 도움이 된다.
근거문	· 충분한 수면이 없다면, 정신을 집중하고 주의를 기울이거나 빠르게 반응할 수 없다. · 수면이 부족하면 감정 문제를 일으킬 수도 있다. · 계속된 수면 부족은 심각한 질병의 발생 위험을 증가시킨다.

직독직해 Skill

· While you sleep, / your brain (S) is (V) hard at work / forming the pathways / necessary for / learning / and creating memories and new insights.
잠을 자는 동안 / 여러분의 뇌는 열심히 일하고 있다 / 경로를 형성하느라 / ~에 필요한 / 학습하는 데 / 그리고 기억과 새로운 통찰을 만드는 데

Unit 05 요약하기

READING **11** ▸ 정답 ② pp. 34~35

Mini Quiz Credit cards use our desire to avoid the pain of paying.

1 ④ **2** Credit card companies enable[encourage] us to spend more money. **3** (1) Credit (2) later (3) already (4) time (5) relieve

해석

신용카드로 식당에서 식사 비용을 지불할 때, 우리는 정말로 지금 당장 돈을 쓰고 있다는 기분이 드는가? 꼭 그렇지는 않다. 우리는 단지 우리의 이름을 서명할 뿐이며, 지불은 미래에 언젠가 될 것이다. 마찬가지로, 청구서가 나중에 오면, 우리는 정말로 지불하고 있는 기분이 드는가? 꼭 그렇지는 않다. 그 순간에, 우리는 이미 식당에서 돈을 지불한 것 같은 기분이 든다. 신용카드 회사는 지불의 고통을 경감시키기 위해 시간 이동의 환상을 이용할 뿐만 아니라, 한 번은 우리가 나중에 지불하는 것 같이 느끼게 함으로써 그리고 또 한 번은 우리가 이미 지불한 것처럼 느끼

게 함으로써 그것을 두 번 이용한다. 이런 식으로 그들은 우리가 즐기며 우리의 돈을 더 자유롭게 쓰도록 한다. 신용카드는 지불의 고통을 회피하고자 하는 우리의 욕망을 이용한다. 그리고 그것은 그것들에게 우리가 가치를 인식하는 방식을 변경시킬 힘을 부여하고 있다.

↓

신용카드는 우리가 소비하는 시기와 우리가 지불하는 시기 사이에 (A) 분리를 형성함으로써, 지불의 고통을 (B) 경감시키고, 우리가 더 자유롭게 소비하도록 한다.

해설

p. 34

신용카드 사용은 우리가 당장 지불하는 고통을 줄여 주기 위해 우리가 소비하는 시기와 지불하는 시기를 분리해 우리가 더 자유롭게 소비하게 한다는 내용이므로, 빈칸 (A), (B)에 각각 들어갈 말로 가장 적절한 것은 ② 'separation(분리) – lessen(경감시키다)'이다.

① 분리 – 강화시키다   ③ 결합 – 강조하다

④ 결합 – 경감시키다   ⑤ 통찰력 – 강화시키다

p. 35

1 신용카드 사용이 당장의 지불의 고통을 피하게 하여 우리가 더 자유롭게 더 많이 소비하게 한다는 내용의 글이다. 따라서 글의 요지로 가장 적절한 것은 ④ '우리는 신용카드 사용으로 돈을 낭비하지 않도록 주의해야 한다.'이다.

① 할 수 있다면 지불을 미루는 것이 현명하다.

② 신용카드는 편리하고 필요한 것이다.

③ 만약을 대비하여 몇 장의 다른 신용카드를 가지고 있어야 한다.

⑤ 신용카드를 사용할 때, 우리는 그것을 분실하지 않도록 주의해야 한다.

2 신용카드 회사는 우리가 더 많은 돈을 쓰게 한다는 내용이므로, discourage를 enable 또는 encourage 정도로 고쳐 써야 한다. 「enable[encourage]+목적어+to부정사」의 형태로 쓴다.

해석 신용카드 회사는 우리가 더 많은 돈을 쓰는 것을 <u>저지한다</u> (→ 가능하게 한다[장려한다]).

3 해석

신용 카드가 하는 일에 대한 설명 (예시)	
상황	우리가 어떻게 느끼는가
식당에서 지불할 때	우리는 <u>나중에</u> 지불하고 있는 느낌이 든다.
나중에 청구서가 올 때	우리는 <u>이미</u> 지불한 것처럼 느낀다.

↓

요점
신용카드 회사는 우리의 지불의 고통을 <u>경감시키기</u> 위해 시간의 이동을 이용한다.

구문 설명

• [When we pay for a restaurant meal with a credit card], do we really feel like [we're paying right

now]?

첫 번째 [   ]는 '~할 때'의 의미를 나타내는 시간의 부사절이다. 두 번째 [   ]는 feel like의 목적어 역할을 하는 명사절로, 앞에 접속사 that이 생략된 형태이다.

• This way they **enable** us **to enjoy** ourselves, and **spend** our money, more freely.

「enable+목적어+to부정사」 구문은 '~이 …하는 것을 가능하게 하다'의 의미이다. enjoy와 spend가 to에 병렬 연결되어 있다.

Reading Skill   모범 답안

소재	신용카드를 이용한 소비
부연 설명	• 식당에서 신용카드를 사용할 때 → 미래에 지불할 것으로 인식 • 나중에 청구서가 왔을 때 → 과거에 지불한 것으로 인식
주제문	신용카드 회사는 <u>지불의 고통</u>을 피하고자 하는 우리의 바람을 이용한다.

직독직해 Skill

• Not only / do credit card companies (S1) employ (V1) / the illusion of time shifting / to relieve the pain of paying, / but they (S2) do (V2) / it twice ~.

뿐만 아니라 / 신용카드 회사들은 이용한다 / 시간 이동의 환상을 / 지불의 고통을 경감시키기 위해 / 그들은 (이용)한다 / 그것을 두 번

READING **12** → 정답 ③   pp. 36~37

Mini Quiz 주제문: The part of the brain that controls our feelings has no capacity for language.

부연 설명 문장: It is this disconnect that makes putting our feelings into words so hard.

1 ④   2 [모범 답안] more than one reason

3 (1) love (2) funny (3) express (4) trouble

해석

우리의 감정을 통제하는 뇌의 부분은 언어에 대한 능력을 가지고 있지

않다. 감정을 말로 표현하는 것을 그토록 어렵게 하는 것은 바로 이러한 단절이다. 예를 들어, 우리가 결혼한 그 사람과 왜 결혼했는지 설명하는 것에는 어려움이 있다. 왜 그들을 사랑하는지 진짜 이유를 말로 표현하기 위해 우리는 애쓰며, 그것을 둘러서 말하거나 합리화시키게 된다. "그녀는 재미있어, 그녀는 똑똑해." 이렇게 시작한다. 하지만 세상에는 많은 재미있고 똑똑한 사람들이 있고, 우리는 그들을 사랑하지 않거나 그들과 결혼하길 원하지 않는다. 단순히 성격과 능력보다 사랑에 빠지는 확실한 그 이상의 것이 있다. 이성적으로, 우리는 자신의 설명이 진짜 이유가 아니라는 것을 알고 있다. 그것은 연인이 우리를 느끼게 하는 방식이지만, 그러한 감정은 말로 표현하기에는 정말로 어렵다.

↓

우리의 감정을 관리하는 뇌의 부분이 언어를 생산하는 데 (B) 무능함이 있기 때문에 우리의 감정을 말로 표현하는 것이 (A) 어렵다.

해설

p. 36
우리의 감정을 통제하는 뇌의 부분에는 언어에 대한 능력이 없으며, 그 예로 사랑하는 이유를 말로 표현하는 데 어려움을 겪는다는 내용의 글이다. 따라서 빈칸 (A), (B)에 들어갈 말로 가장 적절한 것은 ③ 'difficult(어려운) – inability(무능함)'이다.
① 자연스러운 – 능력   ② 자연스러운 – 무능함
④ 어려운 – 구조   ⑤ 단순한 – 구조

p. 37

1 사랑해서 결혼한 이유의 예를 들어 우리의 감정을 말로 표현하는 것은 어렵다는 내용의 글이므로, 글의 제목으로 가장 적절한 것은 ④ '사랑의 감정: 설명할 수 없는'이다.
   ① 신뢰할 수 있는 사람과 사랑에 빠지라
   ② 다른 사람들의 긍정적인 면을 보라
   ③ 사랑의 이유: 얕으면서 깊은
   ⑤ 언어의 한계를 극복하는 방법

2 단순히 성격과 능력보다 사랑에 빠지는 확실한 그 이상의 것이 있다고 했으므로, 한 가지 이상의 이유가 있다고 보는 것이 적절하다.
   해석 대개 어떤 사람과 사랑에 빠지는 한 가지 이유가 있다.
   → 대개 어떤 사람과 사랑에 빠지는 한 가지 이상의 이유가 있다.

3 **해석** A: 왜 상대방을 사랑하나요?
   B: 그녀가 재미있기 때문이죠.
   A: 하지만 세상에는 많은 재미있는 사람들이 있어요.
   B: 음, 내 감정을 표현하는 방법을 모르겠어요.
   A: 당연해요. 모든 사람이 그것을 표현하는 데 어려움이 있어요.

구문 설명

• **It is** this disconnect **that** makes putting our feelings into words so hard.
  「It is ~ that ...」 강조 구문으로, 주어인 this disconnect가 강조되고 있다.

• We have trouble, for example, explaining [why we

married the person {we married}].
[ ]는 explaining의 목적어 역할을 하는 명사절이고, { }는 목적격 관계대명사 who(m)[that]가 생략된 관계절로 the person을 수식한다.

Reading Skill   모범 답안

주제문	감정을 통제하는 뇌의 부분은 언어에 대한 능력이 없다. → 감정을 말로 표현하는 것이 어렵다.
예시	결혼한 이유에 대해 질문은 받으면 → 대답: 재미있어서, 똑똑해서 → 세상에는 재미있고 똑똑한 수많은 사람이 존재함 → 따라서 그것이 진짜 이유가 아니다!

직독직해 Skill

• The part of the brain (S) / that controls our feelings / has (V) no capacity / for language.
  뇌의 부분은 / 우리의 감정을 통제하는 / 능력이 없다 / 언어에 대한

READING **13** ‣ 정답 ②   pp. 38~39

Mini Quiz ① 사실적인 – 구상하기 ② 가치 있는 – 구상하기 ③ 부정적인 – 상상하기 ④ 객관적인 – 상상하기 ⑤ 힘든 – 설명하기

1 ⑤ 2 positive, healthier 3 (1) Reflective (2) values (3) good / Group 1 ☑

해석

우리의 삶에서 의미를 찾기 위한 가장 강력한 도구 중 하나는 성찰적 일기 쓰기, 즉 회상하고 우리에게 일어난 일에 관해 쓰는 것이다. 1990년대에 스탠퍼드 대학교 연구자들이 봄방학에 몇몇 학생들에게 그들의 가장 중요한 개인적인 가치와 그들의 일상의 활동에 관해 쓰도록 요청했다. 반면, 다른 학생들은 그날의 좋은 것만 쓰도록 요청받았다. 3주 후에, 자신의 가치에 관해 썼던 학생들은 좋은 것에만 집중했던 학생들보다 더 긍정적인 결과를 보여 주었다. 전자의 학생들은 후자의 학생들보다 더 행복하고, 더 건강하며, 스트레스를 다루는 자신의 능력에 대해 더 자신 있다고 보고되었다. 그들의 하루의 활동들이 자신들의 가치를 어떻게 지지하는지에 대해 성찰함으로써, 학생들은 그 활동들과 선택들에 대해 새로운 관점을 얻었다. 작은 스트레스와 어려운 일들은 이제 행동

에서 그들의 가치를 보여 주는 것이었다. 갑자기, 그들의 삶은 의미 있는 활동으로 가득 찼다. 그리고 그들이 해야 했던 모든 일은 자신들의 경험을 개인적인 가치로 성찰하는 것이었다.

↓

단지 좋은 것이 아니라 (A) 가치 있는 것이라고 믿어지는 일상의 활동에 대해 일기를 쓰는 것은 새로운 방식으로 우리의 경험들을 (B) 구상함으로써 우리의 삶을 더 의미 있게 만들 수 있다.

해설

p. 38

가장 중요한 개인적 가치와 하루의 활동에 관해 쓰도록 요청받은 학생들이 그날의 좋은 것만 쓰도록 요청받은 학생들보다 자신들의 경험을 구상하면서 더 긍정적인 결과를 보여 주었다는 내용이다. 따라서 빈칸 (A), (B)에 들어갈 말로 가장 적절한 것은 ② 'valuable(가치 있는) – framing(구상하기)이다.

① 사실적인 – 구상하기　　③ 부정적인 – 상상하기
④ 객관적인 – 상상하기　　⑤ 힘든 – 설명하기

p. 39

1 가치 있는 것을 기록하는 것의 장점에 관한 글이므로, 글의 주제로 가장 적절한 것은 ⑤ '가치 있는 것에 대한 일기 쓰기의 장점'이다.
　① 매일 기록하는 것의 중요성
　② 자신의 약점을 보여 주는 것의 어려움
　③ 일상 활동에서 다른 사람들의 지지를 얻는 방법
　④ 우리의 긍정적 경험을 증가시키기 위해 해야 할 것들

2 자신의 가치에 관해 썼던 학생 그룹이 좋은 것에만 집중했던 학생 그룹보다 더 긍정적인 결과를 보여 주었고, 그것은 더 행복하고, 더 건강하며, 스트레스를 다루는 자신의 능력에 대해 더 자신 있다고 보고되었다.

　해석 전자 그룹의 긍정적인 결과는 더 행복해지고, 더 건강해지며, 더 자신감 있게 되는 것이었다.

3 삶에서 의미를 찾기 위한 성찰적 일기 쓰기에 관한 연구로, 몇몇 학생 그룹은 가장 중요한 개인적 가치와 그들의 일상 활동에 관해, 다른 학생 그룹은 좋은 것만 쓰도록 요청받았는데, 자신의 가치에 관해 썼던 학생 그룹이 더 긍정적인 결과를 보여 주었다.

해석	성찰적 일기 쓰기	
그룹 1	그들은 개인적 가치에 대해 쓰기를 요청받았다.	☑
그룹 2	그들은 좋은 것들에 대해서만 쓰기를 요청받았다.	☐

구문 설명

· In the 1990s, Stanford University researchers **asked** some students on spring break **to journal** about their most important personal values and their daily activities.
「ask+목적어+to부정사」 구문은 '~에게 …하도록 요청하다'의 의미

를 나타낸다.

· [**By reflecting** on how their daily activities supported their values], students had gained a new view on those activities and choices.
[ ]는 전치사구로, 「by+-ing」는 '~함으로써'의 의미를 나타낸다.

Reading Skill

모범 답안

〈성찰적 일기 쓰기 실험〉

가장 중요한 개인적 가치와 하루의 활동을 기록할 것을 요청받은 그룹이 좋은 것에만 집중하여 기록할 것을 요청받은 그룹보다 더 긍정적인 결과를 나타냄

직독직해 Skill

· Three weeks later, / the students (S) / who had written / about their values / showed (V) / more positive results / than the ones / who had only focused / on the good things.
3주 뒤에 / 학생들은 / 썼던 / 자신의 가치에 대해 / 보여 주었다 / 좀 더 긍정적인 결과를 / 학생들보다 / 오로지 집중했던 / 좋은 것에

Chapter 02 정보 파악하기

Reading Key 필요한 정보 중심으로 빠르게 독해하기 pp. 42~43

정답

A 종이컵, 텀블러, 24, 2, 티셔츠

B 설명, 날개, 색깔, 장소, 시기, 설명

해석

A　　　　Cornhill 종이컵 사용하지 않기 챌린지

Cornhill 고등학교의 '종이컵 사용하지 않기 챌린지'에 참가하고 지구를 구하는 데 도움이 되세요!

참가 방법

1) 여러분이 텀블러 사용하는 것을 보여 주는 동영상을 촬영하세요.

2) 24시간 이내에 학교 웹사이트에 동영상을 업로드하세요.

※ 12월 1일에 학생회장이 챌린지를 시작할 것입니다.

추가 정보

• 챌린지는 2주 동안 지속될 것입니다.

• 모든 참가자들은 티셔츠를 받을 것입니다.

챌린지에 관해 문의하려면, cornhillsc@chs.edu로 저희에게 연락하세요.

B 제왕나비는 바깥쪽에 흰 점들이 있는 밝은 색의 날개가 있다. 뒷날개는 둥글고 앞날개보다 더 밝은 색을 띤다. 몸통은 검은 바탕에 흰 점이 있다. 어미 나비는 밀크위드 잎의 아래쪽에 오직 한 개의 알만 낳고, 그것은 약 3일에서 5일 후에 부화한다. 제왕나비는 3월부터 10월까지 미국 전역에서 따뜻한 햇살을 받으며 날아다니는 것을 좋아한다. 제왕나비는 북부의 추위에서 살 수 없어서 겨울 동안에 남부로 날아가서 쉰다.

Unit 06 안내문·도표 파악하기

READING 14 ▷ 정답 ⑤　　　　　　　　　　pp. 44~45

Mini Quiz ① 3행 ② 5행 ③ 9행 ④ 12행 ⑤ 14행

1 ④ **2** (1) T (2) F

3 (1) Atlanta (2) guide (3) pets (4) traffic

해석

　　　　　애틀랜타 전기차 투어

교통 혼잡이 없는 투어를 찾고 계십니까? 그렇다면, 여기 있습니다. 우리는 전기차를 이용한 애틀랜타 도시 관광을 제공합니다.

기대할 것

여러분이 타고 있는 동안 도시의 역사, 문화, 사람들에 대한 사실과 정보를 이야기해 줄 가이드와 함께 도시를 천천히 다니세요.

출발과 도착

• 출발 세부 사항 – Ted 가(街) 160에 있는 The American Hotel

• 도착 세부 사항 – 원래 출발지로 돌아옴

이용 가능

• 휠체어는 이용 가능함

• 반려동물은 불가하지만, 장애인을 위한 도우미 동물은 허용됩니다.

추가 정보

• 최소 연령은 18세. 유아는 안 됨.

• 이 체험에는 좋은 날씨가 필요합니다. 안 좋은 날씨로 취소되면, 전액 환불받으실 것입니다.

더 많은 정보를 위해서는 atlantacartour@citytour.org로 연락 주세요.

해설

p. 44

최소 연령이 18세이고 유아는 안 된다고 하였으므로, 안내문의 내용과 일치하지 않는 것은 ⑤이다.

p. 45

1 나이가 18세 이상이고 반려동물은 안 되지만 도우미견의 동반은 허용되므로 Atalanta Electric Car Tour에 신청하기에 적합한 사람은 ④ '스무 살이고 도우미견의 도움을 받는 Julia'이다.

① 걸어서만 도시를 여행하고 싶은 Gloria

② 반려동물과 함께 도시를 여행하고 싶은 Robert

③ 18개월 된 아들과 함께 여행하고 있는 Eric

⑤ 비 오는 날에 도시 외곽을 여행하고 싶은 Philip

2 (1) 도착 세부 사항에서 원래 출발지로 돌아온다고 했으므로 내용과 일치한다.

(2) 체험에 좋은 날씨가 필요하다고 했으므로 내용과 일치하지 않는다.

해석 (1) 관광 후, 여러분은 The American Hotel로 돌아올 것입니다.

(2) 비가 오더라도, 투어는 예정대로 진행될 것입니다.

3 **해석** 나는 최근에 애틀랜타 전기차 투어의 즐거움을 누렸고, 그것을 매우 추천하고 싶다! 우리 가이드는 정보를 잘 알고 있었고, 친근했고, 경험을 매우 즐길 만한 것으로 만들어 주었다. 반려동물이나 유아가 투어에 허용되지 않는 것에는 실망했지만, 다른 모든 것에 대해서는 만족했다. 우리는 교통 혼잡을 걱정할 필요가 없었고, 투어는 독특하고 기억할 만한 도시의 풍경을 제공해 주었다.

• Cruise the city with a guide [who shares facts and information about the history, culture, and people of the city {as you ride}].
[ ]는 a guide를 수식하는 관계절이며, { }는 '~할 때'의 의미를 나타내는 시간의 부사절이다.

• [If it's canceled due to poor weather], you'll be given a full refund.
[ ]는 If가 이끄는 조건의 부사절로, '만약 ~라면'의 의미이다.

Reading Skill

모범 답안

| 애틀랜타 전기차 투어 | • 도시의 역사, 문화, 사람들에 관한 정보를 이야기해 줄 가이드가 동반함
• The American Hotel에서 출발하고 출발지로 돌아옴
• 휠체어 및 장애인을 위한 도우미 동물 이용 가능
• 유아는 불가하며 최소 참가 연령은 18세
• 날씨가 좋지 않아 취소되면 전액 환불됨 |

직독직해 Skill

• Cruise (V) the city / with a guide / who shares facts and information / about the history, culture, and people / of the city / as you ride.
도시를 천천히 다니세요 / 가이드와 함께 / 사실과 정보를 이야기해 줄 / 역사, 문화, 사람들에 대한 / 도시의 / 여러분이 타고 있는 동안

READING **15** 정답 ④
pp. 46~47

Mini Quiz You can sign up for classes either online or by phone.

1 ④ 2 four, months 3 (1) code (2) 18 (3) $30 (4) laptops (5) Fridays

해석

방과 후 코딩 수업
여러분 자신의 게임, 앱, 그리고 웹사이트를 코딩하는 것을 배우기를 원하나요? 여러분이 마우스와 키보드를 사용하는 방법을 알고 있다면, 여

러분은 이미 그것이 필요로 하는 것을 갖고 있는 것입니다. 이 수업과 더불어 즐거운 시간을 보내고 창의력을 발휘해 봅시다.

연령 자격: 이 코딩 수업은 10~18세 학생들을 위해 만들어진 것입니다.
수업 일정: 매주 금요일, 3월 1일~6월 30일
  • 게임 개발: 오후 4시 ~ 오후 5시 30분
  • 파이썬 프로그래밍: 오후 5시 30분 ~ 오후 7시
장소: West Library
비용: 수업당 30달러 (12세 미만 학생은 무료)
신청 방법과 기한
  • 온라인이나 전화로 수업을 신청할 수 있습니다.
  • 등록 신청서를 2월 25일, 오후 6시까지 보내야 합니다.
준비물: 학생들은 자신의 노트북을 가져와야 합니다.

더 많은 정보를 위해서 우리 웹사이트를 방문해 주세요.

해설

p. 46
온라인이나 전화로 신청할 수 있다고 했으므로, 안내문의 내용과 일치하는 것은 ④이다.

p. 47

1 본문의 밑줄 친 Apply는 '신청하다, 지원하다'의 의미로 쓰였으므로 그 의미가 같은 것은 ④이다.
  ① 그 이론은 보편적으로 적용되지 않는다.
  ② 그 법규는 일반 근로자들에게는 적용되지 않는다.
  ③ 우리가 전념한다면 시험에 합격할 것이다.
  ④ 이 자리에 지원할 기회에 감사드립니다.
  ⑤ 너는 얼굴과 손에 크림을 발라야 한다.

2 코딩 수업 일정이 3월 1일부터 6월 30일까지이므로 학생들이 코딩 수업을 마치는 데는 4개월(four months)이 걸린다.
  해석 Q: 학생들이 코딩 수업을 마치는 데는 얼마나 걸리는가?
  A: 그들이 코딩 수업을 마치는 데는 4개월이 걸린다.

3 **해석** A: Gloria, 방과 후 코딩 수업에 대해 들어 봤어? 우리가 게임 코딩하는 것을 배울 수 있어!
  B: 정말? 멋지다. 어느 연령대를 대상으로 해?
  A: 10~18세 학생들을 위한 수업이야. 그리고 비용은 단지 30달러에 불과해.
  B: 좋아. 우리가 노트북을 가져가야 해?
  A: 응, 그래야 해. 우리는 이 수업을 통해 금요일 방과 후를 더 즐길 수 있을 거라고 생각해.
  B: 네 말에 전적으로 동감해. 등록해서 코딩하는 것을 배우자!

구문 설명

• You can sign up for classes **either** online **or** by phone.
「either ~ or ...」는 '~ 또는 …'의 의미를 나타낸다.

모범 답안

수업 대상	<u>10세 ~ 18세</u>의 학생들
일정	매주 <u>금요일</u>, 3월 1일 ~ 6월 30일
비용	수업당 <u>$30</u> (<u>12세 미만</u> 학생은 무료)
신청 방법 및 기한	2월 25일, 오후 6시까지 <u>온라인</u> 또는 <u>전화</u>로 신청
준비물	자신의 <u>노트북</u> 지참

직독직해 Skill

· If you know / how to use / a mouse and keyboard / then you(S)'ve already got(V) / what it takes.
만약 당신이 알고 있다면 / 사용하는 방법을 / 마우스와 키보드를 / 그러면 당신은 이미 갖고 있다 / 그것이 필요로 하는 것을

READING **16** · 정답 ④   pp. 48~49

Mini Quiz 온라인 강의와 온라인 학습 자료를 이용한 영국 사람들의 비율 (2020년, 연령 집단별)

1 ③ 2 The 45-54 age group used less online courses than the 35-44 age group.

3 the lower the percentage of people who

해석

위 도표는 2020년 연령 집단별 온라인 강의와 온라인 학습 자료를 이용한 영국 사람들의 비율을 보여 준다. 특히 무엇보다도, 각 연령 집단에서 온라인 학습 자료를 이용한 사람들의 비율이 온라인 강의를 이용한 사람들의 비율보다 더 높았다. 25세에서 34세 연령 집단이 모든 연령 집단 중 온라인 강의를 이용한 사람들의 비율이 가장 높았다. 65세 이상인 사람들이 여섯 개의 연령 집단 가운데서 온라인 강의와 온라인 학습 자료를 이용할 가능성이 가장 낮았다. <u>여섯 개의 연령 집단 가운데서, 온라인 강의를 이용한 사람들의 비율과 온라인 학습 자료를 이용한 사람들의 비율 차이는 35세에서 44세 연령 집단에서 가장 작았다.</u> 25세에서 34세, 35세에서 44세, 45세에서 54세의 각 연령 집단에서 열 명 중 한 명이 넘는 비율의 사람들이 온라인 학습 자료를 이용했다.

해설

p. 48
온라인 강의를 이용한 사람들의 비율과 온라인 학습 자료를 이용한 사

람들의 비율 차이는 25세에서 34세 연령 집단에서 2퍼센트로 가장 작았으므로, 도표의 내용과 일치하지 않는 것은 ④이다.

p. 49

1 2020년의 온라인 강의와 온라인 학습 자료 이용 비율을 나타낸 도표로, 2020년 이후의 온라인 강의를 이용하는 추세는 도표를 통해 알 수 없으므로, 도표를 보고 답할 수 없는 질문은 ③ '온라인 강의를 이용하는 추세는 2020년 이래로 어떻게 변화되었는가?'이다.
① 어느 연령 집단이 2020년에 온라인 강의를 가장 적게 이용했는가?
② 어느 연령 집단이 2020년에 온라인 강의를 가장 많이 이용했는가?
④ 25세에서 34세와 35세에서 44세 연령 집단 중에서 어느 집단이 2020년에 온라인 학습 자료를 더 많이 이용했는가?
⑤ 각각의 그룹에서 온라인 학습 자료를 이용한 비율이 온라인 강의를 이용한 비율보다 더 높은가?

2 45세에서 54세 연령 집단이 35세에서 44세 연령 집단보다 온라인 강의를 더 적게 이용하였으므로 more를 less로 고쳐야 한다.
해석 45세에서 54세 연령 집단은 35세에서 44세 연령 집단보다 온라인 강의를 더 많이(→ 더 적게) 이용했다.

3 「the+비교급 ~, the+비교급 ...」 구문으로 '~할수록 더 …하다'의 의미가 되도록 the lower를 먼저 쓰고 그 뒤에 the percentage of people who가 이어지도록 배열한다.
해석 도표에서, 노년층일수록 온라인 강의 및 온라인 학습 자료를 사용한 사람들의 비율이 더 낮아지는 것으로 보여진다.

구문 설명

· Among the six age groups, **the gap** between the percentage of people [who used online courses] and that of people [who used online learning materials] **was** the smallest in the 35-44 age group.
두 개의 [ ]는 관계절로 각각 앞에 있는 선행사 people을 수식하며, the gap이 핵심 주어이므로 단수 동사 was가 쓰였다.

Reading Skill

모범 답안

	16~24세	25~34세	35~44세	45~54세	55~64세	65세 이상
온라인 강의	15%	22%	18%	17%	<u>10</u>%	2%
<u>온라인 학습 자료</u>	46%	<u>24</u>%	27%	22%	17%	5%

- Most notably, / in each age group, / the percentage of people (S) / who used online learning materials / was (V) higher / than that of people / who used online courses.
특히 무엇보다도 / 각 연령 집단에서 / 사람들의 비율이 / 온라인 학습 자료를 이용한 / 더 높았다 / 사람들의 그것보다 / 온라인 강의를 이용한

Unit 07 내용 일치 파악하기

 READING **17** 정답 ④　　　　pp. 50~51

Mini Quiz ① Frantz Fanon was born in 1925 on a Caribbean island, which was then a French colony.
② His father ~ worked as a customs officer.
③ He left home ~ after the war he studied both medicine and psychology.
④ One year after becoming a doctor to treat mental illness in 1951, he published his first book: *Black Skin, White Masks*.
⑤ In the late 1950s, he developed blood cancer.

1 ⑤
2 was shocked to hear his patients' tales of torture
3 (1) Caribbean (2) mental (3) moved (4) illness

해석

Frantz Fanon은 1925년 카리브해의 섬에서 태어났는데, 그곳은 당시 프랑스 식민지였다. 그의 아버지는 아프리카 노예의 후손이었고 세관원으로 일했다. 그는 2차 세계대전 때 자유 프랑스군에 자원입대하기 위해 고향을 떠났고, 전쟁 후에 프랑스 리옹에서 의학과 심리학을 공부했다. 1951년에 정신 질환을 치료하는 의사가 된 지 일 년 뒤에, 그는 자신의 첫 번째 저서인 'Black Skin, White Masks(검은 피부, 하얀 마스크)'를 출판했다. 1953년에 Fanon은 알제리로 이사했는데, 거기서 그는 정신 건강을 위한 병원 의사로 일했다. 자신의 환자들의 전쟁 중 고문 이야기를 듣고 나서, 그는 충격을 받고 정부 지원 일을 사임했다. 그는 알제리 독립운동을 위해 일하기 시작했다. 1950년대 말에, 그는 혈액암에 걸렸다. 투병 중에 그는 다른 세상에 찬성론을 펴는 자신의 마지막 저서인 'The Wretched of the Earth(지구의 비참함)'를 집필했다.

해설

p. 50

1951년에 정신 질환을 치료하는 의사가 되고 나서 일 년 뒤에 자신의 첫 번째 저서인 'Black Skin, White Masks'를 출판했다고 했으므로, 글의 내용과 일치하지 않는 것은 ④이다.

p. 51

1 혈액암 투병 중에 자신의 마지막 저서를 집필했다고 했으므로, 글을 읽고 유추할 수 있는 내용이 아닌 것은 ⑤ '그는 자신의 질병 때문에 집필을 그만두어야 했다.'이다.
① 그의 아버지는 프랑스 정부를 위해 일했다.
② 그는 2차 세계대전 때 프랑스를 위해 싸웠다.
③ 그는 20대에 자신의 책을 썼다.
④ 알제리 국민들은 전쟁으로 고통받았다.

2 Frantz Fanon은 자신의 환자들의 전쟁 중 고문 이야기를 듣고 나서 충격을 받고 정부 지원 일을 사임했다고 했으므로, 술어로 수동의 의미를 나타내는 was shocked를 쓰고, 감정의 원인을 나타내는 to부정사구 to hear 다음에 목적어를 쓰는 것이 적절하다.
해석 Q: Frantz Fanon은 왜 알제리에서 정부 지원 일을 사임했는가?
A: 왜냐하면 그가 자신의 환자들의 고문 이야기를 듣고 충격을 받았기 때문이다.

3 **해석**

Frantz Fanon의 일생	
연도	무슨 일이 일어났는가?
1925년에	그는 카리브해의 섬에서 태어났다.
1951년에	그는 정신 건강 치료를 위한 의사가 되었다.
1953년에	그는 의사로 일하기 위해 알제리로 이사했다.
1950년대 말	자신의 병에도 불구하고, 그는 자신의 마지막 저서를 집필했다.

구문 설명

- He left home **to volunteer** for the Free French Forces in World War II, and after the war he studied **both** medicine **and** psychology in Lyon, France.
to volunteer는 목적을 나타내는 부사적 용법의 to부정사이고, 「both ~ and ...」는 '~와 … 둘 다'의 의미를 나타낸다.

- In 1953, Fanon moved to Algeria, [where he worked as a hospital doctor for mental health].
[ ]는 선행사 Algeria를 부연 설명하는 계속적 용법의 관계절이다.

p. 53

1 Thunberg의 부모가 그녀의 시위를 어떻게 도왔는지에 관한 내용은 글에서 알 수 없으므로, 글을 읽고 답할 수 없는 질문은 ④ 'Thunberg의 부모는 그녀의 시위를 어떻게 도왔는가?'이다.
① 아스퍼거 증후군을 가진 사람들의 증상은 무엇인가?
② Thunberg는 왜 채식주의자가 되었는가?
③ Thunberg는 기후 변화에 대처하기 위해 무엇을 했는가?
⑤ 기후 변화에 맞선 Thunberg의 시위 결과는 무엇이었는가?

2 (1) Thunberg가 아스퍼거 증후군에 걸린 어린 환자들을 도왔는지는 글에서 알 수 없으므로, 글의 내용과 일치하지 않는다.
(2) Thunberg의 시위가 언론의 관심을 끌었고 전 세계 학생들이 그녀를 따라 시위를 열었다고 했으므로, 글의 내용과 일치한다.
해석 (1) Thunberg는 아스퍼거 증후군에 걸린 어린 환자들을 도왔다.
(2) Thunberg의 대담한 행동이 전 세계 학생들에게 영향을 미쳤다.

3 Greta Thunberg는 아주 어린 나이에 아스퍼거 증후군을 진단받았지만, 이후 기후 변화에 관심을 가지고 집중하기 시작해 결국 기후 변화에 맞서는 시위를 시작했고 그것과의 투쟁으로 우상이 되었다고 했으므로, (1)은 diagnosed, (2)는 climate change, (3)은 icon이 적절하다.
해석 Greta Thunberg는 아스퍼거 증후군 진단을 받았지만, 기후 변화에 항의하기 시작했고 그것과의 투쟁에서 우상이 되었다.

구문 설명

· People [with the syndrome] cannot socialize very well, **but** they are able to focus really deeply on one thing.
[ ]는 전치사구로 주어인 People을 수식하고 있으며, 접속사 but이 두 개의 절(주어+동사)을 대등하게 연결하고 있다.

· She sat quietly in front of the building with a sign [that **read** "SCHOOL STRIKE FOR CLIMATE."]
[ ]는 관계절로, 선행사인 a sign을 수식하고 있다. read는 과거형으로 '~라고 쓰여 있다'의 의미임에 유의해야 한다.

Reading Skill
모범 답안

	Frantz Fanon
출생	프랑스 식민지인 카리브해의 섬에서 태어났다.
학업	2차 세계대전 후에 프랑스에서 의학과 심리학을 공부했다.
변화	· 알제리에서 의사로 일하던 중, 환자들의 이야기를 듣고 충격을 받았다. · 알제리 독립운동을 위해 일하기 시작했다.
질병	혈액암 투병 중에, 자신의 마지막 저서를 집필했다.

직독직해 Skill

· After hearing his patients' tales / of the torture / during the war, / he (S) was (V1) shocked / and resigned (V2) from his / government-supported job.
자신의 환자들의 이야기를 듣고 나서 / 고문의 / 전쟁 중 / 그는 충격을 받았다 / 그리고 그의 정부 지원 일을 사임했다

READING 18 · 정답 ②  pp. 52~53

Mini Quiz airplanes

1 ④ 2 (1) F (2) T 3 (1) diagnosed (2) climate change (3) icon

해석

아주 어린 나이에, Greta Thunberg는 아스퍼거 증후군을 진단받았다. 그 증후군을 가진 사람들은 그다지 잘 사회화하지 못하지만, 그들은 한 가지에 정말로 깊게 집중할 수 있다. 그녀는 8살 때, 기후 변화에 관해서 듣게 되었다. 그녀는 그것에 깊게 관심을 두게 되었다. 그녀는 채식주의자가 되었고, 비행기의 높은 탄소 발자국 때문에 비행기에 타는 것을 거부했다. 그녀는 자신의 주위 사람들에게 기후 변화에 관해 이야기하기 시작했다. 2018년에, 그녀는 학교를 빠지고 스웨덴에 있는 자신의 나라의 의회로 갔다. 그녀는 '기후를 위한 학교 파업'이라고 쓰인 표지판을 들고 건물 앞에 조용히 앉았다. Thunberg는 금요일마다 학교를 빠지면서 일주일에 한 번씩 시위를 계속하였다. 그녀의 시위는 언론의 관심을 끌었고, 곧 전 세계 곳곳의 학생들이 그녀를 따라 자신의 나라에서 시위를 열었다. Thunberg는 곧 기후 변화와의 투쟁에서 우상이 되었다.

해설

p. 52

Greta Thunberg는 비행기의 높은 탄소 발자국 때문에 비행기에 타

Reading Skill
모범 답안

	Greta Thunberg
상황	아스퍼거 증후군을 진단받았다.
행동	· 채식주의자가 되었다. · 탄소 발자국으로 인해 비행기 탑승을 거부했다. · 기후 변화에 맞서는 시위를 했다.
영향	매체의 관심을 받으면서 전 세계 학생들이 그녀의 시위에 동조했다.

직독직해 Skill

· Her protest (S1) caught (V1) the attention / of the media, / and soon, / students (S2) all over the world / followed (V2-1) her / and held (V2-2) protests / in their own countries.

그녀의 시위는 관심을 끌었다 / 언론의 / 그리고 곧 / 전 세계 곳곳의 학생들이 / 그녀를 따랐다 / 그리고 시위를 열었다 / 자신들의 나라에서

READING **19** 정답 ④ pp. 54~55

Mini Quiz He knew how to make things out of glass.

1 ③ 2 lenses 3 (A) Delft (B) artist (C) Amsterdam (D) one / (C) → (A) → (D) → (B)

해석

Antonie van Leeuwenhoek는 세포 연구로 잘 알려진 과학자였다. 그는 1632년 10월 24일에 네덜란드 Delft에서 태어났다. 16살에, 그는 암스테르담에서 직업 기술을 배우기 시작했다. 22살에, 그는 Delft로 돌아와서 직물상으로서 자신의 사업을 시작했다. 그의 사업은 번창했고 그는 렌즈를 갈고 아주 작은 물체를 연구하는 데 그것을 이용하는 자신의 취미에 많은 시간을 쏟기 시작했다. 그는 오직 한 가지 언어, 즉 네덜란드어만을 알고 있었는데, 그것은 그 당시 과학자들에게는 상당히 드문 것이었다. 하지만 그의 호기심은 끝이 없었고, 그는 열심히 노력했다. 그에게는 중요한 기술이 있었다. 그는 유리로 물건을 만드는 법을 알고 있었다. 이 기술은 그가 자신의 간단한 현미경에 쓰일 렌즈를 만들 때 도움이 되었다. 그는 자신이 본 것들에 세심한 주의를 기울였고 관찰한 것을 기록했다. 그는 그림을 잘 그릴 수 없었기 때문에, 자신이 설명하는 것의 그림을 그릴 화가를 고용했다.

해설

p. 54

그는 유리로 물건을 만드는 방법을 알고 있었다고 했으므로, 글의 내용과 일치하지 않는 것은 ④이다.

p. 55

1 tiny는 '아주 작은'의 의미이므로, 영영 풀이로 올바르지 않은 것은 ③이다.
① 돌아가다[돌아오다]: 전에 있던 장소로 가거나 돌아오다
② 갈다: 무언가를 작은 조각 또는 가루로 부수다
③ 아주 작은: 매우 큰 크기나 양
④ 호기심: 무언가에 대해 알고 싶은 욕구

⑤ 고용하다: 누군가에게 일을 주고 그들이 한 일에 대해 돈을 지불하다

2 밑줄 친 them은 앞에 나온 복수 명사 lenses를 가리킨다.

3 **해석** (C) 그는 16살에 암스테르담에서 직업 기술을 배우기 시작했다.
(A) Delft에서 그의 사업은 성공했으며, 그는 작은 물체들을 연구하기 시작했다.
(D) 비록 그는 한 가지 언어만 알고 있었지만, 그는 자신의 노력으로 이러한 약점을 극복했다.
(B) 그는 화가에게 자신이 관찰한 것의 그림을 그리게 했다.

구문 설명

· He knew only one language, Dutch, [which was quite unusual for scientists of his time].
[ ]는 계속적 용법의 주격 관계대명사 which가 이끄는 관계절로 앞 문장에 대해 부연 설명을 하고 있다.

· He paid close attention to the things [he saw] and wrote down his observations.
[ ]는 목적격 관계대명사가 생략된 관계절로, 선행사 the things를 수식하고 있으며, 동사 wrote 앞에 주어인 he가 생략되어 있다.

Reading Skill

모범 답안

	Antonie van Leeuwenhoek
출생/성장	· 1632년 네덜란드 Delft에서 태어남 · 16살: 암스테르담에서 직업 기술을 배움 · 22살: Delft로 돌아와 사업을 시작함 · 취미(렌즈 개발을 통해 미세한 물체 연구)에 전념함
강점/성과	유리로 물건을 만드는 법을 알고 있었음 → 현미경에 쓰일 렌즈 제작에 도움

직독직해 Skill

· His business (S1) prospered, (V1) / and he (S2) began (V2) to devote / much of his time / to his hobby / of grinding lenses / and using them / to study tiny objects.

그의 사업은 번창했다 / 그리고 그는 쏟기 시작했다 / 자신의 많은 시간을 / 자신의 취미에 / 렌즈를 가는 / 그리고 그것들을 이용하는 / 아주 작은 물체를 연구하는 데

Chapter 03 묘사된 분위기나 심경 파악하기

Reading Key 인물과 사건 중심으로 빠르게 읽기 pp. 58~59

정답

A	상황 묘사	폭풍, 가라앉지 호수, 뛰어들어가
	글 전반의 분위기	긴박한 분위기
B	상황 묘사	직전, 불안감, 땀
	'I'의 심경	nervous

해석

A Meghan은 고개를 들어 물 위의 성난 회색 구름을 보았다. 폭풍이 그녀 쪽으로 다가오고 있었다. 그녀는 일어나서 자신의 샌들을 향해 손을 뻗었다. 호수 한가운데에서 개 한 마리를 발견했다. 처음에 그녀는 그 개가 놀고 있다고 생각했다. 그녀는 1, 2초 정도 지켜봤고, 그러고 나서 그 개가 놀고 있는 것이 아니라는 것을 깨달았다. 그는 가라앉지 않으려고 애쓰고 있었다. 그녀는 물로 뛰어들어가 그 개를 향해 헤엄치기 시작했다. 그녀는 개를 보았고, 몇 초 후에 그 개가 사라졌다. 그녀는 그 개를 구하기 위해 계속 나아갔다.

B 말하기 대회의 결과 발표 시간이었다. 나는 내가 상을 탈 수 있을지 없을지에 대해 걱정했다. 내 손은 불안감 때문에 떨리고 있었다. 나는 '내가 다른 참가자들을 이길 만큼 충분히 열심히 했는가?'라고 마음속으로 생각했다. 오랜 기다림 끝에, 봉투가 사회자에게 전달되었다. 그녀는 봉투를 열고 우승자의 이름을 보았다. 내 손은 이제 땀이 나고 있었고, 내 심장은 정말 격렬하고 빠르게 뛰기 시작했다.

Unit 08 분위기·심경 파악하기

READING 20 정답 ② pp. 60~61

Mini Quiz Brandon – 두 아이의 아빠 / Louie – 큰아들
Everett – 작은아들

1 ② **2** (1) F (2) T
3 (1) 37 (2) feeding (3) well (4) 6 (5) water (6) 3 (7) Louie

해석

늦은 오후에, Brandon은 자신의 농장의 소에게 먹이 주는 것을 끝내고 일과를 마치기로 했다. 평소처럼 그의 두 아들, 6살 난 Louie, 3살 난 Everett는 Brandon이 목장에서 일할 때 그를 따라다녔다. 집으로 돌아오는 길에, 아이들이 아빠보다 앞서 달렸고 Brandon이 목장 문을 닫기 위해 멈췄을 때, Louie는 물을 마시기 위해 오래된 우물로 갔다. 우물 입구를 덮고 있는 판자는 시간이 흐름에 따라 약해져 있었다. Louie가 그것의 위에 섰을 때, 그것이 무너졌다. Brandon이 문 닫기를 막 마치고 돌아봤을 때, 그는 작은아들만 볼 수 있었다. "Louie는 어디에 있니?" 그는 Everett에게 소리쳤다. 그의 파란 눈이 두려움으로 가득 차서 Everett는 아빠에게 말했다. "형이 구멍에 빠졌어요!" 37살 난 아빠는 즉시 무슨 일이 발생했는지 깨달았다. '안 돼!' Louie는 거의 수영을 할 수 없었기 때문에 그는 무서웠다. Brandon은 우물로 뛰어갔고, Louie가 저 아래에서 첨벙거리는 소리를 들었을 때, 그는 뛰어들었다.

해설

p. 60

6살 난 Louie가 우물에 빠져서 아빠인 Brandon이 아들을 구하기 위해 우물에 뛰어드는 상황이므로, 글의 분위기로 가장 적절한 것은 ② '긴급한'이다.
① 지루한 ③ 평화로운 ④ 유머러스한 ⑤ 낭만적인

p. 61

1 아빠인 Brandon이 동생 Everett에게 형 Louie가 어디 있는지 물었을 때 두려움이 가득 찬 눈으로 그가 우물에 빠졌다고 이야기한 것으로 보아, Everett의 심경으로 가장 적절한 것은 ② '겁먹은'이다.
① 화난 ③ 행복한 ④ 흥미있는 ⑤ 기분 좋은

2 (1) Brandon의 두 아들 Louie와 Everett이 평소처럼 목장에서 그를 따라다녔다고 했으므로 글의 내용과 일치하지 않는다.
(2) Everett이 Brandon에게 형이 우물에 빠졌다고 이야기했으므로 글의 내용과 일치한다.
해석 (1) Louie와 Everett은 자신들의 아빠의 농장을 처음 방문했다.
(2) Everett는 Louie에게 무슨 일이 일어났는지 Brandon에게 말했다.

3 **해석**

등장인물	나이	그들이 한 일
Brandon	<u>37</u>세	• 그는 소에게 먹이 주는 것을 끝냈다. • 그는 <u>우물</u>에 뛰어들었다.
Louie	<u>6</u>세	• 그는 물을 마시기 위해 오래된 우물로 갔다. • 그는 우물에 빠졌다.
Everett	<u>3</u>세	그는 자신의 아빠에게 <u>Louie</u>가 구멍에 빠졌다고 말했다.

• Brandon **had** just **finished** closing the gate [when he **turned** around and **saw** only his youngest son].
[ ]는 시간을 나타내는 부사절이고, [ ] 안의 시제(turned, saw)보다 하나 더 앞선 시제임을 표시하기 위해 과거완료(had finished)로 쓰였다.

• Brandon raced over to the well, and [when he **heard** Louie **splashing** far below], he jumped in.
[ ]는 접속사 when이 이끄는 시간의 부사절이고, 지각동사 heard의 목적격보어로 현재분사가 쓰였다.

Reading Skill

모범 답안

발단	Brandon이 농장에서 두 아들과 함께 일과를 마침
전개	귀갓길에 아이 둘이 앞서 달려감 → 큰아들 Louie가 물을 마시러 우물로 이동 → 우물에 빠짐
절정 (위기)	작은아들 Everett이 아빠에게 상황을 설명함 → Brandon이 Louie를 구하기 위해 우물에 뛰어듦

직독직해 Skill

• On the way back to the house, / the boys (S1) ran (V1) ahead of their father, / and when Brandon stopped / to close the pasture gate, / Louie (S2) went (V2) / to an old well / to drink water.
• 집으로 돌아오는 길에 / 아이들은 자신들의 아버지보다 앞서 달렸다 / 그리고 Brandon이 멈췄을 때 / 목장 문을 닫기 위해 / Louie는 갔다 / 오래된 우물로 / 물을 마시기 위해

READING 21 정답 ② pp. 62~63

Mini Quiz [모범 답안] awkward, I felt like crying, the tears come

1 ⑤ 2 (1) Cathy (2) worse 3 (D) → (B) → (C) → (A)

해석

오늘 아침에 내가 집을 떠나려고 하는 그 순간에 Cathy가 나를 다시

부르더니 경직된 상태로 나를 살짝 안아 주었다. 그녀는 타자기로 친 쪽지를 내 손에 살짝 건네주었는데, 내가 나가야 할 날짜가 적힌 공식적인 퇴거 통지서였다. 그녀는 내 눈을 마주치지 못했다. 그녀는 내게 슬픈 미소를 지으며 "나도 너에게 이렇게 하기 싫어, Rachel, 진심이야."라고 말했다. 모든 것이 매우 어색하게 느껴졌다. 우리는 복도에 서 있었다. 나는 울고 싶은 심정이었지만, 이미 기분이 좋지 않은 그녀의 기분을 더 안 좋게 만들고 싶지 않아서 씩씩하게 미소 지으며, 마치 그녀에게 작은 부탁을 받기라도 한 것처럼, "별일 아니야, 정말 문제없어."라고 말했다. 기차에서 눈물이 나고 사람들이 나를 보고 있든 말든 상관없다. 그들은 내 강아지가 차에 치였거나 내가 불치병을 진단받았다고 생각할지도 모른다.

해설

p. 62
퇴거 통지서를 받고 집을 떠나며 기차에서 눈물을 흘리고 있을 자신을 생각하고 있으므로, 'I'의 심경으로 가장 적절한 것은 ② '슬픈'이다.
① 자랑스러운 ③ 지루한 ④ 질투하는 ⑤ 기쁜

p. 63
1 앞에서 Cathy가 Rachel에게 나가야 할 날짜가 적힌 공식적인 퇴거 통지서를 건네주었다고 했으므로, 문맥상 밑줄 친 to do this to you가 의미하는 바로 가장 적절한 것은 ⑤ '너에게 집을 떠나라고 말하다'이다.
① 너와 싸우다   ② 네 앞에서 울다
③ 집을 청소하다   ④ 너와 같이 기차를 타다

2 Rachel은 퇴거 통지서를 받고 울고 싶은 심정이었지만 이미 기분이 좋지 않은 Cathy의 기분을 더 안 좋게 만들고 싶지 않아서 씩씩하게 미소 지으며 별일 아니라고 말했으므로 각각 (1) Cathy, (2) worse가 알맞다.
해석 Q: Rachel은 왜 Cathy에게 "별일 아니야, 정말 문제없어."라고 말했는가?
A: Rachel은 Cathy가 기분이 더 안 좋게 느끼도록 하기를 원하지 않았기 때문이다.

3 **해석** (D) 내가 집을 떠날 때 Cathy가 나에게 쪽지를 건넸다.
(B) Cathy는 말할 때 내 눈을 마주치지 못했다.
(C) 나는 아무 문제가 없는 것처럼 Cathy에게 괜찮다고 말했다.
(A) 기차에서 나는 울지도 모른다.

구문 설명

• I **felt like** crying, but I didn't want to make her feel worse than she already did, so I just smiled cheerily and said, "Not at all, it's honestly no problem," **as though** she'd just asked me to do her a small favour.
「feel like -ing」는 '~하고 싶다'의 의미를 나타내며, as though는 '마치 ~처럼'의 의미로 양보의 절을 이끄는 연결어이다.

① 화난 → 평온한
② 죄책감을 느끼는 → 자신만만한
④ 흥분한 → 실망한
⑤ 무관심한 → 고마워하는

p. 65

1 Zoe와 다른 최종 입상 후보자 중 한 명이 네 과목에서 1위를 차지했다고 했으므로, 글의 내용과 일치하지 않는 것은 ④이다.

2 '마치 ~처럼 느끼다'는 feel as if ~로 표현할 수 있고 as if 다음에는 「주어+동사」의 절이 와야 한다.

3 **해석** Zoe는 최종 결과를 기다리고 있을 때 손에서 땀이 났다. 마침내, 교장 선생님이 그녀를 우승자로 발표했을 때, Zoe는 무척 기뻤고 함박웃음을 지으며 앞으로 걸어갔다.

구문 설명

· I will now I present this year's top academic award to the student [**who** has achieved the highest placing].
[ ]는 관계절로 선행사인 the student를 수식한다. who는 주격 관계대명사이다.

· Zoe felt **as if** she **were** in heaven.
as if가 '마치 ~처럼'으로 해석되며 be동사의 과거형이 쓰인 가정법 과거의 형태로 주절과 같은 시제를 나타낸다.

Reading Skill 　　　　　　　　　　　　　　　　　모범 답안

장소	발생한 일
복도	· 집을 나설 때 Cathy가 나를 부르고 안아 줌 · 내가 나가야 할 날짜가 적힌 쪽지를 건네줌 · Cathy는 내 눈을 마주치지 못하고 미안해함 · 나는 울고 싶은 심정이었지만, 별일이 아닌 것처럼 대답함
기차	눈물이 흐르지만 사람들의 시선을 신경 쓰지 않음

직독직해 Skill

· Cathy (S) called (V1) me back / just as I was leaving / the house / this morning / and gave (V2) me a stiff little hug.
Cathy가 나를 다시 불렀다 / 내가 떠나려고 하는 그 순간에 / 집을 / 오늘 아침에 / 그리고 나를 경직된 상태로 살짝 안아 주었다

READING 22 · 정답 ③ 　　　　　　　　　　pp. 64~65

Mini Quiz [모범 답안] sweaty, pale, uneasy

1 ④　2 felt as if he were a stranger
3 (1) sweat (2) principal (3) pleased (4) smile

해석

Zoe를 포함한 모든 최종 입상 후보자들이 최종 결과를 기다리고 있었다. 마침내, 교장 선생님이 무대 위로 올라갔다. "이제 최고 등수를 차지한 학생에게 올해의 학업 최우수상을 수여하겠습니다." 그는 열두 명의 최종 입상 후보자가 모여 있는 좌석 열을 향해 미소를 지었다. Zoe는 땀에 젖은 손을 손수건에 문질러 닦고는 다른 최종 입상 후보자들을 보았다. 그들은 모두 그녀만큼 창백하고 불안해 보였다. Zoe와 다른 최종 입상 후보자 중 한 명이 네 과목에서 1위를 차지했으므로, 결과는 그들의 노력과 자신감을 선생님들이 어떻게 평가했느냐에 달려 있었다. "전체 최우수상을 위한 트로피는 Zoe Perry 양에게 수여됩니다."라고 교장 선생님이 결국 말했다. "Zoe는 이리로 나와 주겠습니까?" Zoe는 마치 천국에 있는 기분이었다. 그녀는 함박웃음을 지으며 우레와 같은 박수갈채를 받으며 걸어갔다.

해설

p. 64

최종 결과 발표를 기다리면서 초조해하다가 마침내 최우수상을 받게 되어 기뻐하는 내용이므로, Zoe의 심경 변화로 가장 적절한 것은 ③ '초

Reading Skill 　　　　　　　　　　　　　　　　　모범 답안

Before		After
· Zoe는 땀에 젖은 손을 손수건에 문질러 닦았다. · 다른 후보자 모두 그녀만큼이나 창백하고 불안해 보였다.	교장 선생님의 발표	· Zoe는 마치 천국에 있는 기분이었다. · 그녀는 함박웃음을 지으면서 박수갈채를 받으며 걸어갔다.

직독직해 Skill

· Zoe and one of the other finalists (S1) / had won (V1) first placing / in four subjects, / so the result (S2) depended (V2) / on how teachers ranked / their hard work and confidence.
Zoe와 다른 최종 입상 후보자 중 한 명이 / 1위를 차지했다 / 네 과목에서 / 그러므로 결과는 달려 있었다 / 선생님들이 어떻게 평가했느냐에 / 그들의 노력과 자신감을

정답

A 드론 배달 시스템으로 인한 대기 오염 사례

B (A) 청색, 염료 (B) 무난한
   (B) – (A)의 순서

해석

A 과학 분야에서 드론의 사용이 증가해 오고 있다. 드론은 모든
   종류의 연구 자료를 수집하는 데 유용할 수 있다.

B (B) 모든 데님이 파란색이기 때문에 데님 바지를 '파란 청바
   지'라고 부르는 것은 중복된 표현처럼 보인다. 청바지가 여러
   분의 옷장 속에서 다목적의 역할을 할 수 있지만, 사실 파란
   색이 특별히 무난한 색은 아니다. (A) 왜 파란색이 청바지에
   가장 흔하게 사용되는지 생각해 본 적이 있는가? 그 이유는
   청색 염료가 다른 염료보다 좋게 만드는 화학적 특성이 있기
   때문이다.

Unit 09 글의 순서 파악하기

READING 23 정답 ③   pp. 70~71

Mini Quiz we explore what is possible for us to do
here and now

1 ⑤ 2 Thinking of the present gives us perspectives
on what we want right now.
3 (1) possible (2) currently (3) meaningful (4) decision-
making (5) future

해석

상상력은 모든 시간의 차원, 즉 현재, 과거, 미래에서 우리의 시야를 확
장한다. 현재의 맥락에서, 혹은 좀 더 구체적으로, 매우 가까운 미래에,
우리는 여기에서 그리고 지금 우리가 할 가능한 것을 탐구한다. (B) 이
것은 우리가 현재 바라는 것을 고려할 때 우리에게 현실적인 시각을 준
다. 과거에 방향이 맞춰진 시야는 우리 자신과 우리에게 의미 있는 것에
관한 시각을 제공한다. (C) 비록 우리가 과거를 바꿀 수는 없지만, 그 시

각은 우리가 현재에 그리고 미래를 위해 하는 선택에 영향을 미친다. 세
개의 시간적인 시야 중에서, 미래 지향적인 시야는 우리의 의사 결정에
가장 큰 영향을 미친다. (A) 그것은 사람들이 과거나 현재보다 미래에
대해 더 많이 생각하는 경향이 있기 때문이다. 많은 사건은 경험하는 것
보다 상상하는 것이 더 즐거우므로, 미래를 생각하는 것은 우리의 결정
에 크게 영향을 미친다.

해설

p. 70

주어진 글은 상상력이 시간의 차원에서 시야를 확장하며, 현재에는 여
기에서 그리고 지금 할 수 있는 것을 탐구한다는 내용으로, (B)에서 이
것을 This로 받아 현재 바라는 것을 고려할 때 현실적 시각을 준다고
서술하는 (B)로 이어지고, 과거를 보는 시야는 의미 있는 것을 보는 시
각을 준다고 언급하며, (C)에서 the perspective로 이것을 받아 미
래 지향적인 시야가 의사 결정에 가장 큰 영향을 미친다고 언급한 다음,
마지막으로 (A)에서 그 이유를 설명하는 흐름으로 이어져야 글의 흐름
이 자연스럽다.

p. 71

1 과거에 방향이 맞춰진 시야가 우리에게 의미 있는 것에 대한 시각을
   제공하고, 그 시각이 우리가 현재와 미래에 하는 선택에 영향을 미친
   다고 했으므로, 글의 내용과 일치하지 않는 것은 ⑤ '과거에 대한 우
   리의 생각은 우리의 의사 결정에 전혀 영향을 미치지 않는다.'이다.
   ① 사물을 시간 측면에서 보는 것은 우리에게 유용한 시각을 준다.
   ② 사람들은 흔히 현재보다 미래에 대해 더 많이 생각한다.
   ③ 사건을 상상하는 것은 흔히 사건을 경험하는 것보다 더 즐겁다.
   ④ 과거 지향적인 사고는 우리가 우리에게 의미 있는 것이 무엇인지
   아는 것을 돕는다.

2 현재의 맥락에서 지금 우리가 할 가능한 것을 탐구하는 것이 현재 우
   리가 바라는 것을 고려할 때 우리에게 현실적인 시각을 준다고 했으
   므로, doesn't give를 gives로 고쳐야 한다.
   해석 현재에 대해 생각하는 것은 우리가 바로 지금 바라는 것에
   대한 시각을 우리에게 주지 않는다(→ 준다).

3 현재에 초점을 맞춘 시야는 여기에서 지금 가능한 것과 현재 바라
   는 것을 알게 해 주고, 과거에 초점을 맞춘 시야는 우리 자신과 자신
   에게 의미 있는 것을 알게 해 주며, 미래에 초점을 맞춘 시야는 우
   리의 의사 결정에 가장 큰 영향을 미친다. 그러므로 (1) possible,
   (2) currently, (3) meaningful, (4) decision-making, (5)
   future가 적절하다.

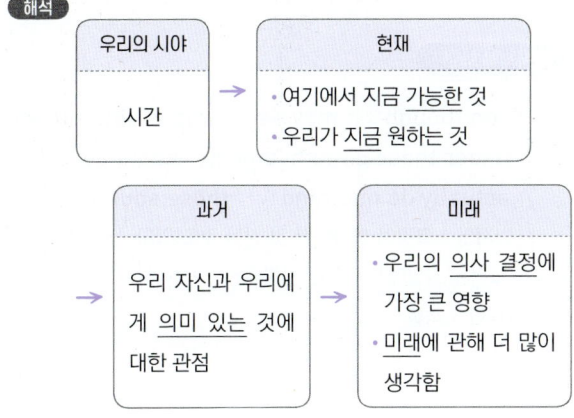

우리의 시야		현재
시간	→	• 여기에서 지금 가능한 것 • 우리가 지금 원하는 것

	과거		미래
→	우리 자신과 우리에게 의미 있는 것에 대한 관점	→	• 우리의 의사 결정에 가장 큰 영향 • 미래에 관해 더 많이 생각함

구문 설명

· In the context of the present, or more precisely, the very near future, we explore [what is possible {for us to do here and now}].
[ ]는 explore의 목적어 역할을 하는 명사절이며, { }는 to부정사구로 for us가 to부정사구의 의미상 주어이다.

· [Although we cannot change the past], the perspective influences choices [we make in the present and for the future].
첫 번째 [ ]는 '비록 ~이지만'의 의미를 나타내는 양보의 부사절이며, 두 번째 [ ]는 선행사 choices를 수식하는 관계절로, 앞에 목적격 관계대명사 which[that]가 생략되었다.

Reading Skill

모범 답안

주제	상상력은 시간의 차원에서 우리의 시야를 확장함
세부 내용	• 현재의 맥락에서는 지금 우리가 할 가능한 것을 탐구함 • 과거를 향한 시각은 우리 자신과 우리에게 의미 있는 것에 대한 시각을 제공함 • 미래를 향한 시각은 우리의 의사 결정에 가장 큰 영향을 미침 　– 사람들은 미래에 대해 더 많이 생각하는 경향이 있음 　– 많은 사건은 경험하는 것보다 상상이 더 즐거움

직독직해 Skill

· The horizon (S) / directed at the past / provides (V) us with a perspective / about ourselves / and what is meaningful for us.
시야는 / 과거에 방향이 맞춰진 / 우리에게 시각을 제공한다 / 우리 자신에 관한 / 그리고 우리에게 의미 있는 것에 (관한)

(Mini Quiz)　a dripping tap, or an alarm clock that ticks too loudly

1 ④　2 attention
3 (1) louder　(2) mind　(3) sound　(4) grows

해석

여러분은 (물이) 똑똑 떨어지는 수도꼭지나 너무 시끄럽게 똑딱거리는 자명종에 의해 계속 깨어 있는 일에 익숙할 것이다. 여러분이 더 많이 들을수록, 그 소리는 더 커진다. (B) 당연히, 아무도 그 소리를 키우고 있지 않으므로, 여러분의 지각이 여러분을 속이고 있다. 그러나 여러분이 그 소리에 주의를 기울이기 시작하고, 그것을 짜증나는 것으로 지각하기로 선택했으므로, 여러분의 짜증 수준은 참을 수 없게 될 때까지 상승한다. (A) 그래서, 여러분은 그것을 멈추게 하려고 침대에서 뛰어나온다. 그러한 상황에서 그것이 여러분에게는 불가능한 것 같을 수도 있지만, 어떤 사람들은 사실 그러한 소리를 상관하지 않는다. (C) 그리고 또 다른 사람들은 그 소리에 주의할 수 있지만, 그 소리가 지나가게 할 뿐이다. 차이는 물이 떨어지는 수도꼭지나 똑딱거리는 시계의 '진실'에서가 아니라 여러분의 프레이밍에서 발견되는데, 여러분이 에너지를 주는 것이면 무엇이든지, 자라난다.

해설

p. 72
더 많이 들을수록 소리들이 더 커진다는 주어진 글에 이어 (B)에서 아무도 그 소리를 키우고 있지 않기 때문에 이것은 지각이 속이고 있는 것이라고 언급하고, 그다음에 (A)에서 So로 연결하여 짜증나는 것으로 지각한 것을 멈추게 하려 하지만 또 다른 사람들에게는 그것이 전혀 상관없는 소리일 수 있다고 언급한 다음, (C)에서 그 이유를 설명하는 흐름으로 이어져야 글의 흐름이 자연스럽다.

p. 73
1 소리가 멈추려면 얼마나 걸리는지는 글에서 언급하고 있지 않으므로, 글을 읽고 답할 수 없는 질문은 ④ '소리가 멈추려면 얼마나 걸리는가?'이다.
① 여러분이 더 많이 들으면 소리가 더 커지는가?
② 여러분은 그 소리를 멈추기 위해 무엇을 하는가?
③ 누군가 그 소리를 키우고 있는가?
⑤ 여러분의 프레이밍이 소리가 얼마나 시끄러운지를 결정하는가?

2 프레이밍은 에너지를 무엇에게 줄 것인가 하는 것인데, 여기에서는 주의를 기울이는 것이 에너지를 주는 것이라고 했으므로, 빈칸에는 attention이 적절하다.
해석　프레이밍은 에너지를 주는 것과 관련되어 있고, 여러분이 뭔가에 주의를 기울이면, 여러분은 에너지를 그것에 주는 것이다.

3 소리는 주의를 기울일수록 더 커지지만, 어떤 사람들은 상관하지 않을 수도 있으며, 에너지를 주는 것은 자라난다고 언급되어 있으므

로, (1) louder, (2) mind, (3) sound, (4) grows가 적절하다.

해석

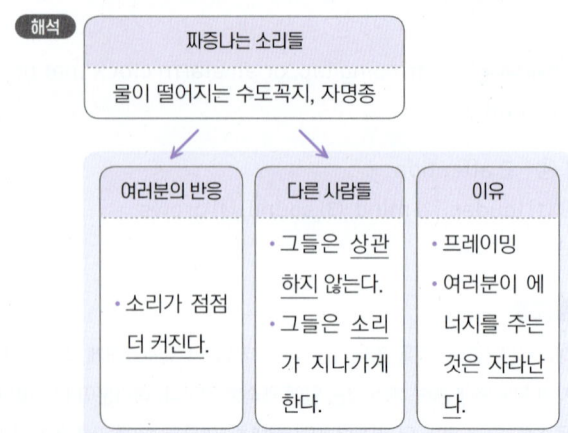

짜증나는 소리들
물이 떨어지는 수도꼭지, 자명종

여러분의 반응	다른 사람들	이유
•소리가 점점 더 커진다.	•그들은 상관하지 않는다. •그들은 소리가 지나가게 한다.	•프레이밍 •여러분이 에너지를 주는 것은 자라난다.

구문 설명

· But, [because you {start paying attention to the sound}, and {choose to perceive it as annoying}], your level of irritation goes up [until it becomes unbearable].
첫 번째 [ ]는 이유를 나타내는 부사절이고, 그 안에 있는 두 개의 { }는 and로 연결되어 you에 이어지는 술어이다. 두 번째 [ ]는 시간을 나타내는 부사절로 '~할 때까지'의 의미를 나타낸다.

· The difference is found **not** [in the "truth" about a dripping tap or a ticking clock], **but** [in your framings]: [whatever you give energy to], grows.
첫 번째와 두 번째 [ ]는 「not ~ but ....」 구문이 사용되어 '~가 아니고 …'의 의미를 나타낸다. 세 번째 [ ]는 콜론 뒤에 오는 절의 주어이며, 동사는 grows이다.

Reading Skill

모범 답안

도입	더 많이 들을수록 소리는 더 커짐
전개	•아무도 소리를 키우지 않음 •(But, because) 그러나 소리에 <u>주의</u>를 기울이기 때문에 짜증이 남
발전	•(So) 그래서 소리를 멈추게 하려고 함 •어떤 사람들은 소리를 상관하지 않음 •(And yet) 그리고 또 다른 사람들은 소리가 지나가게 함
결론	소리의 진실이 아닌 프레이밍에 의한 차이임 → <u>에너지</u>를 주는 것이면 무엇이든 자라남

직독직해 Skill

· Even though / it may seem impossible / to you / under those circumstances, / some people (S) / actually do not mind (V) / those sounds.
~이지만 / 그것이 불가능한 것 같을 수도 있다 / 여러분에게는 / 그러한 상황에서 / 어떤 사람들은 / 사실 상관하지 않는다 / 그러한 소리를

READING 25 · 정답 ② · pp. 74~75

Mini Quiz (A)의 the performers

1 ③ 2 (1) F (2) T
3 (1) higher (2) degrades (3) honestly (4) themselves

해석

Robert Schumann은 "도덕의 법칙은 예술의 법칙이다."라고 말한 적이 있다. 그 위인이 여기서 말하고 있는 것은 좋은 음악과 나쁜 음악이 있다는 것이다. (B) 가장 위대한 음악은, 비록 그것이 사실상 비극적일지라도, 우리의 세상보다 더 높은 세상으로 우리를 데려가며, 어떻게든지 아름다움은 우리를 고양시킨다. 반면에 나쁜 음악은 우리를 격하시킨다. (A) 연주도 마찬가지다. 나쁜 연주가 반드시 무능의 결과는 아니다. 최악의 연주 중 일부는 연주자들이 아무리 숙달되었더라도 그들이 연주하고 있는 음악보다 자기 자신을 더 많이 생각하고 있을 때 발생한다. (C) 이 미덥지 못한 사람들은 작곡가가 말하는 것을 정말로 듣고 있는 것이 아니며, 그들은 대중적으로 큰 '성공'을 거두기를 바라면서 그저 과시하고 있을 뿐이다. 연주자의 기본 임무는 음악의 의미를 이해하려고 노력하고서, 그것을 다른 사람들에게 정직하게 전달하는 것이다.

해설

p. 74
주어진 글은 좋은 음악과 나쁜 음악이 있다는 내용으로, (B)에서 좋은 음악은 우리를 더 높은 세상으로 데려가고 나쁜 음악은 우리를 격하시킨다고 구체적으로 설명하고, (A)에서 연주와의 유사성을 언급하며, 연주자가 음악보다 자기 자신을 더 생각하고 있을 때 나쁜 연주가 발생함을 이야기한 다음, (C)에서 These doubtful characters로 (A)에서 언급한 연주자들을 받아, 연주자의 기본 임무에 관해 이야기하는 흐름으로 이어지는 것이 글의 순서로 가장 적절하다.

p. 75
1 Robert Schumann은 가장 위대한 음악은 우리를 더 높은 세상으로 데려가고 그 아름다움이 우리를 고양시킨다고 했으므로, 좋은 음악에 대한 Schumann의 의견으로 가장 적절한 것은 ③이다.

2 (1) 연주자가 음악보다 자신을 더 생각할 때 나쁜 연주가 발생한다고 했으므로, 글의 내용과 일치하지 않는다.

(2) 연주자의 기본 임무가 음악의 의미를 이해하려고 노력하고 그것을 다른 사람들에게 정직하게 전달하는 것이라고 했으므로, 글의 내용과 일치한다.

해석 (1) 연주자들이 자기 자신보다 음악을 더 많이 생각할 때, 나쁜 연주가 발생한다.

(2) 연주자들은 음악의 의미를 이해하고 다른 사람들에게 그것을 정직하게 전달해야 한다.

3 **해석**

	좋은 음악	나쁜 음악
예술	이것은 우리의 세상보다 <u>더 높은</u> 세상으로 우리를 데려간다.	이것은 우리를 <u>격하시킨</u>다.

	좋은 연주자	나쁜 연주자
공연	• 그들은 음악의 의미를 이해하려고 노력한다 • 그들은 다른 사람들에게 <u>정직하게</u> 그것을 전달한다.	그들은 그들이 연주하고 있는 음악보다 <u>자기 자신</u>을 더 많이 생각한다.

구문 설명

• [The greatest music], [even if it's tragic in nature], **takes** us to a world higher than ours; somehow the beauty uplifts us.

첫 번째 [ ]는 문장의 주어이며, 문장의 동사는 takes이다. 두 번째 [ ]는 주어 다음에 삽입된 양보의 부사절이다.

• These doubtful characters aren't really listening to [what the composer is saying] — they're just showing off, [hoping {that they'll have a great 'success' with the public}].

첫 번째 [ ]는 전치사 to의 목적어 역할을 하는 명사절이고, 두 번째 [ ]는 주절의 내용을 보충하는 분사구문으로, 그 안의 { }는 hoping의 목적어 역할을 하는 명사절이다.

Reading Skill

모범 답안

도입	좋은 음악과 나쁜 음악이 있음
전개	가장 위대한 음악은 우리를 더 높은 세상으로 데려가고 나쁜 음악은 우리를 <u>격하시킴</u>
발전	• (It's the same with ~) <u>연주</u>도 마찬가지임 • 최악의 연주는 연주자가 음악보다 <u>자기 자신</u>을 더 생각하고 있을 때 발생함
요지	연주자의 기본 임무는 <u>음악</u>의 의미를 이해하려 노력하고, 다른 사람들에게 그것을 <u>정직하게</u> 전달하는 것임

직독직해 Skill

• Some of the worst performances (S) occur (V) / when the performers, / no matter how accomplished, / are thinking / more of themselves / than of the music / they're playing.

최악의 연주 중 일부는 발생한다 / 연주자들이 ~할 때 / 아무리 숙달되었더라도 / 생각하고 있을 (때) / 자기 자신을 더 많이 / 음악보다 / 그들이 연주하고 있는

Unit 10 주어진 문장 넣기

READING **26** ▸ 정답 ④   pp. 76~77

Mini Quiz *Star Wars*

1 ③ **2** (1) cost (2) economic
3 (1) expensed (2) life (3) money

해석

여러분이 George Lucas와 같은 영화 제작자이고 'Star Wars'와 같은 영화를 만들기 위해 1천 1백만 달러를 사용한다고 가정해 보라. 어느 기간 동안 그 비용이 필요 경비로 취급되어야 할까? 그것은 그 영화의 전체 경제 수명 동안 필요 경비로 취급되어야 한다. 하지만 그것의 전체적인 경제 수명이란 무엇인가? 그것은 영화와 다양한 종류의 관련 상품이 돈을 벌 수 있는 전체 기간이다. 그러니 영화 제작자는 매표소 판매, 비디오 판매, TV, 게임, 장난감, 문구류 품목 등으로부터 얼마만큼의 수입을 벌게 될지 추산해야 한다. <u>20세기 폭스사의 'Star Wars'의 경우에는 그것이 50년 이상이 될 수도 있다.</u> 그 영화는 원래 1977년에 개봉되었고 1997년에 재개봉되었으며, 'Star Wars'의 국내 수입은

총액이 거의 5억 달러이고 계속 증가한다. 이러한 상황은 영화의 경비와 수입을 적절히 조화시키는 것의 어려움을 보여 준다.

해설

p. 76

주어진 문장은 영화 'Star Wars'의 사례를 들어 그것의 전체 경제 수명이 50년 이상이 될 수도 있다고 언급하고 있으므로, 전체적인 경제 수명이 무엇인지에 대해 설명하고 난 다음인 ④에 주어진 문장이 오고 그다음에 'Star Wars'의 수입 총액을 구체적으로 제시한 문장이 이어지는 것이 자연스러운 글의 흐름이다. 따라서 주어진 문장이 들어가기에 가장 적절한 곳은 ④이다.

p. 77

1 'Star Wars'가 언제 리메이크되어 개봉될 것인지에 관해서는 글에서 알 수 없으므로, 글을 읽고 답할 수 없는 질문은 ③ '언제 'Star Wars'가 리메이크되어 개봉될 것인가?'이다.
① 어떤 회사가 'Star Wars'를 제작했는가?
② 'Star Wars'를 제작하는 데 얼마나 들었는가?
④ 'Star Wars'는 얼마만큼의 돈을 벌어들였는가?
⑤ 무엇이 비용과 수입을 적절히 조화시키는 것을 어렵게 하는가?

2 영화를 만드는 비용을 필요 경비로 취급하여 전체 경제 수명 동안 벌어들일 예상 수입과 비교해야 하므로, 글의 내용과 일치하도록 빈칸에 적절한 말은 (1) cost(비용), (2) economic(경제의)이다.
해석 영화를 만드는 비용은 그것의 전체 경제 수명 동안의 예상 수입과 맞춰져야 한다.

3 생산 비용이 필요 경비로 취급되는 기간에 관한 글로, 그것은 추산되는 전체 경제 수명 동안이고, 그 기간에 상품은 돈을 벌어들일 것이다. 그러므로 (1) expensed, (2) life, (3) money가 적절하다.

해석

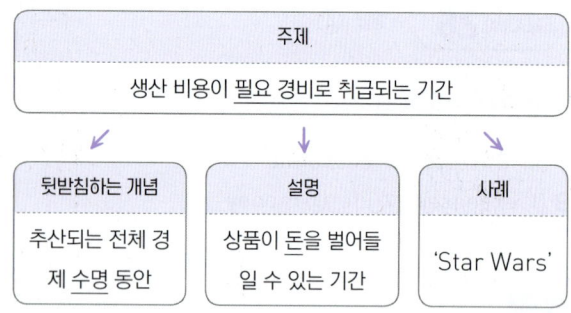

주제
생산 비용이 필요 경비로 취급되는 기간

뒷받침하는 개념	설명	사례
추산되는 전체 경제 수명 동안	상품이 돈을 벌어들일 수 있는 기간	'Star Wars'

구문 설명

· [Over what period] should **the cost** be expensed?
[　]는 의문사구로, 시간을 나타내는 부사구가 문장 앞에 놓인 형태이며 문장의 주어는 the cost이다.

· So the filmmaker must estimate [how much revenue will be earned {from box office sales, video sales, television, games, toys, stationery items, and so on}].
[　]는 estimate의 목적어 역할을 하는 간접의문문이고 그 안의

{　}는 from으로 유도되는 전치사구이다.

Reading Skill

모범 답안

도입	어느 기간 동안의 제작 비용이 필요 경비로 취급되어야 할 것인가?
전개	· 영화와 관련 상품으로 돈을 벌 수 있는 전체 기간에 해당하는 전체 경제 수명 동안 필요 경비로 취급되어야 함 · 매표소 및 비디오 판매, TV, 게임, 장난감, 문구류 품목 등으로부터 벌어들일 수입 추산
사례	영화 'Star Wars' – 국내 수입은 총액이 거의 5억 달러이며 계속 증가함
발전	경비와 수입을 적절히 조화시키는 것이 어려움

직독직해 Skill

· The film (S1) was originally released (V1-1) in 1977 / and rereleased (V1-2) in 1997, / and domestic revenues (S2) / total (V2-1) / nearly $500 million / for *Star Wars* / and continue (V2-2) to grow.
그 영화는 원래 1977년에 개봉되었다 / 그리고 1997년에 재개봉되었다 / 그리고 국내 수입은 / 총액이 ~이다 / 거의 5억 달러 / 'Star Wars'의 / 그리고 계속 증가한다

READING **27** ▸ 정답 ③　　　pp. 78~79

Mini Quiz more than 43,000 women aged between thirty-five and seventy-four years

1 ④　　2 (i)ncrease, (o)verweight
3 (1) weight　(2) natural　(3) upset

해석

조명이나 TV를 켠 채로 자는 것은 체중 증가와 비만의 증가한 위험과 연관되어 있다. 이것은 노스캐롤라이나 주의 국립 환경 보건 과학원에 의해 발표된 연구에 의해 입증되었다. 이 연구자들은 35세에서 74세 사이의 여성 4만 3천 명 이상을 5년의 기간에 걸쳐 추적했다. 인공조명 없이 잠드는 사람들과 비교하여, 밤에 빛에 노출된 사람들은 평균적으로 5킬로그램 이상 더 무거웠다. 그렇다면, 인공조명이 신체의 자연 시계를 방해하거나 지연시키고 정상적인 호르몬 균형을 어지럽히는 것으로 보인다. 시각적 자극이 스스로 보고한 수면의 질에 눈에 띄는 영향을

전혀 주지 못했다 하더라도, 이러한 결과는 우리가 자러 가기 전과 후 모두 가능한 한 밤에 많은 빛을 제거하는 것의 가능한 이득을 정말로 암시한다. 그렇다면, 감각을 관리하는 데는 새로운 환경 자극원을 더하는 것만큼이나 원치 않는 환경 자극원을 제거하는 것이 중요할 수도 있다.

해설

p. 78

주어진 문장은 밤에 빛에 노출된 사람들이 인공조명 없이 잠드는 사람들에 비해 평균적으로 체중이 5킬로그램 이상 더 나갔다는 연구 결과에 해당하므로, 연구에 대해 언급한 다음이면서 연구 결과의 시사점으로 인공조명이 신체의 자연 시계를 교란하고 정상적인 호르몬 균형을 어지럽힌다는 내용 앞인 ③에 들어가는 것이 글의 흐름으로 보아 가장 적절하다.

p. 79

1 시각적 자극이 스스로 보고한 수면의 질에 눈에 띄는 영향을 주지 못했다고 했으므로, 글의 내용과 일치하지 않는 것은 ④ '스스로 보고한 수면의 질은 한 집단에서 매우 나빴다.'이다.
  ① 실험 집단은 그들의 평균 체중에서 달랐다.
  ② 한 연구는 밤에 빛에 노출되는 것의 영향을 입증했다.
  ③ 한 집단의 여성들이 연구자들에 의해 추적되었다.
  ⑤ 환경 자극원을 제거하는 것은 우리의 감각에 영향을 미친다.

2 조명이나 TV를 켠 채로 자는 것, 즉 자는 동안에 인공조명에 노출되는 것은 체중 증가와 비만의 증가한 위험과 연관되어 있다고 했으므로, 빈칸에는 increase와 overweight가 들어가는 것이 적절하다.
  해석 잠자는 동안 인공조명에 노출되는 것은 과체중이 되는 위험을 증가시킬 수 있다.

3 해석

주제	잠자는 동안 인공조명에 대한 노출의 영향

↓

뒷받침하는 연구	• 4만 3천 명의 여성들이 연구를 위해 추적되었다. • 집단 간에 5킬로그램 이상의 체중 차이가 발견되었다.

↓

통찰	인공조명은 신체의 자연 시계를 교란하고 정상적인 호르몬 균형을 어지럽힐 수 있다.

구문 설명

• [**Compared to** those {sleeping without artificial light}], [those {exposed to light at night}] were, on average, heavier by 5 kg or more.
  첫 번째 [ ]는 '~과 비교하여'의 의미를 나타내는 Compared to 에 의해 유도되는 분사구문이고, 두 번째 [ ]는 문장의 주어이다. 두 개의 { }는 각각 앞에 쓰인 those를 수식하는 분사구이다.

• [**Even though** the visual stimulation didn't have any noticeable effect on self-reported sleep quality], these results **do** hint at [the potential benefits of {removing as much light as possible at night, both before and after we go to sleep}].
  첫 번째 [ ]는 '(비록) ~이지만'의 의미를 나타내는 Even though 에 의해 유도되는 양보의 부사절이며, 두 번째 [ ]는 전치사 at의 목적어인 명사구이고, 그 안의 { }는 전치사 of의 목적어 역할을 하는 동명사구이다. do는 동사 hint를 강조하는 조동사로 쓰였다.

Reading Skill   모범 답안

요지	조명이나 TV를 켠 채로 자는 것은 체중 증가 및 비만 위험과 연관됨
전개	• 35세~74세 여성 4만 3천 명 이상을 5년의 기간에 걸쳐 추적 • 밤에 빛에 노출된 사람들이 평균적으로 5킬로그램 이상 더 무거웠음
발전	인공조명은 신체의 자연 시계를 교란하고 정상적인 호르몬 균형을 어지럽힘
시사점	원치 않는 환경 자극원을 제거하는 것이 감각 관리에 중요할 수 있음

직독직해 Skill

• It appears (V), / then, / that artificial light disrupts or delays / the body's natural clock / and upsets the normal hormone balance (S).
  ~로 보인다 / 그렇다면 / 인공조명이 방해하거나 지연시키는 것 / 신체의 자연 시계를 / 그리고 정상적인 호르몬 균형을 어지럽히는 (것)

READING 28 정답 ④   pp. 80~81

Mini Quiz Friction also produces heat.

1 ② 2 (1) T (2) F 3 (1) moving (2) heat (3) grip

해석

마찰력은 서로 엇갈리게 미끄러지거나 미끄러지려고 하는 두 표면 사이에 작용하는 힘이다. 예를 들어, 여러분이 바닥을 따라 책을 밀려고 할 때, 마찰이 이를 어렵게 만든다. 마찰은 항상 물체가 움직이고 있거나 움직이려 하고 있는 방향과 반대 방향에서 작용한다. 그래서 마찰은 항상

움직이는 물체의 속도를 늦춘다. 마찰의 양은 표면 물질에 달려 있다. 표면이 거칠수록 더 많은 마찰력이 발생한다. 마찰은 또한 열을 발생시킨다. 예를 들어, 만약 여러분이 손을 빠르게 비비면, 손이 더 따뜻해질 것이다. 마찰력은 우리가 걸을 때 신발이 바닥에서 미끄러지는 것을 방지하고 자동차 타이어가 도로에서 미끄러지는 것을 막아 주므로 유용한 힘일 수 있다. 걸을 때, 마찰이 여러분의 신발 접지면과 바닥 사이에 발생하며, 이 마찰은 땅을 붙잡아 미끄러지는 것을 방지하는 역할을 한다.

해설

p. 80

주어진 문장은 손을 빠르게 비비면 더 따뜻해진다는 예시를 제시하고 있으므로, 주어진 문장이 ④에 들어가면 마찰이 열을 발생시키는 예시로 주어진 문장이 제시되고, 그런 다음 마찰력이 미끄러지는 것을 방지한다는 내용이 추가로 제시되어 글의 흐름이 자연스럽게 연결될 수 있다.

p. 81

1 마찰은 물체가 움직이고 있거나 움직이려고 하고 있는 방향과 반대 방향에서 작용한다고 했으므로, 글의 내용과 일치하지 않는 것은 ② '마찰은 물체의 운동과 같은 방향에서 작용한다.'이다.
① 마찰은 두 개의 미끄러지는 표면 사이에서 발생한다.
③ 거친 표면은 더 많은 마찰을 만들 수 있다.
④ 마찰은 자동차 타이어가 도로에서 미끄러지는 것을 막는 데 도움이 될 수 있다.
⑤ 신발 아래쪽 부분과의 마찰은 그것이 땅을 붙잡는 데 도움이 된다.

2 (1) 바닥을 따라 책을 밀려고 할 때 이것을 어렵게 만드는 것이 마찰력이라고 했으므로, 글의 내용과 일치한다.
(2) 마찰력이 바닥에서 신발이, 도로에서 자동차 타이어가 미끄러지는 것을 막아 주는 유용한 힘일 수 있다고 했으므로, 글의 내용과 일치하지 않는다.
해석 (1) 마찰력은 바닥을 따라 책을 미는 것을 어렵게 만든다.
(2) 마찰은 도로에서 미끄러지는 것과 땅에서 미끄러지는 것을 증가시킬 수 있다는 점에서 유용할 수 있다.

3 해석

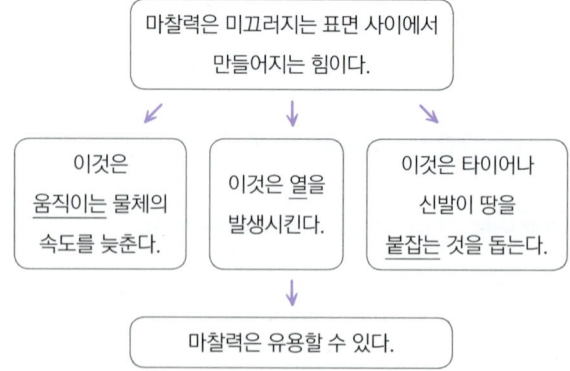

마찰력은 미끄러지는 표면 사이에서 만들어지는 힘이다.

이것은 움직이는 물체의 속도를 늦춘다.

이것은 열을 발생시킨다.

이것은 타이어나 신발이 땅을 붙잡는 것을 돕는다.

마찰력은 유용할 수 있다.

구문 설명

· Friction always works in the direction [opposite to the direction {in which the object is moving, or trying to move}].

[ ]는 the direction을 수식하는 형용사구이고, 그 안의 { }는 바로 앞의 the direction을 수식하는 관계절이다.

· [When you walk], friction occurs [between the tread on your shoes and the ground], [acting to {grip the ground} and {prevent sliding}].
첫 번째 [ ]는 시간을 나타내는 부사절이고, 두 번째 [ ]는 between이 이끄는 전치사구이다. 세 번째 [ ]는 주절의 의미를 보충하는 분사구문으로, 그 안에 있는 두 개의 { }는 and로 연결되어 to에 이어져 to부정사구를 이룬다.

Reading Skill

모범 답안

도입	마찰력의 정의
설명 1	· 마찰은 운동 방향과 반대 방향에서 작용함 – 물체의 속도를 늦춤 · 표면 물질에 따라 마찰의 양이 달라짐 – 거친 표면에서 더 많은 마찰이 일어남
설명 2	마찰은 열을 발생시킴 – 예시: 손을 빠르게 비비면 손이 더 따뜻해짐
발전	마찰력의 실용적인 활용 – 미끄러짐을 방지함

직독직해 Skill

· Friction (S) / can be (V) a useful force / because it prevents / our shoes from slipping on the floor / when we walk / and stops / car tires from skidding on the road.
마찰력은 / 유용한 힘일 수 있다 / 그것이 방지하므로 / 우리의 신발이 바닥에서 미끄러지는 것을 / 우리가 걸을 때 / 그리고 막아주므로 / 자동차 타이어가 도로에서 미끄러지는 것을

Unit 11 무관한 문장 찾기

READING 29 정답 ③

pp. 82~83

Mini Quiz "smart" kids, a math person

1 ① 2 (a)ccept
3 (1) failure (2) Parents (3) teachers (4) math

해석

부모, 교사, 학생은 수학이 단지 몇몇 사람을 위한 것이라는 생각을 어디

에서 얻는 것인가? 사람들이 몇몇 아이들은 그저 수학을 할 수 없다고, 즉 수학에서의 성공이 '똑똑한' 아이들만을 위해 (따로) 준비된 것이라고 생각할 때, 그러면 그들은 많은 학생이 수학을 못하고 수학을 싫어한다는 것을 쉽게 받아들일 수 있다. 사실, 우리는 많은 교사가 모든 사람이 수학에 뛰어날 수는 없으니 수학을 못하는 것에 대해 걱정하지 말라고 말하면서 정말로 그들의 학생들을 위로하는 것을 발견해 왔다. (개별적인 정치적 행위자에게는 수학이 필요 없을 수도 있지만, 성공하기를 원한다면 그들은 수학을 이해하는 누군가가 분명 필요하다.) 이러한 성인 조력자들, 즉 부모와 교사 모두는 아이들이 거의 시작도 하기 전에 수학을 포기하도록 허용한다. 그러니 적지 않은 학생들이 "저는 수학이 적성에 안 맞아요."라고 선언함으로써 자신들의 보잘것없는 (수학의) 수행을 그저 묵살하는 것은 당연하다.

- Where do parents, teachers, and students get **the idea** [that math is just for some people]?
  [ ]는 the idea와 동격을 이루는 명사절이다.

- **No wonder** more than a few students simply dismiss [their own poor performance] [by declaring: "I'm not a math person."]
  No wonder ~는 '(그러니) ~은 당연하다'의 의미를 나타낸다. 첫 번째 [ ]는 dismiss의 목적어 역할을 하는 명사구이고, 두 번째 [ ]는 「by+-ing」가 쓰여 '~함으로써'의 의미를 나타내는 전치사구이다.

Reading Skill

모범 답안

도입	수학이 몇몇 사람만을 위한 것이라는 생각
전개	수학이 특별한 아이들만을 위한 것이라고 생각하면 많은 학생이 수학을 못하고 싫어하는 것을 쉽게 받아들일 수 있음
발전	• 많은 교사가 학생들에게 수학을 못하는 것을 걱정하지 말라고 위로함 • 부모와 교사는 아이들의 수학 포기를 허용함
결과	적지 않은 학생들이 자신의 보잘것없는 (수학) 수행을 그저 묵살함

직독직해 Skill

- When people think / that some kids just can't do math, / that success in math is reserved / for only "smart" kids, / then they (S) can easily accept (V) / that many students fail math / and hate math.
  사람들이 생각할 때 / 몇몇 아이들은 그저 수학을 할 수 없다고 / 수학의 성공이 (따로) 준비된 것이라고 / '똑똑한' 아이들만을 위해 / 그러면 그들은 쉽게 받아들일 수 있다 / 많은 학생이 수학을 못한다는 것을 / 그리고 수학을 싫어한다는 것을

해설

p. 82

수학은 일부 똑똑한 사람을 위한 것이라는 생각이 널리 퍼져 있으며, 이것은 부모와 교사의 태도로 더욱 부추김을 받고 있다는 내용의 글이므로, 정치적인 성공을 위한 수학 이해의 필요성을 언급한 ③은 글의 전체 흐름과 관계가 없다.

p. 83

1 많은 교사가 모든 사람이 수학에 뛰어날 수 없으니 수학을 못하는 것에 대해 걱정하지 말라는 말을 학생들에게 한다는 것과 성인 조력자들, 즉 부모와 교사가 거의 시작도 하기 전에 아이들이 수학을 포기하는 것을 허용한다고 한 것으로 보아, 이들에 대한 글쓴이의 태도로 가장 적절한 것은 ① '비판적인'이다.
② 중립적인   ③ 지지하는   ④ 공감하는   ⑤ 정보를 주는

2 수학에서의 성공이 일부 똑똑한 사람들만을 위해 따로 준비된 것으로 생각할 때, 수학에 대한 실패 등을 쉽게 받아들인다고 했으므로, 빈칸에는 accept가 들어가는 것이 적절하다.
해석 학생들은 자신들이 수학이 적성에 안 맞는다고 말할 때, 수학이 특별한 사람들만을 위한 것이라는 생각을 <u>받아들인다</u>.

3 수학이 몇몇 사람들만을 위한 것이라는 생각은 사람들이 수학을 못하는 것을 받아들이게 하고, 부모와 교사 같은 성인 조력자들이 아이들이 수학을 포기하도록 허용한다고 했으므로, (1) failure, (2) Parents, (3) teachers, (4) math가 적절하다.

해석

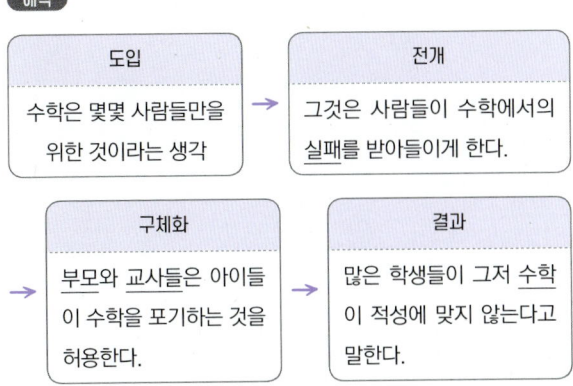

도입	전개
수학은 몇몇 사람들만을 위한 것이라는 생각	그것은 사람들이 수학에서의 <u>실패</u>를 받아들이게 한다.

구체화	결과
<u>부모</u>와 <u>교사</u>들은 아이들이 수학을 포기하는 것을 허용한다.	많은 학생들이 그저 <u>수학</u>이 적성에 맞지 않는다고 말한다.

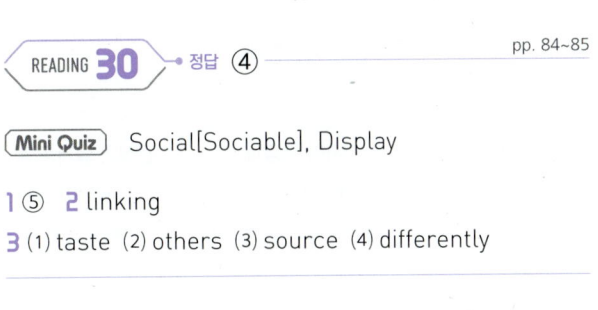

READING **30** · 정답 ④

pp. 84~85

Mini Quiz Social[Sociable], Display

1 ⑤ 2 linking
3 (1) taste (2) others (3) source (4) differently

해석

Marguerite La Caze에 따르면, 패션은 우리의 삶에 기여하며 우

리가 중요한 사회적 가치를 개발하고 나타내는 수단을 제공한다. 패션은 아름답고 혁신적이며 유용할 수 있는데, 우리는 패션을 선택하는 데 있어 창의성과 좋은 취향을 드러낼 수 있다. 그리고 취향과 관심에 따라 옷을 입을 때, 우리는 자아 존중과 타인의 즐거움에 대한 관심 모두를 보여 준다. 패션이 우리를 서로 연결해 주는 흥미와 즐거움의 원천이 될 수 있다는 것에는 의심의 여지가 없다. (패션 산업은 유럽과 미국에서 처음 발달했지만, 오늘날에는 국제적이고 매우 세계화된 산업이 되었다.) 다시 말해, 패션은 자신을 다르게 상상하는, 즉 다른 정체성을 시도해 보는 기회와 더불어 사교적인 측면을 제공한다.

해설

p. 84

패션의 사회적 가치를 다루면서, 패션을 통해 창의성과 좋은 취향을 드러내고 자아 존중과 타인의 즐거움에 관한 관심을 보여 주며 타인과 연결해 주는 사교적인 기능을 한다는 내용의 글이므로, 패션 산업의 세계화 추세를 언급한 ④는 글의 전체 흐름과 관계가 없다.

p. 85

1 패션은 다른 정체성을 시도해 보는 기회를 준다고 했으므로, 글의 내용과 일치하지 않는 것은 ⑤ '패션은 우리가 다른 정체성을 시도해 보는 것을 막는다.'이다.
① Marguerite La Caze는 패션을 사회적 가치를 표현하는 수단으로 여긴다.
② 패션 선택은 우리의 좋은 취향을 보여줄 수 있다.
③ 취향과 관심에 따라 옷을 입는 것은 타인에 대한 우리의 관심을 보여 준다.
④ 패션은 흥미와 즐거움의 원천이 될 수 있다.

2 패션이 우리를 서로 연결해 주는 흥미와 즐거움의 원천이 될 수 있고 사교적인 측면을 제공한다고 했으므로 linking이 알맞다.
해석 패션은 우리의 패션 선택을 통해 사람들을 우리와 연결함으로써 사교적인 측면을 제공한다.

3 패션을 통해 창의성과 취향을 드러낼 수 있으며, 자아 존중과 타인에 대한 관심을 보여 줄 수 있고, 흥미와 즐거움의 원천이 될 수 있고, 우리에게 자신을 다르게 상상하는 기회를 준다고 했으므로, (1) taste, (2) others, (3) source, (4) differently가 적절하다.
해석

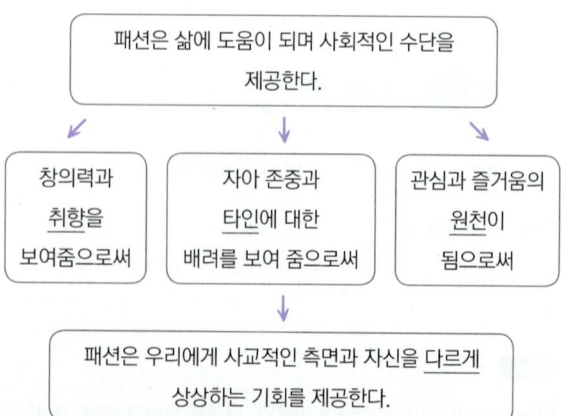

패션은 삶에 도움이 되며 사회적인 수단을 제공한다.

창의력과 취향을 보여줌으로써

자아 존중과 타인에 대한 배려를 보여 줌으로써

관심과 즐거움의 원천이 됨으로써

패션은 우리에게 사교적인 측면과 자신을 다르게 상상하는 기회를 제공한다.

구문 설명

· According to Marguerite La Caze, fashion [contributes to our lives] and [provides a medium for us {to develop and exhibit important social virtues}].
두 개의 [ ]는 and로 대등하게 연결되어 주어인 fashion에 이어지는 술어이다. { }는 a medium을 수식하는 형용사적 용법의 to부정사구로 for us가 to부정사구의 의미상 주어이다.

· There is no doubt that fashion can be a source of interest and pleasure [which links us to each other].
There is no doubt that ~은 '~이라는 것에 의심의 여지가 없다'의 의미를 나타낸다. [ ]는 a source of interest and pleasure를 수식하는 관계절이다.

Reading Skill

모범 답안

요지	패션은 사회적 가치를 개발하고 나타내는 수단을 제공함
근거 1	· 패션 선택에서 창의성과 취향을 드러냄 · 패션은 자아 존중과 타인의 즐거움에 대한 관심을 보여 줌
근거 2	패션은 타인과 연결해 주는 흥미와 즐거움의 원천이 됨
요지 부연	패션은 자신을 다르게 상상하는 기회와 사교적인 측면을 제공함

직독직해 Skill

· And in dressing with taste and care, / we (S) represent (V) / both self-respect and a concern / for the pleasure of others.
그리고 취향과 관심에 따라 옷을 입을 때 / 우리는 보여 준다 / 자아 존중과 관심 모두를 / 타인의 즐거움에 대한

Chapter 05 내용 추론하기

Reading Key 글의 내용을 단서로 추론하기   pp. 88~89

정답

A   주제문   주변, 행동
       세부 내용   텅 빈, 있는, 들어갈

B   예행연습, 짧은, 지구력
       재난, 능력[잠재력]

해석

A   어떤 식당이 대체로 붐빈다는 것을 알게 되면 우리가 그 식당에서 식사할 가능성이 더 크다. 이는 우리가 주변의 다른 사람들의 행동에 의해 영향을 받기 때문이다. 당신이 두 개의 텅 빈 식당 쪽으로 걸어가고 있다고 가정하자. 그때 당신은 여섯 명의 무리가 둘 중 하나의 식당으로 들어가는 것을 보게 된다. 당신은 사람들이 있는 식당에 들어갈 것이다. 당신과 친구가 그 식당에 들어간다고 가정하자. 다른 사람들은 한 식당은 텅 비어 있고 다른 식당은 여덟 명이 있는 것을 보게 된다. 그래서 그들도 다른 여덟 명과 같은 행동을 하기로 결정한다.

B   재난에 대비하는 것은 중요하지만, 우리는 어떤 일이 일어날지 정확히 예측할 수 없다. 재난 대비가 연극을 위한 예행연습을 하는 것과 똑같은 것은 아니다. 여러분은 단지 대본을 따라할 수 없다. 그것은 마라톤을 위해 훈련하는 것과 더 비슷하다. 마라톤 선수들은 26마일 전체 코스를 달리는 것으로 연습하는 것이 아니라 오히려 더 짧은 거리를 달리고 다른 종류의 운동을 하면서 자신의 지구력을 강화함으로써 몸 상태를 좋게 만든다. 만약 그들이 훈련을 잘 했다면 그들은 전체 마라톤을 달릴 수 있는 준비가 되었을 것이다. 이것이 보통의 마라톤 준비이다.

Unit 12 빈칸 완성하기 1 (단어)

READING 31   정답 ②   pp. 90~91

Mini Quiz   we talk to our children

1 ⑤   **2** an act of sharing attention 또는 an act of  attention sharing   **3** (1) direct (2) shared (3) robots

---

해석

우리는 교사와 학습자의 종(種)이 되도록 진화해 왔다. 다른 사람들을 이해하는 능력은 (생후) 9개월 무렵에 도래하는데, 발달에서 그때는 아기들이 물건을 집어 들거나 가리킴으로써 다른 사람들의 주의를 확인하기 시작한다. (생후) 1년에, 그들은 같은 것을 응시하거나, 만지거나, 들으며 다른 사람의 주의를 따라갈 수 있다. 15개월에 그들은 그것을 지시(유도)할 수 있다. 저것을 들어 봐! 저기를 봐! 공유된 주의는 의식적인 인간 학습의 시작점이다. 그것은 유아들이 비디오, 오디오, 또는 부모의 대화를 (어쩌다가) 듣는 것으로부터 말하는 것을 배우지 못하는 이유이다. 우리는 그렇게 진화하지 않았다. 그것은 우리가 우리 아이들에게 말하는 것이 중요한 이유이다. 그것은 또한 우리가 아직은 로봇으로부터 배울 수 없는 이유이기도 하다.

해설

p. 90

우리는 가르치고 배우는 종(種)이며, 아기들은 다른 사람의 주의를 확인하고 따라가며 공유하는 방식으로 배운다는 내용의 글이다. 따라서 빈칸에 들어갈 말로 가장 적절한 것은 ② '공유된'이다.
① 나쁜   ③ 반복된   ④ 집중된   ⑤ 통제된

p. 91

1 공유된 주의가 없어서 아직은 로봇으로부터 배울 수 없다고 했을 뿐 로봇의 장점을 언급하고 있지는 않으므로, 글을 읽고 답할 수 없는 질문은 ⑤ '왜 로봇은 학습에 있어 우리보다 더 많은 장점을 가지는가?'이다.
① 아기들은 다른 사람들의 주의를 확인하기 위해 무엇을 하는가?
② 아기들은 언제 다른 사람의 주의를 따라갈 수 있는가?
③ 아기들은 언제 다른 사람들의 주의를 지시할 수 있는가?
④ 유아들은 오디오를 들음으로써 배울 수 있는가?

2 아기들이 비디오나 오디오, 부모의 대화를 (어쩌다가) 듣는 것으로부터 말하는 것을 배우지 못하는 이유는, 공유된 주의가 의식적인 인간 학습의 시작점이기 때문이며 그 때문에 우리가 아이들에게 말하는 것이 중요하다고 했다.
해석 아기들에게 말하는 것은 주의를 공유하는 행위이므로 그것은 학습에 있어 유의미하다.

3 **해석**

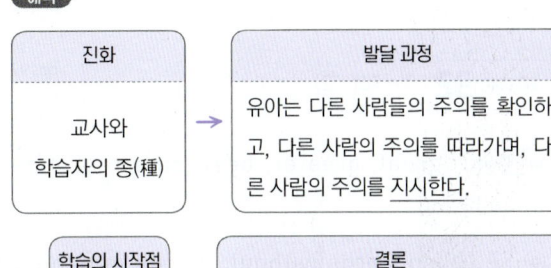

진화	발달 과정
교사와 학습자의 종(種)	유아는 다른 사람들의 주의를 확인하고, 다른 사람의 주의를 따라가며, 다른 사람의 주의를 지시한다.

학습의 시작점	결론
공유된 주의	• 유아는 듣기만 해서는 배울 수 없다. • 유아는 아직은 로봇으로부터 배울 수 없다.

구문 설명

- The ability [to understand other people] **arrives around the ninth month, at a moment in development** [at which babies begin to check the attention of others {by holding or pointing at objects}].

첫 번째 [ ]는 문장의 주어인 The ability를 수식하는 형용사적 용법의 to부정사구이고, 동사는 arrives이다. 두 번째 [ ]는 a moment in development를 수식하는 관계절이고, { }는 '~함으로써'의 의미를 나타내는 「by+-ing」 형태의 전치사구이다.

- That's why **it** matters [that we talk to our children].

it은 why로 시작되는 간접의문문의 형식상의 주어이며 [ ]가 내용상의 주어이다.

Reading Skill

모범 답안

도입	우리는 교사와 학습자의 종(種)이 되도록 진화해 옴
전개	• 9개월: 다른 사람들의 주의를 확인하기 시작함 • 1년: 다른 사람의 주의를 따라감 • 15개월: 다른 사람의 주의를 지시할 수 있음
요지	공유된 주의는 의식적 인간 학습의 시작점
부연	따라서 우리는 비디오, 오디오, 부모의 대화 듣기, 로봇으로부터 말하는 것을 학습할 수 없음

직독직해 Skill

- At a year, / they (S) can follow (V) / another's attention, / gazing at, touching, or listening to / the same thing.

(생후) 1년에 / 그들은 따라갈 수 있다 / 다른 사람의 주의를 / 응시하거나, 만지거나, 들으며 / 같은 것을

 READING **32** 정답 ② pp. 92~93

Mini Quiz great, greater, best, smartest, finest, humanitarian

1 ④ 2 Using words without specific meaning to describe your hero
3 (1) nothing (2) particular (3) description

해석

글을 인간미 있게 하는 구체적인 사례가 없는 일반화는 듣는 사람과 읽는 사람에게 지루하다. 누가 상투적인 말을 온종일 읽고 싶어 하겠는가? 구체적인 사례가 없이 위대한, 더 위대한, 최고의, 제일 똑똑한, 가장 훌륭한, 인도주의적인, 이런 말들을 누가 계속해서 끊임없이 듣고 싶어 하겠는가? 이런 '공허한 말들'을 사용하는 대신에, 그것들을 완전히 빼고 세부 사항들만을 서술하라. 주인공이 대놓고 영웅적이거나, 용감하거나, 비극적이거나, 혹은 웃긴다고 묘사되고, 그런 다음에 작가가 다른 것으로 빠르게 넘어가는 소설에서의 장면을 읽는 것보다 더 나쁜 것은 없다. 그것은 좋지 않으며, 전혀 좋지 않다. 어떤 것을 실감 나는 것으로 만들기를 원한다면, 한 단어 묘사는 덜 사용하고, 세밀하고 마음을 끄는 묘사를 더 많이 사용해야 한다.

해설

p. 92

공허한 말들을 사용하는 대신에 구체적인 사례가 있어야 독자가 지루함을 느끼지 않을 수 있으며, 글을 실감 나게 만들 수 있다는 내용의 글이다. 따라서 빈칸에 들어갈 말로 가장 적절한 것은 ② '세부 사항들'이다.
① 유사한 것들 ③ 공상들 ④ 지루함 ⑤ 지혜

p. 93

1 상투적인 말과 구체적인 사례가 없는 공허한 말, 그리고 한 단어로 된 묘사가 사용된 글은 독자가 읽고 싶어 하지 않으므로 세밀하고 마음을 끄는 묘사를 더 많이 사용하라고 했다. 따라서 글에서 비판하고 있는 것은 ④이다.

2 주인공을 대놓고 영웅적이거나, 용감하거나, 비극적이거나 웃긴다고 묘사하는 것은 구체적인 의미가 없는 단어를 사용하여 주인공을 묘사하는 것이며 이는 좋지 않다고 했으므로, with를 without으로 고쳐 써야 한다.
해석 구체적인 의미가 있는(→ 없는) 단어를 사용하여 영웅을 묘사하는 것은 정말 좋지 않다.

3 **해석**

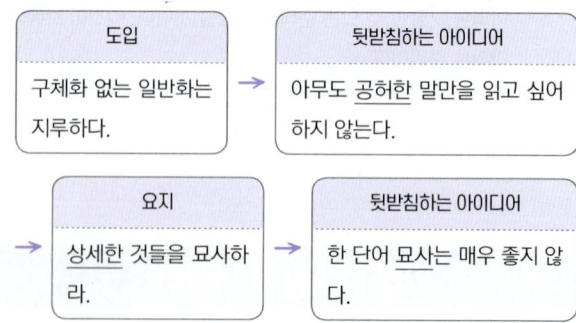

도입	뒷받침하는 아이디어
구체화 없는 일반화는 지루하다.	아무도 공허한 말만을 읽고 싶어 하지 않는다.

요지	뒷받침하는 아이디어
상세한 것들을 묘사하라.	한 단어 묘사는 매우 좋지 않다.

구문 설명

- Generalization [without specific examples {that humanize writing}] is boring to the listener and to the reader.

[ ]는 문장의 주어인 Generalization을 수식하는 전치사구이고,

그 안의 { }는 specific examples를 수식하는 관계절이다.

- There is **nothing worse than** reading a scene in a novel [in which a main character is described up front as heroic or brave or tragic or funny, {while thereafter, the writer quickly moves on to something else}].

nothing worse than은 비교급을 이용한 최상급 표현으로 '~보다 더 나쁜 것은 없는'의 의미이다. [ ]는 a novel을 수식하는 관계절이고, 그 안의 { }는 시간의 부사절이다.

Reading Skill

모범 답안

도입	구체적인 사례가 없는 일반화는 글을 지루하게 만듦
전개	독자는 상투적인 말을 읽고 싶어 하지 않음
요지	세부 사항들만 서술할 것
근거	• 주인공을 공허하게 묘사하는 소설은 좋지 않음 • 한 단어 묘사는 덜 사용하고 세밀하고 마음을 끄는 묘사를 더 많이 사용해야 함

직독직해 Skill

- You (S) have to use (V) / less one word descriptions / and more detailed, engaging descriptions / if you want / to make something real.
여러분은 사용해야 한다 / 더 적은 한 단어 묘사를 / 그리고 더 많은 세밀하고 마음을 끄는 묘사를 / 여러분이 원한다면 / 어떤 것을 실감 나는 것으로 만들기를

Unit 13 빈칸 완성하기 2 (구·절)

READING **33** 정답 ④

pp. 94~95

Mini Quiz People will usually be able to do what's expected of them

1 ③   2 (1) T (2) F
3 (1) waste (2) skill (3) needed[wanted]

해석

그것에 대해 생각해 보라. 얼마나 많은 여러분의 시간이 사람들이 이미 아는 것을 그들에게 가르치는 데 쓰이는가? 만일 문제가 기술의 부족으로 유발되는 것이 아니라면, 즉 그 사람이 그것을 정말 하기를 바랄 경우에 그들이 그것을 할 수 있다면, 그 문제를 해결하기 위해 그 사람을 훈련하는 것은 시간 낭비이다. 대부분 그 문제는 진짜 기술의 부족으로 유발되지 않을 가능성이 크다. 물론 자신들의 일을 처음 하거나 그들에게 새로운 과업을 하고 있는 사람들을 제외하고 사람들은 보통 자신들이 하기로 기대되는 것을 할 수 있기 마련이다. "그나 그녀가 정말 그것을 하기를 원하면 (혹은 그들의 인생이 그것에 달려 있다면) 그것을 할 수 있을까?"라고 스스로 물어보라. 훈련은 정말로 필요한 기술과 지식을 쌓는 것에 초점을 맞출 때 귀중한 활동이 된다.

해설

p. 94

사람들이 이미 알고 있는, 하기를 바라지 않는 것을 불필요하게 가르치는 것은 시간 낭비이며, 사람들은 대체로 자신이 하기로 기대되는 일을 할 수 있으므로, 그들에게 정말로 필요한 것에 초점을 맞추어 가르쳐야 한다는 내용의 글이다. 따라서 빈칸에 들어갈 말로 가장 적절한 것은 ④ '정말로 필요한 기술과 지식을 쌓는 것'이다.
① 팀원 간의 관계를 개선하는 것
② 다른 사람들에게 그들이 잘 아는 것을 가르침으로써 배우는 것
③ 사람들의 기대를 넘어서는 결과를 만드는 것
⑤ 젊은 사람들 사이에서 흔한 문제를 해결하는 것

p. 95

1 자신들의 일을 처음 하거나 그들에게 새로운 일을 하는 사람들을 제외하고 사람들은 보통 하기로 기대되는 것을 할 수 있다고 했으므로, 글의 내용과 일치하지 않는 것은 ③ '사람들은 대개 자신들에게 처음인 과업을 할 수 있다.'이다.
① 만일 문제가 기술 부족으로 유발되는 것이 아니라면, 훈련은 시간 낭비이다.
② 사람들이 기술을 가지고 있을 때조차 문제가 발생한다.
④ 여러분은 사람들이 기대되는 것을 이미 할 수 있는지 자문해야 한다.
⑤ 초점을 맞춘 훈련은 가치가 있다.

2 (1) 문제가 기술 부족으로 인한 것이 아닐 경우 그 문제를 해결하기 위해 그 사람을 훈련하는 것은 시간 낭비라고 했으므로 글의 내용과 일치한다.
(2) 사람들이 정말로 필요로 하는 기술과 지식을 쌓는 것에 초점을 맞출 때 그 훈련이 귀중한 활동이 된다고 했으므로 글의 내용과 일치하지 않는다. emotional을 practical이나 real로 바꿔야 한다.
해석 (1) 문제가 기술 부족으로 인한 것이 아니라면 훈련은 불필요하다.
(2) 대개, 사람들의 감정적인 필요에 대한 이해의 부족이 훈련에서 낭비의 원인이다.

3 해석

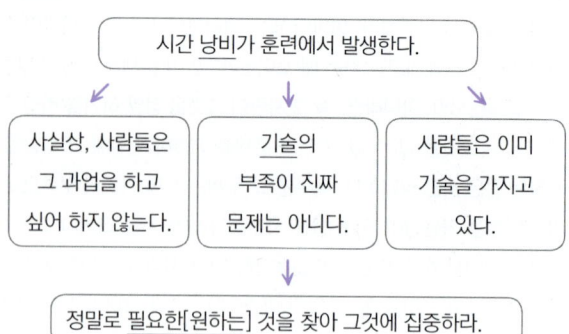

시간 낭비가 훈련에서 발생한다.

사실상, 사람들은 그 과업을 하고 싶어 하지 않는다.

기술의 부족이 진짜 문제가 아니다.

사람들은 이미 기술을 가지고 있다.

정말로 필요한[원하는] 것을 찾아 그것에 집중하라.

구문 설명

- [How much of your time] is spent teaching people something [they already know]?
첫 번째 [ ]는 문장의 주어이다. 두 번째 [ ]는 something을 수식하는 관계절로, 앞에 목적격 관계대명사 that이 생략되어 있다.

- Most of the time it's likely [that the problem won't be caused by a genuine lack of skill].
it은 형식상의 주어이며, [ ]가 내용상의 주어이다.

Reading Skill

모범 답안

도입	얼마나 많은 시간이 사람들이 이미 아는 것을 가르치는 데 쓰이는가?
근거	• 문제가 기술의 부족으로 유발되는 것이 아니라면 그 사람을 훈련하는 것은 시간 낭비임 • 사람들은 자신들이 하기로 기대되는 일을 할 수 있음
발전	사람들이 정말 하기를 원한다면 그들이 그것을 할 수 있을지 자문할 것
요지	훈련은 정말로 필요한 기술과 지식을 쌓는 것에 초점을 맞추어야 함

직독직해 Skill

- People (S) will usually be able to do (V) / what's expected of them / except, of course, people / who are new to their jobs / or are doing a task / that is new to them.
사람들은 보통 할 수 있을 것이다 / 자신들이 하기로 기대되는 것을 / 물론 사람들을 제외하고 / 자신들의 일을 처음 하는 / 또는 과업을 하고 있는 / 그들에게 새로운

Mini Quiz whose ship sailed past the island of the Sirens, a tribe of dangerous women who lured victims to their death with their irresistible songs

1 ③ 2 (l)isten, (p)revent
3 (1) (b)ad (2) (C)ontract (3) (t)emptations

해석

여러분이 한 번이라도 좋지 못한 선택을 한 적이 있다면, 여러분은 그 습관을 깨는 방법을 배우는 데 관심이 있을지도 모른다. 여러분의 뇌를 속여서 그렇게 하게 하는 한 가지 좋은 방법은 'Ulysses 계약'에 서명하는 것이다. 이러한 인생 조언의 이름은 그들의 저항할 수 없는 노래로 희생자들을 죽음으로 유혹하는 위험한 여성들 부족인 사이렌의 섬을 자신의 배로 항해해 지나갔던 선장 Ulysses에 관한 그리스 신화에서 유래한다. 그가 그렇게 하지 않으면 저항할 수 없다는 것을 알고 Ulysses는 자신이 배를 사이렌을 향해 돌리는 것을 막기 위해 자신의 선원들이 그들의 귀를 솜으로 막고 그를 배의 돛대에 묶으라고 지시했다. 그것은 그에게 효과가 있었고 여러분은 여러분의 유혹으로부터 자신을 차단함으로써 같은 일을 할 수 있다. 예를 들어, 만약 여러분이 휴대 전화를 멀리하고 여러분의 일에 집중하고 싶다면, 여러분의 주의를 산만하게 하는 앱들을 삭제하거나 친구에게 여러분의 비밀번호를 바꿔 달라고 요청하라!

해설

p. 96

좋지 못한 습관을 깨는 방법으로 'Ulysses 계약'을 제시하면서, Ulysses가 사이렌의 유혹을 차단한 것과 같이 유혹으로부터 자신을 차단하는 것이 효과적이라는 내용의 글이다. 따라서 빈칸에 들어갈 말로 가장 적절한 것은 ③ '여러분의 유혹으로부터 자신을 차단함'이다.
① 전부가 아니면 무(無)라는 사고방식을 버림
② 여러분이 변화하기를 바라는 이유를 찾음
④ 계획을 세우고 여러분의 발전을 추적함
⑤ 한 번에 한 가지 나쁜 습관을 깨는 데 집중함

p. 97

1 Ulysses는 사이렌의 노래에 저항할 수 없음을 알고 자신이 배를 사이렌의 섬으로 돌리는 것을 막기 위해 선원들의 귀를 솜으로 막고 자신을 배의 돛대에 묶으라고 지시했다고 했으므로, 글의 내용과 일치하지 않는 것은 ③ 'Ulysses는 자신이 사이렌의 노래에 저항할 수 있음을 알았다.'이다.
① Ulysses는 그리스 신화에 나오는 선장이었다.
② 사이렌의 노래는 선원들을 죽음으로 이끌었다.
④ Ulysses는 자신의 선원들에게 자신을 배의 돛대에 묶으라고 명령했다.
⑤ 여러분은 자신의 휴대 전화를 멀리하기 위해 몇몇 앱을 삭제할 수 있다.

2 저항할 수 없는 노래를 듣지 않게 하려고 Ulysses는 자신의 선원들이 그들의 귀를 솜으로 막게 했고 그것은 효과가 있었다고 했다.
해석 그들이 유혹되는 것을 막기 위해 사이렌의 노래를 듣지 못하게 강제한 것은 Ulysses의 선원들에게 효과가 있었다.

3 **해석**

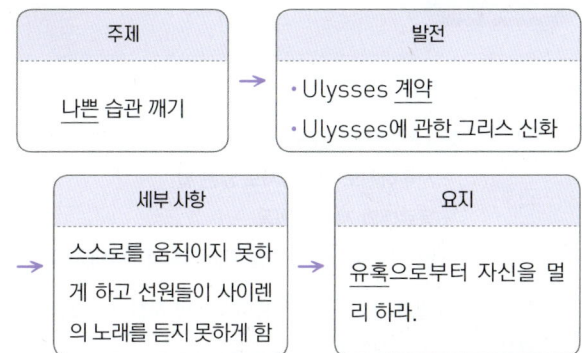

주제	발전
나쁜 습관 깨기	· Ulysses 계약 · Ulysses에 관한 그리스 신화

세부 사항	요지
스스로를 움직이지 못하게 하고 선원들이 사이렌의 노래를 듣지 못하게 함	유혹으로부터 자신을 멀리 하라.

· The name of this life tip comes from the Greek myth about Ulysses, [a captain {whose ship sailed past the island of the Sirens, a tribe of dangerous women <who lured victims to their death with their irresistible songs>}].
[ ]는 Ulysses와 동격 관계인 명사구이다. { }는 a captain을 수식하는 관계절이고, 그 안의 < >는 a tribe of dangerous women을 수식하는 관계절이다.

· For example, if you want [to stay off your cellphone] and [concentrate on your work], **delete** the apps {that distract you} or **ask** a friend to change your password!
첫 번째와 두 번째 [ ]는 and로 want에 대등하게 연결된 to부정사구로 concentrate 앞에 to가 생략된 형태이다. delete ~와 ask ~는 or로 연결된 명령문으로 주절을 이룬다. { }는 the apps를 수식하는 관계절이다.

모범 답안

도입	좋지 못한 습관을 깨는 방법
전개	'Ulysses 계약'에 서명
발전	· 사이렌의 섬을 지나가게 된 Ulysses · 선원들의 귀를 솜으로 막고 자신을 배의 돛대에 묶으라고 지시함
요지	유혹으로부터 자신을 차단함으로써 Ulysses와 같은 효과를 얻을 수 있음 - 휴대 전화를 멀리할 방법을 예시로 제시함

· Knowing / that he would otherwise be unable to resist, / Ulysses (S) instructed (V) his crew / to stuff their ears with cotton / and tie him to the ship's mast / to prevent him from turning their ship / towards the Sirens.
알아서 / 그가 그렇게 하지 않으면 저항할 수 없다는 것을 / Ulysses는 자신의 선원들에게 지시했다 / 그들의 귀를 솜으로 막으라고 / 그리고 그를 배의 돛대에 묶으라고 / 자신이 그들의 배를 돌리는 것을 막기 위해 / 사이렌을 향해

Unit 14 밑줄 친 부분 파악하기

READING 35 · 정답 ④

pp. 98~99

Mini Quiz roll a huge rock up a hill only for it to roll back down every time it neared the top

1 ③   2 (p)rogressing
3 (1) (o)rganizational (2) (s)olitude (3) (o)pportunities

해석

Sisyphus의 신화에서, Hades는 Sisyphus가 거대한 바위를 언덕 위로 굴려 올리지만, 꼭대기에 가까워질 때마다 다시 굴러떨어질 수밖에 없도록 하여 그를 처벌했다. 놀랍게도, Sisyphus의 신화는 지침을 찾는 데서 귀중한 시작점이다. 괴상한 처벌에 중점을 둔 이 이야기는 오늘날의 조직 생활로부터 매우 동떨어진 것 같을 수도 있다. 그리고 만일 지도자들이 우울한 순간에 자신의 일이 어느 정도는 Sisyphus와 같다고 생각할지라도, 그것은 전혀 간단한 방식의 경우는 아니다. 그들의 일은 지루하지도 단조롭지도 않다. 그들은 혼자서가 아니라 다른 사람들과 일하므로 동료애와 지지가 있다. 그리고 압박에도 불구하고 어디에나 시장이 있는 세상은 진취성, 창의성 및 보상을 위한 거대한 기회의 세상이다. 적절한 기술, 근면한 노동, 약간의 운이 있다면 지도자들은 자신의 목표를 달성하고 그들이 마땅히 받을 만한 보상을 얻을 수 있다. 다시 말해, 그들은 자신의 바위를 언덕 꼭대기에 유지할 수 있다.

해설

p. 98
조직의 지도자들은 Sisyphus가 계속 다시 굴러떨어지는 바위를 언덕 위로 굴려 올리는 것과 같은 일을 하고 있다고 느낄 수도 있겠지만, 오늘날의 조직 생활은 지루하지도 단조롭지도 않고 동료애와 지지가 있으

며 기회가 많으므로, 바위가 다시 굴러떨어지지 않을 수 있다는 내용의 글이다. 따라서 밑줄 친 부분이 글에서 의미하는 바로 가장 적절한 것은 ④ '그들의 조직에서의 추구로 발전을 이룬다'이다.

① 예상된 실패 후에도 여전히 행복하다
② 다른 나라에서 새로운 기회를 찾는다
③ 그들의 동료들로부터 지속적인 피드백을 받는다
⑤ 진로의 목표를 정하는 데서 그들을 안내할 멘토를 찾는다

p. 99

1 오늘날 조직 지도자의 일은 지루하지도 단조롭지도 않다고 했을 뿐 누구의 일이 지루하고 단조로운지는 언급되지 않았으므로, 글을 읽고 답할 수 없는 질문은 ③ '누구의 일이 지루하고 단조로운가?'이다.
① 누가 Sisyphus를 처벌했는가?
② Sisyphus 같은 처벌은 오늘날의 조직 생활로부터 동떨어져 있는가?
④ 어디에나 시장이 있는 세상은 어떠한가?
⑤ 지도자들이 자신들의 목표를 달성하려면 그들에게 무엇이 필요한가?

2 Sisyphus가 꼭대기에 가까워질 때마다 다시 굴러떨어지는 바위를 계속 굴려 올리는 것과 달리, 지도자들은 자신의 목표를 달성하고 보상을 얻음으로써 꼭대기에 계속 자신의 바위를 유지할 수 있다고 했다.

해석 Sisyphus와는 달리, 지도자들은 적절한 기술, 근면한 노동, 약간의 운이 있으면 성공하고 계속 발전할 수 있다.

3 **해석**

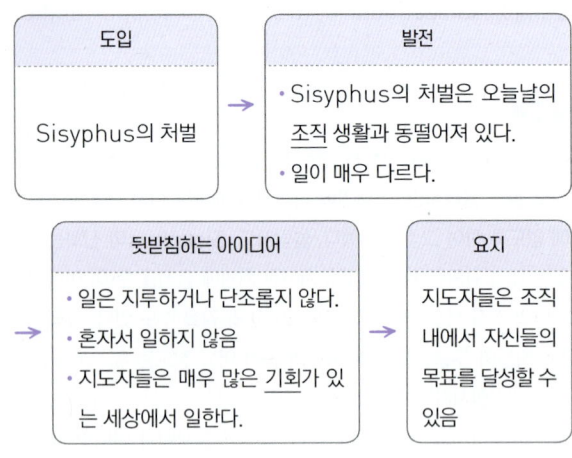

도입	발전
Sisyphus의 처벌	• Sisyphus의 처벌은 오늘날의 조직 생활과 동떨어져 있다. • 일이 매우 다르다.

뒷받침하는 아이디어	요지
• 일은 지루하거나 단조롭지 않다. • 혼자서 일하지 않음 • 지도자들은 매우 많은 기회가 있는 세상에서 일한다.	지도자들은 조직 내에서 자신들의 목표를 달성할 수 있음

구문 설명

• In the myth of Sisyphus, Hades punished Sisyphus [by forcing him to roll a huge rock up a hill only {for it to roll back down ⟨every time it neared the top⟩}].
[ ]는 '~함으로써'의 의미를 나타내는 「by+-ing」가 이끄는 전치사구이다. { }는 for it이 의미상 주어인 to부정사구로 결과의 의미를 나타내며, ⟨ ⟩는 시간의 부사절이다.

• And, [despite its pressures], a world [with markets everywhere] is a world of great opportunities for

initiative, creativity, and reward.
첫 번째 [ ]는 despite가 이끄는 전치사구이고, 두 번째 [ ]는 문장의 주어인 a world를 수식하는 전치사구이다.

Reading Skill 모범 답안

도입	Sisyphus의 신화 소개
전개	조직 지도자들의 일은 Sisyphus와 같지 않음 – 지루하지도 단조롭지도 않은 일 – 동료애와 지지가 있음 – 진취성, 창의성, 보상을 위한 기회의 세상에서 일함
요지	• 적절한 기술, 근면성, 운이 있으면 자신의 목표를 달성하고 마땅한 보상을 받음 • 조직 내에서 발전을 이룰 수 있음

직독직해 Skill

• With the right skills, hard work, and some luck, / leaders (S) can meet (V1) their goals / and earn (V2) the rewards / they deserve.
적절한 기술, 근면한 노동, 약간의 운이 있다면 / 지도자들은 자신의 목표를 달성할 수 있다 / 그리고 보상을 얻을 (수 있다) / 그들이 마땅히 받을 만한

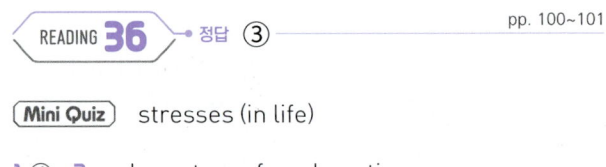

READING **36** 정답 ③ pp. 100~101

Mini Quiz stresses (in life)

1 ④ 2 endure stress for a long time
3 (1) (l)ength (2) (h)eavier (3) (r)emove

해석

한 심리학 교수가 자신의 학생들에게 스트레스 관리 원리를 가르치던 중 물이 든 유리잔을 들어올리고 "제가 들고 있는 이 물잔은 얼마나 무거울까요?"라고 그들에게 물었다. 학생들은 다양한 대답을 외쳤다. 그 교수가 답했다. "이 물잔의 절대 무게는 중요하지 않습니다. 그것은 제가 이 물잔을 얼마나 오래 들고 있느냐에 달려 있죠. 만약 제가 이것을 잠깐 들고 있다면, 그것은 꽤 가볍죠. 하지만, 만약 제가 이것을 온종일 들고 있다면 이것은 제 팔에 심각한 고통을 주고 제가 물잔을 바닥에 떨어뜨리게 할 것입니다. 각 사례에서 물잔의 무게는 같지만, 제가 그것을 더 오래 들고 있을수록 그것은 저에게 더 무겁게 느껴지죠." 학생들이 동의하며 고개를 끄덕였을 때, 교수는 이어 말했다. "여러분이 인생에서

느끼는 스트레스도 이 물잔과 같습니다. 만약 여러분이 어제의 스트레스의 무게를 여전히 느낀다면, 그것은 <u>잔을 내려놓아야</u> 할 때라는 강한 신호입니다."

해설

p. 100

물잔의 절대 무게보다는 얼마나 오래 물잔을 들고 있는가에 의해 고통을 주는 것과 같이, 스트레스도 절대 강도보다는 지속 기간이 더 중요하다는 내용이다. 따라서 밑줄 친 부분이 글에서 의미하는 바로 가장 적절한 것은 ③ '마음속의 스트레스를 없애다'이다.
① 더 많은 물을 잔에 붓다
② 실수를 저지르지 않을 계획을 세우다
④ 스트레스의 원인에 대해 생각하다
⑤ 다른 사람들의 의견을 받아들이는 것을 배우다

p. 101

1 물잔의 절대 무게는 같지만, 그것과 상관없이 더 오래 들고 있을수록 더 무겁게 느껴진다는 교수의 말에 학생들이 동의하며 고개를 끄덕였다고 했으므로, 글의 내용과 일치하지 않는 것은 ④ '학생들은 교수에게 동의를 보여 주지 않았다.'이다.
① 학생들은 교수에게 다양한 답을 했다.
② 물잔을 잠깐 들고 있으면, 그것은 가볍게 느껴진다.
③ 물잔을 온종일 들고 있으면, 그것은 무겁게 느껴진다.
⑤ 스트레스가 계속 느껴지면 그것을 벗어나야 한다는 신호이다.

2 같은 무게의 물잔이라도 잠깐 들고 있는 것은 가볍게 느껴지지만, 오래 들고 있으면 심각한 고통을 주어 떨어뜨리게 할 정도로 더 무겁게 느껴진다고 했다.
해석 적은 양이라도, 여러분이 긴 시간 동안 스트레스를 견디면, 그것은 더 고통스러워진다.

3 **해석**

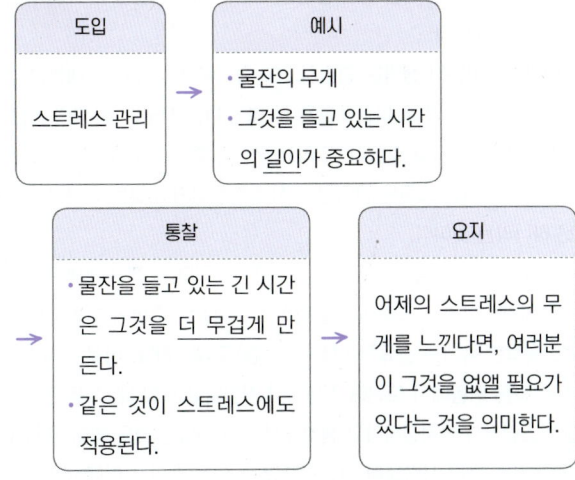

구문 설명

· But, [if I hold it for a day straight], it will cause severe pain in my arm, [forcing me to drop the glass to the floor].

첫 번째 [ ]는 조건을 나타내는 부사절이고, 두 번째 [ ]는 주절의 내용을 보충하는 분사구문이다.

· In each case, the weight of the glass is the same, but **the longer** I hold it, **the heavier** it feels to me.
'~할수록 더 …하다'의 의미인 「the+비교급 ~, the+비교급 …」 구문이 사용되었다.

Reading Skill

모범 답안

도입	심리학 교수가 학생들에게 스트레스 관리에 대한 원리를 가르침
전개 (비유)	물잔을 들고 있는 <u>시간</u>에 따라 <u>무게</u>가 어떻게 달라지는지를 설명
결론	어제의 <u>스트레스</u> 무게를 여전히 느낀다면, 스트레스를 <u>없애야</u> 할 때가 된 것임

직독직해 Skill

· A psychology professor (S) raised (V1) / a glass of water / while teaching stress management principles / to her students / and asked (V2) them, / "How heavy is this glass of water / I'm holding?"
한 심리학 교수가 들어올렸다 / 물이 든 유리잔을 / 스트레스 관리 원리를 가르치던 중 / 자신의 학생들에게 / 그리고 그들에게 물었다 / 이 물잔은 얼마나 무거울까요 / 제가 들고 있는

긴 글 독해하기

도 또한 양고기와 치즈를 이웃과 나누었다. 시간이 지나 두 사람은 진한 우정을 키우게 되었다.

Reading Key   긴 글의 구조 파악하기   pp. 104~107

정답

A 주제문   음식, 경영자들
세부내용   친해지는, 인정받고, 예기치 않게

B 이웃, 농부, 친구, 농부, 양, 이웃, 개집
D - C - B

해석

A 음식은 경영자들에게 중요한 수단이다. 배가 부르면 사람들은 더 행복하고 더 만족스럽게 느낀다. 함께 먹는 것은 직원들이 서로 친해지는 데 도움을 준다. 가끔씩 간식을 주고 점심을 사는 것은 직원들이 인정받고 있다고 느끼게 하고 사무실이 더 따뜻한 느낌이 들게 한다. 그것은 정교한 계획일 필요는 없다. 약간의 쿠키를 가지고 오거나 직원들에게 그들 스스로 음식을 가지고 오도록 권유하는 것으로 충분하다.
음식을 최대한으로 이용하기 위해서는 그것을 계획된 행사로 만들지 마라. 만약 모두가 여러분이 금요일 오전 회의에 도넛을 가지고 오는 것을 안다면, 그것은 예상한 일이 되고 뜻밖의 일이 되지 않는다. 호의를 보이려면 음식은 예기치 않게 나타나야 한다. 요청받지 않고 음식을 가지고 오는 직원을 칭찬하는 것 또한 좋은 생각이다. 이것은 나눔의 문화를 만든다.

B (A) 오래전 작은 마을에 한 농부가 이웃의 사냥개들과 문제가 있었다. 그 이웃의 훈련이 형편없이 된 사냥개들은 울타리를 자주 뛰어넘어 농부의 새끼 양들을 공격했다. 농부는 그 이웃에게 이야기를 하려고 했지만 통하지 않았다.
(D) 농부는 가장 가까운 도시의 재판관에게 도움을 청하기 위해 갔다. 그의 이야기를 주의 깊게 들은 후 그 재판관이 말했다. "저는 사냥꾼을 벌할 수 있습니다. 하지만 당신은 친구를 잃고 적을 얻게 될 것입니다. 당신은 이웃을 친구 아니면 적, 어느 쪽으로 두고 싶습니까?" 농부는 친구가 더 좋다고 대답했다.
(C) "좋습니다. 저는 당신에게 해결책을 제안하겠습니다." 농부는 재판관의 말을 듣고 나서, 집에 도착하자마자 자신의 농장에서 가장 귀여운 새끼 양들 중 세 마리를 골랐다. 그러고 나서 그는 자기 이웃의 세 어린 아들들에게 그것들을 주었다. 아이들은 기뻐하며 새끼 양들을 받고 함께 놀기 시작했다.
(B) 이웃은 자신의 개들로부터 양들을 보호하기 위해서 튼튼한 개집을 지었다. 그 결과, 그 개들은 농부의 새끼 양들을 다시는 괴롭히지 않았다. 이웃은 자신의 아이들에 대한 농부의 친절에 대해 감사해하며 농부를 성찬에 자주 초대했다. 농부

Unit 15 장문 독해하기

READING **37**   정답   pp. 108~109

Mini Quiz   But this conventional wisdom may miss something important.

1 ③ **2** ④ **3** Conventional wisdom teaches us to be simple, but complicated motives are beneficial in solving unclear problems.
4 (1) one (2) (a)dvantages (3) (u)nderstanding

해석

한 오래된 이야기는 헛간에 사는 두 마리의 뱀을 묘사한다. 한 마리는 머리가 열 개이고, 다른 한 마리는 오직 한 개다. 만일 그 헛간에 화재가 발생하면, 어떤 뱀이 살아남을 가능성이 더 클 것인가? 전통적인 대답은 머리가 하나인 뱀이다. 그것은 빠른 결정을 내리고 그것을 계속 따를 것이지만, 머리가 열 개인 뱀은 결정을 내리는 데 어려움을 겪고 너무 천천히 움직일 것이다.
이 이야기 이면의 생각은 평범하고도 합리적이다. 우리는 내분된 집은 설 수 없다고 들었다. 나폴레옹은 한 명의 나쁜 장군이 두 명의 좋은 장군보다 더 잘한다고 말했다. 그리고 우리가 좋은 지도자들에 관해 생각할 때, 표준적인 그림은 단일한 목적으로 통합되어 그들의 마음과 정신은 하나라는 것이다.
그러나 이러한 통념은 중요한 것을 놓칠 수 있다. 문제가 분명하지 않고 움직일 때, 그리고 그것의 실질적이고 도덕적인 측면이 분명하지 않을 때, 복잡한 동기는 중요한 단점(→ 장점)을 제공한다. 이것은 사람들이 서로 다른 방향에서 도전에 직면하고 끌린다고 느낄 때, 그들은 자신을 혼란스럽거나 부적절하다고 생각해서는 안 된다는 것을 의미한다. 복잡한 동기는 흔히 사람들이 진행되고 있는 일을 정말로 이해한다는 것을 가리키며, 그들의 동기는 앞으로 나아가는 데 귀중한 안내가 될 수 있다.

해설

p. 108

1 빠른 결정을 내릴 때는 단일한 목적으로 통합되는 것이 효율적이겠

지만, 문제가 분명하지 않고 움직일 때, 그리고 그것의 실질적이고 도덕적인 측면이 분명하지 않을 때는 복잡한 동기를 가지고 여러 입장에서 바라보아야 한다는 내용의 글이다. 따라서 글의 제목으로 가장 적절한 것은 ③ '복잡한 문제에 여러 개의 머리가 있는 접근을 취하라'이다.

① 다른 사람들을 이끌려면 단순해지고 빠르게 움직이라
② 지나친 자신감: 여러분을 실패로 유혹하는 뱀
④ 지나치게 많은 선택: 따르는 사람들에게 만족스러운 상황이 아닌
⑤ 전통적인 지혜: 성공을 위한 시간의 검증을 받은 안내

2 단일한 목적으로 빠른 결정을 내리고 따르는 전통적인 지혜는 오히려 문제가 분명하지 않을 때 중요한 것을 놓칠 수가 있는데, 이 때는 복잡한 동기가 중요한 장점을 제공할 것이다. 따라서 (d)의 disadvantages는 advantages와 같은 단어로 고쳐야 한다.

p. 109

3 전통적인 지혜는 단순하게 행동할 것을 권하므로 complex를 simple로 고쳐야 글의 내용과 일치한다.

해석 전통적인 지혜는 우리가 복잡해지도록(→ 단순해지도록) 가르치지만, 복잡한 동기가 명확하지 않은 문제를 해결하는 데 유용하다.

4 **해석**

통념		다른 시각
• 머리가 한 개인 뱀이 빠르게 결정할 수 있다. • 단순하고 통합된 것이 좋다.	↔	• 복잡한 동기는 불확실한 문제를 직면할 때 이점을 제공한다. • 복잡한 동기는 문제에 대한 진정한 이해를 의미한다.

구문 설명

• It will [make a quick decision] and [follow through on it], while the ten-headed snake [will **have a hard time making** up its minds] and [will move too slowly].
첫 번째와 두 번째 [ ]는 and로 대등하게 연결되어 will에 이어지는 술어이다. 세 번째와 네 번째 [ ]는 and로 대등하게 연결되어 while이 이끄는 부사절의 주어인 the ten-headed snake에 이어지는 술어이다. 「have a hard time -ing」는 '~하는 데 어려움을 겪다'의 의미이다.

• This means [that {when people face challenges and feel pulled in different directions}, they shouldn't see themselves as confused or inadequate].
[ ]는 means의 목적어 역할을 하는 명사절이고, { }는 명사절에 속한 시간의 부사절이다.

Reading Skill

모범 답안

도입	Q: 머리가 열 개인 뱀과 한 개인 뱀 중 어느 뱀이 화재 시 살아남겠는가? A: 전통적 대답은 머리가 한 개인 뱀이다.
부연 설명	• 내분된 집은 설 수 없다. • 나폴레옹은 한 명의 나쁜 장군이 두 명의 좋은 장군보다 낫다고 했다.
요지	• 분명하지 않은 문제에서 복잡한 동기는 장점이다. • 다른 방향에서 도전과 끌림을 느낄 때, 혼란스럽거나 부적절하다고 느끼면 안 된다. • 복잡한 동기는 진정한 이해와 안내가 될 수 있다.

직독직해 Skill

• And, / when we think / about great leaders, / the standard picture (S) is (V) / that their hearts and minds are one, / unified by a single purpose.
그리고 / 우리가 생각할 때 / 위대한 지도자들에 관해 / 표준적인 그림은 ~이다 / 그들의 마음과 정신은 하나라는 것 / 단일한 목적으로 통합되어

READING **38** 정답
pp. 110~111

Mini Quiz we were able to love everything that gets in our way

1 ⑤ **2** ⑤ **3** ②
4 (1) head (2) precious (3) Remember

해석

우리가 갈 가장 긴 여정은 우리의 머리와 가슴 사이의 18인치이다. 우리가 이 여행을 한다면, 그것은 세상에서 우리의 비참함을 줄일 수 있다. 조급함, 비난, 좌절, 그리고 분노가 우리 머릿속에 있다. 우리가 그 장소에서 너무 오래 살면, 그것은 우리를 불행하게 만든다. 그러나 우리가 머리부터 가슴까지의 여행을 하면, 무엇인가 내면에서 바뀐다. 만일 우리를 가로막는 모든 것을 우리가 사랑할 수 있다면 어떻게 될까? 만일 줄을 서 있는 우리 앞에 무심코 들어온 그 쇼핑객을, 차량 흐름에서 우리 앞에 끼어든 그 운전자를, 배 쪽으로 다이빙하면서 우리에게 물을 튀게 한 수영하는 그 사람을, 우리의 글에 대해 나쁜 온라인 후기를 쓴 그 독자를 우리가 사랑하려고 노력한다면 어떻게 될까?
우리를 비참하게 만드는 모든 사람은 우리와 같다. 그들은 아마도 분명히 최선을 다하고 있으며, 부모, 자녀, 혹은 친구로부터 깊이 사랑받은

인간일 것이다. 그리고 우리는 몇 번이나 무심코 줄을 서 있는 누군가의 앞에 들어갔을까? 차량 흐름에서 누군가에게 끼어든 적은? 수영장에서 누군가에게 물을 튀게 한 적은? 혹은 우리가 읽은 것에 대해 부정적인 진술을 한 적은 몇 번이었을까? 우리가 만나는 모든 사람 속에 우리의 일부가 있다는 것을 부정하는(→ 기억하는) 것은 도움이 된다.

p. 110

해설

1 우리를 비참하게 혹은 불행하게 만드는 것들을 다른 사람의 입장에서 생각해 보고 그들을 이해하려 하면 그 감정을 줄일 수 있다는 내용의 글이다. 따라서 글의 제목으로 가장 적절한 것은 ⑤ '불행으로부터 자신을 구하려면 다른 사람을 이해하라'이다.
① 다른 사람들을 용서하는 것이 그토록 어려운 이유
② 시간은 상심한 마음에 있어 최고의 치유자이다
③ 친절한 행동조차 누군가를 상처 입힐 수 있다
④ 여러분의 일상생활에서 행복한 순간을 축하하라

2 우리를 비참하게 만드는 모든 사람이 우리와 같음을 이해하고 그들의 처지에 공감하면 도움이 된다는 맥락이다. 따라서 (e)의 deny를 remember와 같은 단어로 고쳐야 한다.

p. 111

3 조급함, 비난, 좌절, 분노가 우리의 머릿속에 너무 오래 머무르면 그것이 우리를 불행하게 만들며, 가슴으로 이동시키면 무언가가 내면에서 바뀐다고 했으므로, 글의 내용과 일치하지 않는 것은 ② '우리가 우리의 감정을 무시하면, 그것들은 서서히 잊혀진다.'이다.
① 우리의 머리에서 가슴까지의 거리는 18인치이다.
③ 우리를 가로막는 사람들을 사랑하려고 노력하면, 우리는 다르게 느낀다.
④ 모든 사람은 여러분과 어떤 식으로든 비슷하다.
⑤ 여러분은 다른 사람들과 같은 실수를 저질렀을 수도 있다.

4 **해석**

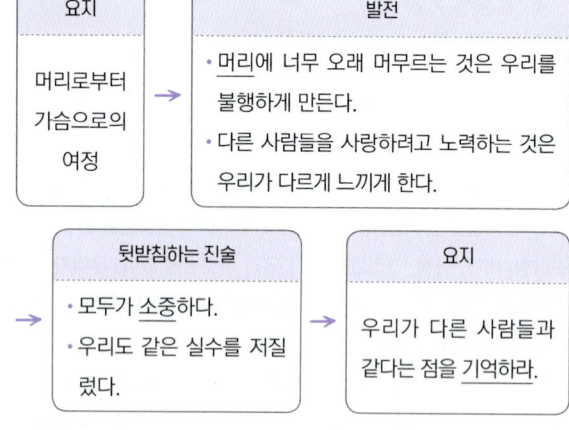

요지	발전
머리로부터 가슴으로의 여정	• 머리에 너무 오래 머무르는 것은 우리를 불행하게 만든다. • 다른 사람들을 사랑하려고 노력하는 것은 우리가 다르게 느끼게 한다.

뒷받침하는 진술	요지
• 모두가 소중하다. • 우리도 같은 실수를 저질렀다.	우리가 다른 사람들과 같다는 점을 기억하라.

구문 설명

• **What if** we tried loving the shopper [who unknowingly steps in front of us in line], the driver [who cuts us off in traffic], the swimmer [who splashes us with water during a belly dive], or the reader [who pens a bad

online review of our writing]?
'만일 ~이라면 어떻게 될까?'의 의미를 나타내는 「What if ~?」 구문이 사용되었다. 네 개의 [ ]는 각각 앞에 나오는 the shopper, the driver, the swimmer, the reader를 수식하는 관계절이다.

• **It** helps [to remember {that a piece of us resides in every person we meet}].
It은 형식상의 주어이고 to부정사구인 [ ]가 내용상의 주어이다. { }는 remember의 목적어 역할을 하는 명사절이다.

Reading Skill

모범 답안

요지	머리와 가슴 사이의 여행은 우리의 비참함을 줄여 줌
전개	• 조급함, 비난, 좌절, 분노에서 너무 오래 머무르면 불행해짐 • 가슴으로 가서 사랑하려고 노력하면 바뀜
발전	다른 사람도 우리와 같은 사람이므로 자신의 과실을 생각하라
요지 재진술	만나는 모든 사람 속에 우리의 일부가 있음을 기억하라

직독직해 Skill

• Every person (S) / who makes us miserable / is (V) like us – a human being, / most likely doing the best they can, / deeply loved by their parents, a child, or a friend.
모든 사람은 / 우리를 비참하게 만드는 / 우리와 같은 인간이다 / 아마도 분명히 자신들의 최선을 다하고 있으며 / 부모, 자녀 혹은 친구로부터 깊이 사랑받는

Unit 16 복합 문단 독해하기

READING 39 정답

pp. 112~114

Mini Quiz 노인이 바이올린을 조율하여 연주한 것

1 ② 2 ⑤ 3 ③ 4 ③ 5 difference
6 (1) (l)aughed (2) (p)lay (3) (m)oved

해석

(A) 최고급 도자기, 침구류, 그리고 다른 엄청난 가치가 있는 물건들이

팔리고 있던 경매에 관한 한 이야기가 전해진다. 모든 물건이 빠르게 팔렸다. 그러나 경매의 끝 무렵, 경매인은 오래되고 햇볕에 거칠어진 바이올린을 제시했다. 어떤 추가 설명도 없이, 그는 그것을 탁자 위에 올렸다. 그것은 그저 평범한 바이올린처럼 보였고, 그저 약간 더럽기만 했다. 다른 값진 물건들과 비교해 그것은 훨씬 더 싸고 품질이 더 나빠 보였다.

(C) 그것을 처음 보자마자, 참석자들은 자리에 맞지 않는 그 물건을 비웃었다. "입찰액은 얼마인가요?"라고 경매인이 물었다. 한 여자가 "저는 2달러를 드릴게요."라고 말했다. 한 남자는 "5달러를 내고 당신의 손에서 그 물건을 가져가죠."라고 외쳤다. 또 다른 남자가 "10달러, 그리고 이것은 매우 너그러운 입찰액이오!"라고 소리쳤다. 약 10초 후 경매인은 경매를 끝내려고 그의 망치를 들어올렸다. 바로 그때 한 노인이 일어서더니 앞으로 천천히 걸어갔고 그 오래된 바이올린을 집어 들었다. 그는 경매인에게 그것을 한번 연주해 볼 수 있는지 물었다.

(B) 경매인은 약간 놀란 것 같았지만, 그는 그 노인의 요청을 수락했다. 그 노인은 주머니에서 손수건을 꺼내 그 악기를 문지르기 시작했다. 그가 문지르자, 그 바이올린은 빛나기 시작했다. 그는 그것을 조율하기 위해 줄을 뜯고 줄감개를 돌렸다. 그는 바이올린을 제자리에 놓고 친숙한 흑인 영가인 'Amazing Grace'를 연주하기 시작했다. 연주를 마치고는, 그 남자는 바이올린을 경매인에게 돌려주고 자신의 자리로 천천히 걸어 돌아갔다.

(D) 그곳에서 눈물을 흘리지 않은 사람이 없었다. 마침내 경매인은 자신의 마음을 가라앉히고 경매를 다시 개시했다. 누군가 5백 달러로 입찰했고, 다른 사람은 1천 달러로 입찰했다. 그날 그 바이올린은 9천 달러에 팔렸다! 행사 내내 뒤쪽에서 졸던 누군가가 무엇 때문에 그런 차이가 생겼는지 물었다. 한 여자는 그 노인이 연주했을 때, 그가 모두에게 영감을 주었다고 대답했다. 우리가 영혼에 스스로의 가락을 맞추면, 우리는 우리의 삶에 새로운 의미를 준다.

p. 113

1 주어진 글 (A)에서 오래되고 거칠어진 바이올린이 경매에 나왔다는 내용이 제시되고, (C)에서 그 바이올린을 보고 참석자들이 비웃고 있을 때, 한 노인이 바이올린을 연주해 볼 수 있는지 물었다는 내용이 이어진 다음, (B)에서 그 노인이 바이올린을 닦고 연주했다는 내용이 나온 후에, 마지막으로 (D)에서 모두가 그 연주에 감동했고 바이올린이 높은 가격에 입찰이 되었다는 내용으로 이어지는 것이 글의 순서로 가장 적절하다.

2 (e)는 바이올린을 연주한 노인을 가리키고, 나머지는 모두 경매인을 가리킨다.

3 연주를 마친 다음 노인은 바이올린을 경매인에게 돌려주었다고 했으므로, 글의 내용과 일치하지 않는 것은 ③이다.

4 경매인이 사람들에게 바이올린의 가치가 얼마라고 말했는지는 언급되지 않았으므로, 글을 읽고 답할 수 없는 질문은 ③ '경매인은 바이올린의 가치가 얼마라고 생각했는가?'이다.
   ① 경매에서 무엇이 팔렸는가?
   ② 경매에 제시된 바이올린은 어떻게 보였는가?

④ 노인은 바이올린으로 무엇을 연주했는가?
⑤ 어떤 것이 차이를 만들었는지 물어본 사람은 누구인가?

p. 114

5 경매 행사 내내 뒤쪽에서 졸던 누군가가 노인의 연주 후에 경매 입찰 금액이 크게 오른 차이가 무엇 때문인지를 물었고 그 질문에 한 여자가 그 노인의 연주가 사람들에게 영감을 주었기 때문이라고 대답했다.

해석 한 여자는 그 노인의 연주가 사람들을 감동시켰고 그래서 그것이 차이를 가져왔다고 말했다.

6 **해석**

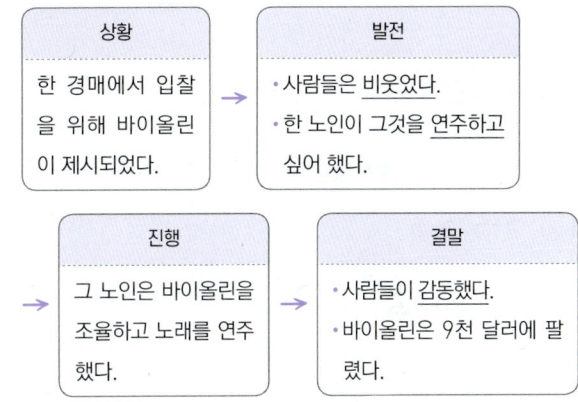

상황		발전
한 경매에서 입찰을 위해 바이올린이 제시되었다.	→	• 사람들은 비웃었다. • 한 노인이 그것을 연주하고 싶어 했다.

진행		결말
그 노인은 바이올린을 조율하고 노래를 연주했다.	→	• 사람들이 감동했다. • 바이올린은 9천 달러에 팔렸다.

구문 설명

- Just then an elderly man [got up], [walked slowly to the front], and [picked up the old violin].
  세 개의 [ ]는 콤마와 and로 대등하게 연결되어 주어 an elderly man에 이어지는 술어이다.

- [Someone {who had been half asleep in the back room throughout the proceedings}] asked [what made the difference].
  첫 번째 [ ]는 문장의 주어이고, 그 안의 { }는 Someone을 수식하는 관계절이다. 두 번째 [ ]는 asked의 목적어 역할을 하는 명사절이다.

Reading Skill

모범 답안

도입	오래되고 약간 더러운 바이올린이 경매에 제시됨
전개	• 참석자들이 아주 적은 금액을 입찰액으로 제시함 • 한 노인이 바이올린을 연주해 볼 수 있는지 물어봄
발전	• 노인은 바이올린을 닦고 조율한 다음 흑인 영가 한 곡을 연주함 • 연주 후 노인은 자리로 돌아감
결말	• 사람들이 모두 감동함 • 바이올린이 9천 달러에 판매됨

· A story (S) is told (V) / of an auction / where some of the finest china, linens, and other items / of great value / were being sold.
한 이야기가 전해진다 / 경매에 관한 / 최고급 도자기, 침구류, 그리고 다른 물건들이 / 엄청난 가치가 있는 / 팔리고 있던

READING **40** ━ 정답 ━━━━━━ pp. 116~118

(Mini Quiz) 기분이 좋지 않고 실망함

1 ④ 2 ③ 3 ②
4 (1) surround (2) ignore (3) exclaim
5 The old man was greeted[welcomed] by some polite children and a young teacher, and he said he'd send his grandson to the school.
6 (1) (b)ad (2) (p)olite (3) (t)eachers

해석

(A) 한 소년이 마을에 있는 가장 좋은 학교에 막 입학했다. 아침에 그의 할아버지가 그를 학교에 데리고 갔다. 그가 자신의 손자와 함께 운동장으로 들어갔을 때, 아이들이 그들을 둘러쌌다. "진짜 우스꽝스러운 할아버지다."라며 한 소년이 히죽히죽 웃었다. 갈색 머리 소녀가 그 둘(할아버지와 손자)을 향해 손가락질하며 위아래로 뛰었다. 갑자기 종이 울렸고, 아이들은 그들의 첫 수업으로 달아났다.
(D) 노인은 손자의 손을 꽉 잡고, 그를 교문 밖으로 데리고 나갔다. "굉장한 걸, 나는 학교에 가지 않아도 되네!"라고 소년이 소리쳤다. "가긴 가야지, 그렇지만 이 학교는 아니야."라고 할아버지가 대답했다. "내가 직접 네게 학교를 찾아주마." 할아버지는 손자를 자신의 집으로 데리고 돌아가, 소년의 할머니에게 그를 돌봐 달라고 부탁하고 나서, 그 자신이 선생님을 찾아 나섰다. 학교를 발견할 때마다, 노인은 운동장으로 들어가서 아이들이 쉬는 시간에 나오기를 기다렸다.
(B) 몇몇 학교에서는 아이들이 노인을 완전히 무시했고, 다른 학교에서는 아이들이 그를 놀렸다. 이런 일이 일어났을 때, 그는 슬프게 돌아서서 집으로 가곤 했다. 마침내, 그는 매우 작은 한 학교의 아주 작은 운동장으로 들어섰고, 지쳐서 울타리에 기댔다. 종이 울렸고, 아이들의 무리가 운동장으로 달려 나왔다. "할아버지, 괜찮으세요? 물 한 잔 가져다 드릴까요?"라고 한 목소리가 말했다. "저희는 운동장에 벤치가 있으니, 오셔서 앉으세요."라고 또 다른 목소리가 말했다. 곧 한 젊은 선생님이 운동장으로 나왔다.
(C) 노인은 그에게 인사하면서 이렇게 말했다. "마침내, 제가 제 손자에게 마을 최고의 학교를 찾아주었네요." "잘못 아신 겁니다, 어르신. 저희

학교는 최고가 아니에요, 작고 비좁은 걸요." 노인은 그 교사와 논쟁을 벌이지 않았다. 대신, 그는 손자가 그 학교에 다닐 수 있도록 준비해 주었고, 그런 다음에 노인은 떠났다. 그날 저녁, 소년의 어머니는 그에게 이렇게 말했다. "아버지, 글을 읽을 줄도 모르시잖아요. 최고의 선생님을 찾았다는 것을 어떻게 아세요?" "선생님은 그 제자를 보고 판단해야 해."라고 노인이 대답했다.

해설

p. 117

1 주어진 글 (A)에 노인이 손자를 데리고 학교에 갔다가 조롱을 당했다는 내용이 나오고, 그런 다음 (D)에서 노인이 손자를 보낼 학교를 찾아다녔다는 내용이 이어지며, (B)에서 노인이 한 작은 학교에 갔을 때 아이들이 다정하고 예의 바르게 행동했다는 내용이 이어진 후, (C)에서 노인이 선생님에게 그 학교에 손자를 보내겠다고 말한 다음, 소년의 어머니에게 제자를 보고 선생님을 판단할 수 있었다고 말하는 내용으로 이어지는 것이 글의 순서로 가장 적절하다.

2 (c)는 젊은 선생님을 가리키고, 나머지는 모두 소년의 할아버지를 가리킨다.

3 노인은 손자가 다닐 좋은 학교를 직접 찾겠다며 여러 학교를 다녔으므로 내용과 일치하는 것은 ②이다.

4 (1) '모든 면에서 둘러싸여 있다'의 뜻을 갖는 단어는 surround 이다.
(2) '의도적으로 듣지 않거나 관심을 주지 않다'의 뜻을 갖는 단어는 ignore이다.
(3) '놀람, 두려움, 또는 기쁨 등으로 인해 갑자기 말하거나 소리치다'의 뜻을 갖는 단어는 exclaim이다.

p. 118

5 예의 바른 학생들과 젊은 선생님이 노인을 맞이했으므로, rejected를 greeted나 welcomed와 같은 낱말로 고쳐야 한다.
  해석 노인은 예의 바른 아이들과 젊은 교사에게 거부당했고(→ 환영받았고) 자신의 손자를 그 학교에 보내겠다고 말했다.

6 **해석**

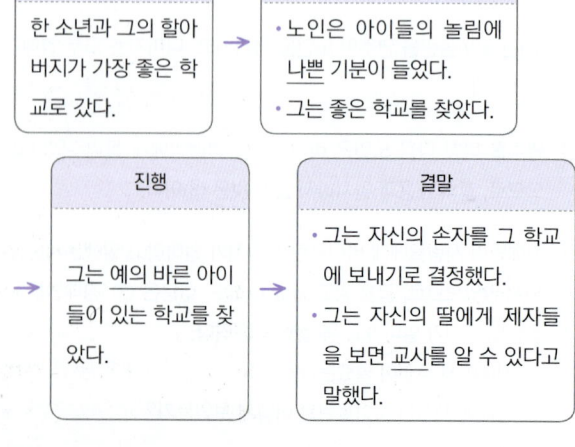

배경	발전
한 소년과 그의 할아버지가 가장 좋은 학교로 갔다.	· 노인은 아이들의 놀림에 나쁜 기분이 들었다. · 그는 좋은 학교를 찾았다.

진행	결말
그는 예의 바른 아이들이 있는 학교를 찾았다.	· 그는 자신의 손자를 그 학교에 보내기로 결정했다. · 그는 자신의 딸에게 제자들을 보면 교사를 알 수 있다고 말했다.

- [A girl with brown hair] **pointed** at the pair and **jumped** up and down.

  [　]는 문장의 주어인 명사구이다. pointed와 jumped는 and로 대등하게 연결되어 주어에 이어지는 술어 동사이다.

- Instead, he made arrangements [for his grandson to join the school], and then the old man left.

  [　]는 arrangements를 수식하는 to부정사구이고, for his grandson은 to join the school의 의미상 주어이다.

Reading Skill

모범 답안

도입	노인이 손자를 데리고 가장 좋은 학교에 갔으나 조롱을 당함
전개	· 노인은 손자가 다닐 학교를 찾아다니기 시작함 · 쉬는 시간에 아이들이 운동장으로 나오기를 기다림
발전	· 노인은 아이들에게 무시당하거나 놀림을 받음 · 한 작은 학교에서 다정하고 공손한 대접을 받음
결말	· 노인은 손자를 그 학교에 보내기로 함 · 노인은 자신의 딸에게 제자를 보고 선생님을 판단할 수 있다고 말함

직독직해 Skill

- Finally, / he (S) went (V1) onto the tiny playground / of a very small school / and leaned (V2) / against the fence, / exhausted.

  마침내 / 그는 아주 작은 운동장으로 들어섰다 / 매우 작은 한 학교의 / 그리고 기댔다 / 울타리에 / 지쳐서

Unit 01 주제 파악하기

READING 01
Workbook p. 2

1 ③   2 ③   3 ⑤

4 모범 답안 놀고자 하는 강한 충동을 느끼지 않았던 늑대 새끼는 살아남지 못했을 것이다.

5 모범 답안 생존을 위해 게임을 필요로 했던 (개의 조상인) 늑대의 영향

해설

1 (A) 문맥상 늑대는 사회적 동물이어서 다른 늑대와 협력하지 않으면 생존할 수 없다고 해야 하므로, '~하지 않으면'의 의미를 나타내는 접속사 unless가 어법상 적절하다.
(B) 주어가 The way로 단수이므로 단수 동사 is가 어법상 적절하다. wolves learn the rules of the game in their society는 주어 The way를 수식하는 관계절이다.
(C) 주어 the puppy가 lock의 대상으로 개가 우리에 '갇힌다'고 해야 하므로 수동태 is locked가 어법상 적절하다.

2 주어진 문장은 '이 강아지는 생존을 위해 더 이상 놀 필요가 없다.'는 의미로, 강아지가 생존을 위해 놀이를 한다는 내용에 이어 오늘날 우리가 강아지에게 생존에 필요한 환경을 만들어 주면 어떻게 되는지 묻는 내용 다음인 ③에 들어가는 것이 가장 적절하다.

3 진화 과정의 영향 때문에 강아지에게 생존을 위한 놀이 욕구가 남아 있다는 내용의 글이므로, 요약문의 빈칸에 들어갈 말로는 ⑤ '충족된'이 가장 적절하다.
① 화난   ② 자랑스러워하는   ③ 불안한   ④ 놀란
요약문: 놀이는 늑대의 생존을 위해 매우 중요했고 그들의 강아지들은 오늘날 놀이에 대한 자연적인 욕구가 있는데, 이것은 단지 음식과 안식처를 제공함으로써 충족될 수 없다.

4 주어가 A wolf puppy이고 동사는 would not survive이며, 관계절 that ~ to play가 주어를 수식하는 구조이다. a strong urge to play는 '놀고자 하는 강한 충동'이라는 의미이다.

5 밑줄 친 '초기 진화 과정의 영향'은 생존을 위해 게임을 필요로 했던 개의 조상인 늑대의 영향을 의미한다.

READING 02
Workbook p. 3

1 ⑤   2 ①   3 ③

4 how are we going to get through the other twenty-five

5 (A) to put (B) that (C) to do

해설

1 ⑤ recovery는 '회복'이라는 뜻이다.

2 문맥상 청구서를 지불할 '방법'을 알아내려고 한다는 의미이므로, 빈칸에 들어갈 말로 가장 적절한 것은 ① '어떻게'이다.

3 하나의 스트레스가 해결되기 전에 다른 스트레스가 올 수 있는 상황에 대처하기 위해서는 한 종류의 스트레스에 모든 에너지를 쏟기보다 중요한 것을 먼저 하고 예상치 못한 위기를 대비해 에너지를 남겨 두라는 내용이 되어야 하므로, 빈칸에 들어갈 말로 가장 적절한 것은 ③ '모든 것을 하다'이다.
① 옳다
② 도움을 요청하다
④ 스트레스를 풀다
⑤ 뭔가 새로운 것을 찾다

4 의문문이므로 「의문사+동사+주어」의 어순으로 배열한다.

5 (A) 형식상의 주어 it이 앞에 있으므로 내용상의 주어를 이끄는 to put이 어법상 적절하다.
(B) the unexpected crisis를 수식하는 관계절을 이끄는 관계대명사이므로 that이 어법상 적절하다.
(C) 「allow+목적어+목적격보어(to부정사)」의 형태로 쓰이므로 to do가 어법상 적절하다.

READING 03
Workbook p. 4

1 ③   2 ③   3 ⑤

4 will come

5 모범 답안 반면에 호주에서는 그 정반대가 사실이어서, 대부분의 집이 냉방기를 갖추었지만, 중앙난방은 좀처럼 없다

해설

1 주제어에 해당하는 말로, 우리 생활의 모든 부분이 지역의 기후에 맞추어 설계된다는 내용의 글이므로, 빈칸에 들어갈 말로 가장 적절한 것은 ③ '날씨'이다.
① 위험   ② 진보   ④ 혁신   ⑤ 기술

2 주어진 문장은 '이것은 과거에 대한 그들의 지식에 기반을 두고 있는데, 살아 있는 기억 속에서 몬순은 매년 항상 거의 같은 시기에 왔기 때문이다.'라는 의미로, 인도와 인도네시아의 농부들이 몬순에 대해 어떻게 대처하는지에 관한 예시를 든 문장 다음인 ③에 들어가는 것이 가장 적절하다.

3 밑줄 친 as는 '~ 때문에'라는 이유를 나타내는 접속사로 쓰였다.
① 나는 공원으로 걸어가는 동안 Tim을 만났다.
② 내가 항상 말하듯이, 연습은 완벽을 만든다.

③ 그 식당은 지난 주말만큼 바빴다.

④ 밤이 지나감에 따라, 손님들은 하나씩 떠나기 시작했다.

⑤ 음악이 너무 컸기 때문에, 그녀는 그가 하고 있는 말을 들을 수 없었다.

4 다음에 미래를 나타내는 어구 next year가 있으므로 미래시제 will come으로 고쳐야 한다.

5 while은 '반면에'라는 뜻이고, rarely는 '좀처럼 ~ 없는'이라는 뜻임에 유의한다.

Unit 02 제목 파악하기

READING 04
Workbook p. 5

1 ⑤   **2** ③   **3** ⑤

4 모범답안 해마는 학습과 기억 형성에 중요한 역할을 하는 뇌의 영역이다

5 ⑤ → becoming

해설

1 '사실에 근거하지 않거나 그것을 뒷받침하는 어떤 증거도 없는'이라는 의미에 해당하는 단어는 ⑤ 'unfounded(근거 없는)'이다.
① 민감한 ② 긴장한 ③ 빈 ④ 갑작스러운

2 ③ 주어 Anticipatory nerves를 부연 설명하는 분사구이고, 예측되는 긴장이 걱정에서 '비롯된다'는 의미이므로 능동의 현재분사 stemming이 적절하다.

3 학습과 기억 형성에 중요한 역할을 하는 해마는 코르티솔 농도의 영향을 받는데, 시험과 같은 긴장된 상황에서 갑자기 기억을 못하는 상황을 예시로 설명한 글이다. 따라서 요약문의 빈칸 (A), (B)에 들어갈 말로 가장 적절한 것은 ⑤ '기억 - 스트레스가 많은'이다.
① 감정 - 흥미진진한
② 감정 - 걱정스러운
③ 마음 - 편안한
④ 기억 - 지루한
요약문: 코르티솔 농도는 해마를 차단함으로써 우리의 기억에 영향을 미치는데, 이는 시험과 같은 스트레스가 많은 상황에서 기억력 감퇴를 유발할 수 있다.

4 that ~ formation은 the area of the brain을 수식하는 관계절이고, play an important role은 '중요한 역할을 하다'라는 의미이다.

5 「end up -ing」가 '결국 ~하게 되다'라는 의미이므로 become은 becoming으로 고쳐야 한다.

READING 05
Workbook p. 6

1 ③   **2** ④   **3** ①

4 we should try to be as subtle as possible

5 leading

해설

1 게임 개발자가 게임에서 음악을 서서히 없앰으로써 플레이어가 공허함을 느끼고 다른 장소로 가게 한다는 내용의 글이므로, 빈칸에 들어갈 말로 가장 적절한 것은 ③ '부재'이다.
① 학문 ② 아름다움 ④ 다양성 ⑤ 조화

2 ④ 주격 관계대명사 that이 이끄는 절이 수식하는 선행사 a time-honored technique가 '사용되어 왔다'는 수동의 의미가 되어야 하므로, been used로 고쳐야 한다.

3 relative는 명사로 쓰여 '친척'이라는 의미이지만, 형용사로 쓰일 경우 '상대적인'이라는 의미이다.

4 '~하려고 노력하다'는 「try+to부정사」로 나타내고, '가능한 한 ~한[하게]'는 「as ~ as possible」로 나타낸다.

5 문장의 동사는 should feel이고, 문맥상 앞부분 전체에 대한 결과를 나타내는 분사구문이 와야 하므로 leading이 적절하다.

READING 06
Workbook p. 7

1 ⑤   **2** ③   **3** ⑤

4 (A) is (B) absolutely (C) that

5 rich, greater

해설

1 밑줄 친 it은 형식상의 주어로 쓰였으며 ⑤의 It과 그 쓰임이 같다.
① 좋은 날이었다. (비인칭 주어: 날씨)
② 벌써 9월이라니 믿을 수 없다. (비인칭 주어: 날짜)
③ 여기서 그 가게까지 걷기에 짧은 거리이다. (비인칭 주어: 거리)
④ 내 휴대전화를 찾을 수 없는데, 너는 그것을 본 적이 있니? (지시대명사)
⑤ 무더운 날씨에는 실내에 머무는 것이 중요하다. (형식상의 주어)

2 감정적인 어휘를 많이 알고 있지 않으면 다른 사람의 지지를 얻기 어렵다는 빈칸 앞의 내용과 다양한 감정을 구별할 수 있는 사람이 잘 살아간다는 빈칸 뒤의 내용이 서로 반대되므로, 빈칸에 들어갈 말로 적절한 것은 ③ '그러나'이다.

3 밑줄 친 much는 비교급 better를 수식하는데, very는 비교급을 수식할 수 없다.

4 (A) 주어 Our ability to accurately recognize and label emotions에서 핵심이 Our ability이므로 단수형 동사 is가 어법상 적절하다.

(B) 형용사 transformative를 수식해야 하므로 부사 absolutely가 어법상 적절하다.

(C) 선행사 the support를 수식하는 관계절을 이끄는 관계대명사 that이 어법상 적절하다.

5 요약문: 풍부한 감정적 어휘를 갖는 것은 효과적인 의사소통과 매일의 도전적인 일들을 더 잘 관리하는 데 중요하며, 이는 <u>더 큰</u> 감정적인 통제와 행복으로 이어진다.

Unit 03 목적·주장 파악하기

READING 07
Workbook p.8

1 ⑤ **2** ③ **3** ④

4 모범 답안 귀하의 공연은 행사에 우아함을 더할 뿐만 아니라 우리와 하객이 행사를 정말 잊을 수 없게 만들기도 할 것입니다.

5 ⑤ → know

해설

1 공연 비용을 알려 달라고 했으므로 글을 읽고 답할 수 없는 질문은 ⑤ '공연비는 얼마인가?'이다.

① Kelly Grace 씨는 무엇을 연주하는가?

② 필자들은 왜 Kelly Grace 씨를 초대하고 싶어 하는가?

③ 결혼식은 언제인가?

④ 필자들은 어떤 곡이 연주되기를 원하는가?

2 ③ impression은 '감명'이라는 의미이다.

3 ④ know의 목적어로 쓰인 명사절을 이끌어야 하고, 문맥상 '공연에 대한 비용이 얼마인지'라는 의미가 되어야 하므로 what이 적절하다.

4 「not only ~ but also …」는 '~뿐만 아니라 …도'의 의미로 해석한다.

5 ⑤ 「let + 목적어 + 동사원형」의 형태가 되도록 to know를 know로 고쳐야 한다.

READING 08
Workbook p.9

1 ① **2** ④ **3** ③

4 the first thing that they would inspect was our bed

5 inspect

해설

1 작은 일부터 제대로 수행해야 큰일을 제대로 수행할 수 있다는 내용의 글이므로, 요약문의 빈칸 (A), (B)에 각각 들어갈 말로 가장 적절한 것은 correctly(제대로), greater(더 큰)이다.

② 조용히 – 더 약한

③ 제대로 – 더 느린

④ 조용히 – 더 적은

⑤ 갑자기 – 더 강한

요약문: 반드시 작은 일을 <u>제대로</u> 하는 것은 여러분이 결국 <u>더 큰</u> 성취를 얻는 데 도움이 될 수 있다.

2 밑줄 친 would는 과거의 습관을 나타내어 '~하곤 했다'의 뜻으로 쓰였으므로, would 대신 used to로 바꿔 쓸 수 있다.

3 ③ 수여동사 give는 「give+간접목적어+직접목적어」 또는 「give+직접목적어+to+간접목적어」의 어순으로 쓰이므로 간접목적어 you 앞의 to가 없어야 한다.

4 the first thing 다음에 목적격 관계대명사 that이 생략되었다.

5 '특히 품질이나 상태에 관한 정보를 찾아내기 위해 무언가나 누군가를 주의 깊게 보다'는 inspect(검사하다, 검열하다)의 풀이에 해당한다.

Unit 04 요지 파악하기

READING 09
Workbook p.10

1 ② **2** ② **3** ③

4 모범 답안 복잡한 음악을 들으며 운동을 하면서 얼마나 열심히 운동했는지, 또는 얼마나 오랫동안 운동했는지를 놓치는 상황

5 (A) Listening (B) that (C) results

해설

1 주어진 문장은 '음악은 어떻게 이런 종류의 효과를 가지는가?'라는 의미이므로, 음악이 지구력과 힘을 기르는 데 도움이 된다고 언급한 다음인 ②에 들어가는 것이 가장 적절하다.

2 앞 문장 전체를 부연 설명하는 계속적 용법의 관계대명사 which가 빈칸에 들어갈 말로 가장 적절하다.

3 운동하는 동안 음악을 들으면 음악이 뇌가 받는 정신적, 신체적 피로 신호에 대한 방해물로 잘 작용하며 일반적으로 운동을 더 오

래 더 열심히 할 수 있어 지구력과 힘을 기르는 데 도움이 된다는 내용이므로, 요약문의 빈칸 ⓐ, ⓑ에는 tiredness(피로)와 increases(증가시키다)가 들어가는 것이 가장 적절하다.
① 피로 – 훈련시키다
② 완화 – 줄이다
④ 완화 – 발달시키다
⑤ 흥분 – 유지하다
요약문: 운동 중 음악은 피로 신호를 차단하고 지구력과 힘을 증가시킨다.

4 밑줄 친 this situation(이 상황)은 바로 앞에서 언급한 내용으로, 복잡한 음악을 들으면서 운동하면 운동의 강도와 시간을 잊게 되는 상황을 가리킨다.

5 (A) 문장의 동사인 is가 있으므로 주어 역할을 하는 동명사 Listening이 어법상 적절하다.
(B) 선행사 these tiredness messages를 수식하는 관계대명사가 와야 하므로 that이 어법상 적절하다.
(C) 「one of the+복수 명사」 형태로 쓰이므로 복수형 results가 어법상 적절하다.

READING **10** ● Workbook p.11

1 ④   2 ③   3 ④
4 모범답안 일, 학교, 가족, 또는 가정의 책임을 만족시키는 데 급급하여, 사람들은 자신의 수면 시간을 줄인다
5 lack

해설

1 수면은 단지 뇌가 멈추고 신체가 쉬는 시간이 아니라 건강을 유지하고 신체를 최상의 수준으로 기능할 수 있게 하는 시간이므로 충분한 수면을 취해야 한다는 내용의 글이다. 따라서 글의 제목으로 가장 적절한 것은 ④ '수면: 단지 쉬는 시간 그 이상'이다.
① 수면의 부정적인 영향
② 신비스러운 꿈의 세계
③ 두뇌 성능을 향상하는 방법
⑤ 좋은 수면의 기술: 적절한 시간과 환경 조건

2 ③ that절의 주어가 a number of ~ during sleep이므로 동사가 와야 하는 자리이다. 「a number of+복수」는 복수 취급하므로 help로 고쳐야 한다.

3 빈칸 앞에서 수면 부족이 감정 (조절) 문제를 일으킬 수 있다고 했고, 빈칸 뒤에서도 수면 부족이 계속되면 심각한 질병의 발생 위험이 증가된다는 내용이 이어지므로, 빈칸에 들어갈 말로는 첨가의 의미를 나타내는 연결어 ④ '게다가'가 가장 적절하다.
① 그러나 ② 그러므로 ③ 그렇지 않으면 ⑤ 예를 들면

4 in a rush to ~는 '~하는 데 급급하여[서둘러]', meet은 '(책임·

요구 등을) 만족시키다', cut back on은 '~을 줄이다'라는 뜻이다.

5 '무언가를 전혀 또는 충분히 가지고 있지 않은 상태'는 lack(부족, 결핍)의 풀이에 해당한다.

Unit 05 요약하기

READING **11** ● Workbook p.12

1 ⑤   2 ⑤   3 ④
4 Not only do credit card companies employ
5 how

해설

1 신용카드는 우리가 소비하는 시간과 지불하는 시기를 분리하여 우리가 더 자유롭게 소비하게 한다는 내용의 글이므로, 글의 제목으로 가장 적절한 것은 ⑤ '신용카드가 우리 소비에 미치는 영향'이다.
① 신용카드와 우리의 재정 계획
② 우리의 카드 관리를 위한 간단한 안내
③ 신용카드 혜택을 최대화하기 위한 팁
④ 현명하게 신용카드 사용하기: 해야 할 일과 하지 말아야 할 일

2 주어진 문장은 '그 순간에, 우리는 이미 식당에 돈을 지불한 것 같은 기분이 든다.'는 의미이므로, 식당에서 신용카드로 지불한 이후에 청구서가 나중에 왔을 때 정말로 지불하고 있는 기분이 드는지 묻는 말에 그렇지 않다고 답한 다음인 ⑤에 들어가는 것이 가장 적절하다.

3 spend는 '쓰다'의 의미로 쓰였다.
① 지불 ② 청구서 ③ 이동 ⑤ 욕망

4 부정어 Not only가 강조되어 문두로 나왔으므로 「조동사+주어+본동사(동사원형)」의 어순으로 고쳐야 한다.

5 선행사 the way를 대신하여 빈칸에는 관계부사 how가 들어가는 것이 적절하다.

READING **12** ● Workbook p.13

1 ④   2 ③   3 ⑤
4 모범답안 감정을 말로 표현하는 것을 그토록 어렵게 하는 것은 바로 이러한 단절이다.
5 ⑤ → hard

해설

1 빈칸이 있는 문장이 글의 주제문으로, 우리의 감정을 통제하는 뇌의 부분이 능력으로써 가지고 있지 않은 것이 빈칸에 해당하며 이후에 사랑의 감정을 예로 들어 사랑하는 이유를 말로 표현하는 데 어려움을 겪는다는 내용이 이어지고 있으므로, 빈칸에 들어갈 말로 가장 적절한 것은 ④ '언어'이다.
① 변화 ② 성장 ③ 학습 ⑤ 창의력

2 ⓑ 「have trouble -ing(~하는 데 어려움이 있다)」의 형태가 되도록 동명사 explaining이 적절하다.
ⓓ 「make+목적어+동사원형(~이 …하게 하다)」의 형태가 되도록 동사원형 feel이 적절하다.

3 바로 앞에서 언급된 lots of funny and smart people(많은 재미있고 똑똑한 사람들)을 가리킨다.

4 「It is ~ that ....」 강조구문은 '…한 것은 바로 ~이다'로 해석하며, put ~ into words는 '~을 말로 표현하다'라는 의미이다.

5 그러한 감정이 말로 표현하기에는 정말로 '어렵다'고 해야 하므로 ⑤ 'easy(쉬운)'를 'hard(어려운)'와 같은 낱말로 바꿔야 한다.

READING 13 ● Workbook p.14

1 ⑤　**2** ④　**3** ④
4 the students who had written about their values
5 (By) reflecting on how their daily activities supported their values

해설

1 빈칸 앞부분에는 일부 학생들에게 개인적인 가치와 일상의 활동에 관해 쓰도록 했다는 내용이 오고, 빈칸 뒤에는 다른 일부 학생들에게는 그날의 좋은 것만 쓰도록 했다는 대조되는 내용이 나오므로 빈칸에 들어갈 말로 가장 적절한 것은 ⑤ '반면에'이다.
① 사실 ② 더욱이 ③ 그러므로 ④ 예를 들어

2 (A) 「One of the+최상급+복수 명사(가장 ~한 … 중 하나)」의 형태가 되도록 tools가 어법상 적절하다.
(B) 주어 the students ~ values 다음에 동사가 필요한 자리이므로 showed가 어법상 적절하다.
(C) students를 가리키므로 복수형 ones가 어법상 적절하다.

3 '여러분이 무언가를 잘하거나 어떤 것에 성공할 수 있다는 느낌이나 믿음을 갖고 있는'은 confident(자신감 있는, 확신하는)의 풀이에 해당한다.

4 밑줄 친 The former students는 '앞의 학생들'이라는 의미로 실험에 참가한 학생들 중 처음 요청받은 '자신의 가치에 관해 쓴 학생들'을 가리킨다.

5 '~함으로써'는 「by+-ing」의 형태로 쓰고, '~에 대해 성찰하다(숙고하다)'는 reflect on으로 쓰며, '어떻게 그들의 하루의 활동들이 그들의 가치를 지지했는지'는 「how+주어+동사」의 어순으로 쓴다.

Unit 06 안내문·도표 파악하기

READING 14 ● Workbook p.15

1 ②　**2** ④　**3** ③
4 We offer city tours of Atlanta by electric car.
5 모범 답안 안 좋은 날씨로 취소되면, 여러분은 전액 환불받으실 것입니다.

해설

1 빈칸 앞에서 애완동물은 불가하다고 했고, 빈칸 뒤에서는 장애인을 위한 도우미 동물은 허용된다고 했으므로, 빈칸에 들어갈 말로 가장 적절한 것은 ② '그러나'이다.

2 ④ infant는 '유아'라는 뜻이다.

3 ③ 투어 참가비가 얼마인지는 글에 언급되지 않았다.

4 'Atlanta 시내 관광'은 city tours of Atlanta로 나타내고, '~을 이용한'을 뜻하는 도구의 전치사 by를 써서 '전기차를 이용한'은 by electric car로 나타낸다.

5 if는 '만약 ~하면', due to는 '~ 때문에', be given a full refund는 '전액 환불받다'라는 의미이다.

READING 15 ● Workbook p.16

1 ③　**2** ②　**3** ④
4 You can sign up for classes either online or by phone.
5 preparation

해설

1 참가 가능 연령(10세~18세), 수업 시간(오후 4시~7시), 수업료(수업당 30달러), 신청 마감일(2월 25일, 오후 6시)은 언급되었지만, ③ '수강자 수'는 언급되지 않았다.

2 문맥상 '사용하는 방법'이라는 의미가 되어야 하므로 how가 적절하다.

3 ④ 주어 Registration forms가 send의 대상으로 '보내져야' 한다는 의미가 되어야 하므로 수동태 be sent가 적절하다.

4 '온라인이나 전화로'는 「either A or B」 구문을 활용하여 either online or by phone으로 나타낸다.

5 '특정한 상황이나 일을 처리하기 위해 필요한 모든 도구나 기술을 가지고 있는 것'은 preparation(준비, 준비물)의 풀이에 해당한다.

READING 16 ● Workbook p.17

1 ① **2** ① **3** ③
4 The 16–24 age group had the highest percentage of people who used online learning materials among all the age groups.
5 more than one in ten people used online learning materials

해설

1 「between A and B」 구문이므로 빈칸에는 and가 적절하다.

2 (A) people을 수식하는 절을 이끄는 관계대명사이므로 who가 어법상 적절하다.
(B) the percentage를 가리키므로 단수형 that이 어법상 적절하다.
(C) 주어 the gap between ~ learning materials에서 핵심이 the gap이므로 단수 동사 was가 어법상 적절하다.

3 ③ notably는 '특히, 현저히'라는 의미이다.

4 16–24 연령 집단은 모든 연령 집단 중 온라인 학습 자료를 이용한 사람들의 비율이 46%로 가장 높았으므로, the smallest를 the highest로 고쳐야 한다.

5 '열 명 중 한 명이 넘는 사람들'은 more than one in ten people의 어순으로 쓴다.

Unit 07 내용 일치 파악하기

READING 17 ● Workbook p.18

1 ⑤ **2** ③ **3** ④
4  1951년 정신 질환을 치료하는 의사가 된 지 일 년 뒤에

5 working 또는 to work

해설

1 ⑤ Frantz Fanon은 자신의 마지막 저서인 'The Wretched of the Earth(지구의 비참함)'에서 다른 세상에 대해 찬성론을 폈다고 했다.

2 (A) Caribbean island를 부연 설명하며 관계절의 주어 역할을 하는 주격 관계대명사 which가 어법상 적절하다.
(B) Algeria를 부연 설명하며, 빈칸 다음에 「주어+동사」의 완전한 절이 왔으므로 관계부사 where가 어법상 적절하다.

3 ④ resign은 '사임하다'라는 뜻이다.

4 One year after becoming은 '~가 된 지 일 년 뒤에'라는 의미이며, to treat ~ illness는 a doctor를 수식하는 형용사적 용법의 to부정사구이다.

5 동사 begin은 목적어로 동명사와 to부정사 둘 다 취할 수 있으므로 working이나 to work로 고쳐야 한다.

READING 18 ● Workbook p.19

1 ⑤ **2** ⑤ **3** ②
4 climate change
5 skip

해설

1 ⑤ 주어 students all over the world 다음에 이어지는 동사가 과거형 followed이므로 and로 병렬 연결되는 동사 hold도 과거형 held로 고쳐야 한다.

2 ⑤ 주요 언론사에 자신의 활동을 알린 것이 아니라 그녀의 시위가 언론의 관심을 사로잡았다고 했다.

3 ②는 '하나의'라는 의미로 쓰였고, 밑줄 친 (b)와 나머지는 모두 '~마다, ~ 당'이라는 의미로 쓰였다.
① 그녀는 하루에 5마일을 달린다.
② 나는 점심으로 피자 한 조각을 먹었다.
③ 콘서트 표는 인당 50달러였다.
④ 이 도로의 제한 속도는 시속 50마일이다.
⑤ 그 체육관은 하루에 세 번 요가 수업을 제공한다.

4 8살 때 기후 변화(climate change)에 관해서 듣고 그것에 깊게 관심을 두었다고 했으므로, Greta Thunberg에게 one thing은 climate change이다.

5 '어떤 것을 건너뛰거나 계획된 어떤 것을 하지 않다'는 skip(빼먹다, 거르다)의 풀이에 해당한다.

READING 19
● Workbook p.20

1 ③   2 ④   3 ③
4 (A) using (B) how (C) what
5 and it

해설

1 문맥상 그 당시 과학자들에게는 상당히 드문 하나의 언어만 알고 있던 그였지만 그의 호기심이 끝이 없어서 열심히 노력했다고 하는 것이 적절하므로 ③ 'limited(제한된)'는 'endless(끝없는)'와 같은 낱말로 바꿔야 한다.

2 ④ 유리로 물건을 만드는 중요한 기술이 그에게 있었다고 했지만 그 기술을 배운 곳에 대해서는 언급되지 않았다.

3 ⓑ와 ③의 Since는 '~ 때문에'(이유)를 의미하는 접속사로 쓰였다. 나머지 모두 '~ 이래로, ~ 이후로'의 의미를 나타낸다.
① 나는 고등학교 때부터 스페인어를 배웠다.
② 그들은 대학교에서 만난 이후로 함께해 왔다.
③ 비가 내리고 있기 때문에 우리는 공원에 가지 않는 게 좋을 것 같다.
④ Henry는 지난주에 우리가 싸운 이후로 나에게 말을 하지 않고 있다.
⑤ 팬데믹이 시작된 이후로 많은 사람들이 집에서 일하기 시작했다.

4 (A) of의 목적어로 쓰인 grinding과 and로 연결되어 있으므로 동명사 using이 어법상 적절하다.
(B) '만드는 방법'을 알고 있었다고 해야 하므로 how가 어법상 적절하다.
(C) of의 목적어 역할을 하는 명사절을 이끌고 '자신이 설명하는 것'이라는 의미이므로, what이 어법상 적절하다.

5 계속적 용법의 관계대명사 which 대신 「접속사+대명사」인 and it으로 쓸 수 있다.

Unit 08 분위기·심경 파악하기

READING 20
● Workbook p.21

1 ④   2 ③   3 ①
4 The 37-year old immediately realized what had happened.
5 well

해설

1 ④는 Louie를 가리키고, 나머지는 모두 Brandon을 가리킨다.

2 문맥상 목장 문을 '닫기 위해' 멈췄다고 해야 하므로 목적의 의미를 나타내는 부사적 용법의 to부정사 to close가 빈칸에 들어갈 말로 가장 적절하다.

3 Louie가 우물 입구를 덮고 있던 약해진 판자 위에 올라섰다가 우물에 빠졌고, 그를 구하기 위해 Brandon이 우물에 뛰어들어간 상황이므로, 요약문의 빈칸 (A), (B)에 들어갈 말로는 weak(약한)와 save(구하다)가 가장 적절하다.
② 긴 – 돕다
③ 평평한 – 함께하다
④ 짧은 – 지원하다
⑤ 두꺼운 – 만나다
요약문: Brandon이 목장 문을 닫고 있는 동안 Louie가 약한 판자 위를 밟아서 오래된 우물에 빠졌다. Brandon은 그를 구하기 위해 즉시 뛰어들었다.

4 깨달은(realized) 시점보다 더 이전에 무슨 일이 발생한 것이므로 happened는 과거완료 had happened로 고쳐야 한다.

5 '물, 기름 또는 가스를 얻을 수 있는 땅속의 깊은 구멍'은 well(우물)의 풀이에 해당한다.

READING 21
● Workbook p.22

1 ④   2 ③   3 ⑤
4 giving me formal notice of my discharge
5 (1) ① → me (2) ⑤ → been diagnosed

해설

1 ⓐ는 '~하게 느껴지다'라는 의미의 「feel+형용사」 구문이고, ⓑ는 '~하고 싶다'라는 의미의 「feel like+동명사」 구문으로, ⓐ와 ⓑ에 공통으로 들어갈 말로 가장 적절한 것은 ④ felt이다.

2 빈칸 ⓒ의 바로 앞에서 그녀(Cathy)의 기분을 더 안 좋게 만들고 싶지 않았다고 했으므로, 빈칸에 들어갈 말로 가장 적절한 것은 ③ '그냥 씩씩하게 미소 지었다'이다.
① 큰 소리로 울었다
② 그녀를 놀렸다
④ 울지 않을 수 없었다
⑤ 그녀에게 화가 나 있었다

3 Rachel은 사람들이 자신을 보고 있든 말든 상관없다고 했으므로, 글의 내용과 일치하지 않는 것은 ⑤이다.

4 a typewritten note를 부가 설명하는 분사구문으로 giving

다음에 '~에게'라는 의미의 간접목적어 me, '…을'이라는 의미의 직접목적어 formal notice of my discharge 순서로 써서 문장을 완성한다.

5 ① 수여동사 gave 다음에 「간접목적어+직접목적어」가 오면 간접목적어 앞에 전치사 to가 쓰이지 않으므로 to me를 me로 고쳐야 한다.
⑤ I가 diagnose의 대상에 해당하므로 '진단받다'의 수동의 의미가 되도록 been diagnosed로 고쳐야 한다.
〈오답노트〉
② 뒤에 than이 있으므로 bad의 비교급 worse는 어법상 적절하다.
③ '~인지 아닌지'라는 의미의 명사절을 이끄는 접속사 if는 어법상 적절하다.
④ think의 목적어인 명사절을 이끄는 접속사 that은 어법상 적절하다.

READING 22 ———————— Workbook p.23

1 ③ 2 ② 3 ④ 4 were 5 They all looked as pale and uneasy as she did.

해설

1 ③ '~ 중의 하나'는 「one of + 복수명사」의 형태로 쓰므로 finalist를 복수명사 finalists로 고쳐야 한다.
〈오답노트〉
① 과거에 진행 중이었던 일이므로 were waiting은 어법상 적절하다.
② 선행사가 the row of seats이고 뒤에 완전한 절이 이어지므로 관계부사 where는 어법상 적절하다.
④ The Trophy가 award의 대상에 해당하므로 '수여되다'의 수동의 의미를 나타내는 is awarded는 어법상 적절하다.
⑤ '함박웃음을 지으며'의 의미가 되도록 '~하며, ~하면서'의 의미를 나타내는 전치사 with는 어법상 적절하다.

2 밑줄 친 ⓐ와 ②의 present는 '수여하다'라는 의미의 동사로 쓰였다.
① 그는 우리에게 현재의 상황이 어떤지 말해 주었다.
② 우승자들에게는 메달이 수여되었다.
③ Josh와 나는 Sue를 위한 작은 선물을 준비했다.
④ 50명 이상의 사람들이 그 회의에 참석할 것이다.
⑤ 현재의 소유주가 몇 년 전에 그 집을 구입했다.

3 Zoe와 다른 최종 입상 후보 중 한 명이 네 과목에서 1위를 차지했다고 했으므로, 글의 내용과 일치하는 것은 ④이다.

4 as if 가정법 구문으로, 현재 사실에 반대되는 가정을 하는 가정법 과거 문장의 조건절에서 be동사는 주어의 인칭이나 수에 관계없

이 were를 쓴다.

5 '~해 보이다'는 동사 look을 써서 나타내고 '~만큼 …한'은 「as+형용사+as」 구문을 써서 as pale and uneasy 다음에 as she did의 어순으로 배열하여 쓴다.

Unit 09 글의 순서 파악하기

READING 23 ———————— Workbook p.24

1 ④ 2 ④ 3 ⑤ 4 impact
5 directed at, provides, with

해설

1 (A) 앞에 선행사가 없고 뒤에 주어가 빠진 불완전한 절이 이어지므로 선행사를 포함한 관계대명사 what이 어법상 적절하다.
(B) '비록 과거를 바꿀 수는 없지만 그 시각은 우리의 선택에 영향을 미친다'는 것이 문맥상 자연스러우므로 양보의 접속사 Although가 적절하다.
(C) '~하는 경향이 있다'라는 의미의 「tend to+동사원형」 구문이므로 to think가 어법상 적절하다.

2 과거, 현재, 미래의 세 개의 시간적인 시야 중에서 미래 지향적인 시야가 우리의 의사 결정에 가장 큰 영향을 미치는데, 그것은 사람들이 과거나 현재보다 미래에 대해 더 많이 생각하는 경향이 있기 때문이라고 했으므로, 빈칸에 들어갈 말로 가장 적절한 것은 ④ '우리 결정에 크게 영향을 미친다'이다.
① 우리가 더 많이 탐구하게 만든다
② 우리에게 많은 기쁨을 준다
③ 현재에 중요하다
⑤ 우리가 미래를 예측하게 해 준다

3 상상력이 모든 시간의 차원에서 우리의 시야를 확장하며 우리가 과거, 현재, 미래를 다른 시각에서 보게 한다는 내용의 글이므로, 요약문의 빈칸에 들어갈 말로 가장 적절한 것은 ⑤ '시각'이다.
① 선택 ② 상상력 ③ 경험 ④ 사건
요약문: 우리는 시간의 관점에서 사물을 보는 경향이 있으며, 상상력은 우리가 과거, 현재, 미래를 다른 시각으로 보게 한다.

4 '효과 또는 영향(력)'은 impact(영향)의 풀이에 해당한다.

5 '과거에 방향이 맞춰진'은 수동의 의미이므로 '~에 맞추다'라는 의미의 direct를 과거분사로 바꿔서 directed at the past로 쓰고, '~에게 …을 제공하다'는 「provide ~ with ….」 구문을 사용해서 나타낸다.

READING 24 ● ─────────────── ● Workbook p.25

1 ③ 2 ④ 3 ④ 4 The more you listen, the louder it gets. 5 그 소리가 지나가게 할 뿐이다

해설

1 ⓐ 전치사 with의 목적어이므로 동명사 형태로 써야 하는데 a dripping tap에 의해 '깨어 있는'의 수동의 의미이므로 수동태 being kept가 어법상 적절하다.
ⓑ 「make+목적어+동사원형」 구문이므로 동사원형 stop이 어법상 적절하다.

2 (A) 여러분의 지각이 여러분을 속이고 있다는 것으로 보아 아무도 소리를 '키우고 있지' (is turning up) 않다고 하는 것이 문맥상 자연스러우므로 up이 적절하다. turn down은 '(소리를) 낮추다'라는 의미이다.
(B) 소음으로 인한 짜증 수준이 참을 수 없게 될 때까지 상승한다는 것으로 보아 소리를 짜증 나는 것으로 지각했다고 하는 것이 문맥상 자연스러우므로 annoying(짜증 나게 하는)이 적절하다. delightful은 '기분 좋게 하는'이라는 의미이다.
(C) Even though로 시작하고 있고 네모 다음에 어떤 사람들은 그러한 소리를 상관하지 않는다고 했으므로 그러한 상황에서 그것이 여러분에게는 불가능한 것 같다고 하는 것이 문맥상 자연스럽다. 따라서 impossible(불가능한)이 적절하다. possible은 '가능한'이라는 의미이다.

3 물이 떨어지는 수도꼭지나 똑딱거리는 시계와 같은 소음에 신경을 쓴다는 것은 그것에 에너지를 주어 자라나게 하는 것으로 볼 수 있으므로 빈칸에 들어갈 말로 가장 적절한 것은 ④ '자라나다'이다.
① 똑딱거리다 ② 멈추다 ③ 줄어들다 ⑤ 사라지다

4 '~할수록 더 …하다'는 「the+비교급 ~, the+비교급 …」 구문을 활용하여 쓸 수 있다.

5 「only+to부정사」 구문은 '그 결과는 ~뿐'이라는 의미이고, let go of는 「let (it)+go」 구문으로 '(~이) 가게 하다, 너그러이 봐주다'라는 의미이다.

READING 25 ● ─────────────── ● Workbook p.26

1 ② 2 ④ 3 ③ 4 show off
5 no matter how accomplished

해설

1 (A) 앞에 나오는 The laws를 대신하는 말이므로 복수대명사 those가 어법상 적절하다.

(B) be동사 is의 보어로 쓰인 명사절을 이끄는 접속사 that이 어법상 적절하다.
(C) 선행사가 없고 뒤에 오는 문장에서 saying의 목적어가 빠져 있으므로 선행사를 포함한 관계대명사 what이 어법상 적절하다.

2 빈칸이 속한 문장의 앞부분에서 좋은 음악에 대해 설명한 후, 빈칸 다음에 나쁜 음악에 대한 설명이 이어지고 있으므로, '반면에'라는 의미의 연결어 on the other hand가 빈칸에 들어갈 말로 가장 적절하다.
① 게다가 ② 무엇보다도 ③ 다시 말해서 ⑤ 같은 방식으로

3 not necessarily는 '반드시[꼭] ~은 아닌'이라는 의미이므로 밑줄 친 ⓐ를 바르게 해석한 것은 ③이다.

4 '사람들의 관심을 끌고 그들이 당신을 존경하게 만드는 방식으로 행동하다'는 show off(고시하다, 자랑하다)의 풀이에 해당한다.

5 '아무리 ~하더라도'의 의미로 쓰이는 「no matter how+형용사」의 표현을 써서 나타낸다.

Unit 10 주어진 문장 넣기

READING 26 ● ─────────────── ● Workbook p.27

1 ⑤ 2 ④ 3 ①
4 Over what period, be expensed
5 모범답안 Star Wars가 1977년에 처음 개봉되었고 1997년에 재개봉되었으며, 국내 수입 총액이 거의 5억 달러이고 계속 증가하는 상황

해설

1 영화 산업을 예로 들어 생산 비용이 필요 경비로 취급되어야 하는 기간에 따라 비용 대비 수입이 달라지는 구조에 대해 설명하는 글이므로, 글의 제목으로 가장 적절한 것은 ⑤ '영화 제작비와 수입을 적절히 비교하는 것의 어려움'이다.
① 영화 제작비를 절감하는 방법
② Star Wars의 성공 비결
③ 영화의 전체 경제 수명은 얼마 동안인가?
④ 영화에 투자할 때 고려해야 할 사항들

2 빈칸 다음 문장에서 전체 경제 수명이 무엇인지 묻고 그에 대한 설명이 이어지고 있으므로, 빈칸에 들어갈 말로 가장 적절한 것은 ④ '전체 경제 수명'이다.
① 상영 기간 ② 제작 규모 ③ 작업자들의 수 ⑤ 투자 규모

3 ① '만들기 위해'라는 의미가 되도록 목적을 나타내는 부사적 용법의 to부정사 to produce로 고쳐야 한다.

〈오답노트〉

② '그것의'라는 의미의 소유격 its는 어법상 적절하다.

③ 선행사가 시간을 나타내는 the whole period이고 뒤에 완전한 절이 이어지므로 관계부사 when은 어법상 적절하다.

④ '수입을 벌게 되다'라는 수동의 의미이고 미래시제로 쓰였으므로 will be earned는 어법상 적절하다.

⑤ 주어가 domestic revenues이고 '합계[총] ~이 되다'라는 의미의 동사로 쓰였으므로 복수 동사 total은 어법상 적절하다.

4 '어느 기간 동안'은 '~ 동안'이라는 의미의 전치사 over 다음에 what period를 쓰고 '필요 경비로 취급되다'는 수동태 be expensed로 써서 나타낸다.

5 밑줄 친 This situation이 의미하는 것은 앞 문장 The film was originally released in ~ and continue to grow.에 나타나 있다.

READING 27 ● Workbook p.28

1 ⑤ 2 ④ 3 ③ 4 on average
5 do hint, removing as much light as possible

해설

1 조명이나 TV를 켠 채로 자는 것이 체중 증가에 영향을 미친다는 내용의 글이므로, 글의 요지로 가장 적절한 것은 ⑤이다.

2 ④ It은 가주어이고 that 이하의 명사절이 진주어인 구조이다. 이때 appear는 '~인 것 같다'라는 의미를 나타낸다.

3 ⓐ '~와 비교하여'라는 의미의 「compared to+명사(구)」 구문이므로 Compared가 어법상 적절하다.
ⓑ '감각을 관리하는 것'이라는 의미의 주어에 해당하므로 동명사 형태인 Controlling이 어법상 적절하다.

4 '평균적으로'는 on average로 나타낼 수 있다.

5 '정말로 암시하다'는 강조의 조동사 do를 사용해서 do hint로 쓰고, '가능한 한 많은 ~'은 「as+형용사+명사+as possible」 구문을 사용해서 as much light as possible로 나타낸다. 전치사 of 다음에 동사가 올 때는 동명사 형태로 바꿔 쓰는 것에 유의한다.

READING 28 ● Workbook p.29

1 ④ 2 ⑤ 3 ④ 4 surface
5 opposite to the direction in which the object is

moving

해설

1 마찰력은 신발이 바닥에서 미끄러지는 것을 방지하고 도로에서 자동차 타이어가 미끄러지는 것을 막아 준다는 것이 문맥상 자연스러우므로, ④의 makes(만든다)를 stops(막는다)와 같은 낱말로 바꿔야 한다.

2 마찰은 항상 물체가 움직이거나 움직이려고 하는 방향과 반대 방향으로 작용한다고 했으므로, 빈칸에 들어갈 말로 가장 적절한 것은 ⑤ '움직이는 물체의 속도를 늦춘다'이다.
① 열을 발생시킨다
② 미끄러짐을 일으킨다
③ 미끄러짐을 증가시킨다
④ 물체가 떨어지게 한다

3 마찰력은 서로 엇갈리게 미끄러지거나 미끄러지려고 하는 두 표면 사이에 작용하는 힘이라는 내용의 글이므로, 요약문의 빈칸에 들어갈 말로 가장 적절한 것은 ④ '저항'이다.
① 중력 ② 미끄러지는 ③ 자기의 ⑤ 수축
요약문: 마찰력은 접촉하는 두 물체가 상대적으로 운동할 때 움직임을 차단하는 방향으로 작용하는 저항력이다.

4 '어떤 것의 맨 위에 있는 층 또는 바깥 부분'은 surface(표면)의 풀이에 해당한다.

5 '~와 반대 방향'은 the direction 뒤에 '~에 반대인'이라는 의미의 opposite to를 써서 나타내고, '~하는 방향'은 선행사 the direction 다음에 「전치사+관계대명사」 형태인 in which를 써서 나타낸다.

Unit 11 무관한 문장 찾기

READING 29 ● Workbook p.30

1 ③ 2 ② 3 ⑤ 4 ② → is reserved
5 수학을 못하는 것에 대해 걱정하지 말라고 그들에게 말함으로써

해설

1 수학은 일부 사람, 즉 똑똑한 학생들만을 위해 준비된 것이라는 생각이 널리 퍼져 있으며, 이것은 성인 조력자인 부모와 교사의 허용적인 태도로 인해 더욱 부추김을 받고 있다는 내용의 글이므로, 글의 요지로 가장 적절한 것은 ③이다.

2 앞에서 설명한 내용에 대해 자세한 내용을 덧붙여 설명하고 있으

므로, 연결어 In fact(사실상)가 빈칸에 들어갈 말로 가장 적절하다.

① 마침내 ③ 하지만 ④ 결론을 말하건대 ⑤ 그와는 반대로

3 성인 조력자들의 허용적인 태도로 인해 자신들의 보잘것없는 수학 수행을 그저 묵살하는 것이므로, 밑줄 친 부분이 의미하는 바로 가장 적절한 것은 ⑤ '나는 나의 낮은 수학 점수에 대해 신경 쓰지 않는다.'이다.

① 나는 수학을 전공하지 않을 것이다.

② 나는 수학을 열심히 공부하지 않았다.

③ 나의 수학 점수는 평균 이하이다.

④ 나는 수학 시험을 준비하지 않을 것이다.

4 ② 수학에서의 성공이 reserve의 대상에 해당하므로 '준비되다'의 수동의 의미가 되도록 reserves를 is reserved로 고쳐야 한다.

〈오답노트〉

① the idea와 동격을 이루는 명사절을 이끄는 접속사 that은 어법상 적절하다.

③ '모두가 ~한 것은 아닌'이라는 의미의 not everyone이 주어이므로 긍정의 조동사 can은 어법상 적절하다.

④ 동사 allow는 목적격보어로 to부정사를 취하므로 to give up은 어법상 적절하다.

⑤ 셀 수 있는 명사 앞에 쓰여 '몇몇의'라는 의미를 나타내므로 a few는 어법상 적절하다.

5 「by+-ing」는 '~함으로써'라는 의미이고 「tell+목적어+to부정사」는 '~에게 …하라고 말하다'라는 의미인데, 「not+to부정사」가 to부정사의 부정형임에 유의해야 한다.

READING **30** ────────────────● Workbook p.31

1 ③ **2** ④ **3** ③ **4** medium **5** 즉[말하자면]

해설

1 (A) a medium을 수식하고 for us를 의미상 주어로 하는 to develop이 어법상 적절하다.

(B) '~할 때'를 뜻하는 「in+-ing」의 형태가 되도록 dressing이 어법상 적절하다.

(C) doubt와 동격을 이루는 명사절을 이끄는 접속사 that이 어법상 적절하다. There is no doubt that ~은 '~라는 것에 의심의 여지가 없다'라는 의미이다.

2 빈칸 바로 앞의 a source of interest and pleasure가 선행사이고, 관계절의 주어 역할을 하므로 주격 관계대명사 which가 빈칸 ⓐ에 들어갈 말로 가장 적절하다.

3 패션은 자신을 다르게 상상하는 기회와 사교적인 측면을 제공한다고 했으므로, 다른 정체성을 입어 보는 것을 시도하는 기회라고 하는 것이 문맥상 자연스럽다. 따라서 빈칸에 들어갈 말로 가장 적절한 것은 ③ '정체성'이다.

① 삶 ② 가치 ④ 자기 존중 ⑤ 창의성

4 '어떤 일이 그것의 의해 또는 그것을 통해 행해지게 하는 것'은 medium((특정한 목적을 위한) 도구[수단])의 풀이에 해당한다.

5 밑줄 That is는 '즉, 말해자면'이라는 의미이다.

Unit 12 빈칸 완성하기1 (단어)

READING **31** ────────────────● Workbook p.32

1 ① **2** ③ **3** ④ **4** shared attention

5 follow, gazing at, touching, listening to

해설

1 우리는 가르치고 배우는 종이며, 아기들은 다른 사람의 주의를 확인하기 시작해 그것을 따라가고 공유하는 방식으로 배운다는 내용의 글이므로, 글의 요지로 가장 적절한 것은 ① '공유된 관심은 학습에서 중요하다.'이다.

② 부모는 학습에서 중요한 역할을 한다.

③ 아기들은 9개월 무렵 다른 사람들을 이해하기 시작한다.

④ 인간은 교사와 학습자의 종으로 진화했다.

⑤ 언어 학습은 많은 사람의 협력을 필요로 한다.

2 ③ 뒤에 완전한 절이 이어지므로, 시간을 나타내는 선행사 a moment in development가 관계절에서 「전치사+명사(선행사)」 형태로 부사의 역할을 해야 한다. 따라서 관계대명사 which를 「전치사+관계대명사」 형태인 at which 또는 관계부사 when으로 고쳐야 한다.

〈오답노트〉

① '~가 되도록 진화했다'라는 의미의 부사적 용법으로 쓰인 to부정사 to be는 어법상 적절하다.

② 주어가 The ability이므로 단수 동사 arrives는 어법상 적절하다.

④ 문장의 보어 역할을 하는 절을 이끌며 이유를 나타내는 관계부사 why는 어법상 적절하다.

⑤ 앞에 형식상의 주어 it이 쓰였으므로 내용상의 주어로 명사절을 이끄는 접속사 that은 어법상 적절하다.

3 유아들이 비디오, 오디오, 부모의 대화를 어쩌다가 듣는 것으로부터 말하는 것을 배우지 못하는 것은 우리 인간이 교사와 학습자의

종이 되도록 진화해 왔으며 공유된 주의가 인간 학습의 의식적인 시작점이기 때문이라고 했으므로, 빈칸에 들어갈 말로 가장 적절한 것은 ④ '진화하지'이다.

① 시작하지 ② 가르치지 ③ 배우지 ⑤ 생산하지

4 '의식적인 인간의 학습은 무엇에 의해 처음으로 시작되는가?'에 대한 답은 Shared attention is the starting point of conscious human learning.(공유된 주의는 의식적인 인간 학습의 시작점이다.)에 나타나 있다.

5 '~하면서'라는 의미로 동시에 일어나는 상황을 나타내므로, '응시하거나, 만지거나, 들으며'에 해당하는 동사를 현재분사 형태로 바꿔서 나타낸다.

⬡ READING **32** ────────── ● Workbook p.33

1 ③ **2** ④ **3** ⑤ **4** (p)articulars
5 in which, is described, as

〔해설〕

1 글을 인간미 있게 하는 구체적인 사례가 있어야 독자가 지루함을 느끼지 않을 수 있고 글을 실감 나는 것으로 만들 수 있다는 내용의 글이므로, 글의 제목으로 가장 적절한 것은 ③ '글에 있어 상세한 표현의 필요성'이다.

① 소설의 전형적인 구조
② 사실적인 글쓰기는 연습을 필요로 한다
④ 많은 글에서 발견된 일반화 오류
⑤ 주인공을 자세히 설명하는 것의 중요성

2 (A) 구체적인 사례가 없는 일반화는 듣는 사람과 읽는 사람에게 지루하다는 것이 문맥상 자연스러우므로 boring(지루한)이 적절하다. interesting은 '흥미 있는'이라는 의미이다.
(B) great, ~ humanitarian과 같은 단어들은 구체적인 사례가 없는 표현들이므로 specific(구체적인)이 적절하다. general은 '일반적인'이라는 의미이다.
(C) 한 단어 묘사는 덜 사용해야 한다는 서술 뒤에 더 많이 사용해야 할 것으로 상반된 개념이 와야 하므로 detailed(세밀한)가 적절하다. simple은 '간결한'이라는 의미이다.

3 어떤 것을 실감 나는 것으로 만들기를 원한다면 한 단어 묘사는 덜 사용하고 세밀하고 마음을 끄는 묘사를 더 많이 사용해야 한다고 했으므로, 글의 내용과 일치하지 않는 것은 ⑤이다.

4 밑줄 친 nothing words는 '공허한 말들'이라는 의미이며 글에서 이 말과 반대의 의미로 쓰인 것은 the particulars(세부 사항들)이다.

5 '소설에서 주인공이 ~되는'의 의미로 선행사 a novel이 관계대

명사절에서 전치사 in의 목적어 역할을 해야 하므로 「전치사+관계대명사」의 형태인 in which를 사용해서 나타낸다. 주인공이 describe의 대상에 해당하므로 주인공이 '묘사된다'는 수동의 의미가 되도록 수동태인 is described로 쓴다.

Unit 13 빈칸 완성하기2 (구·절)

⬡ READING **33** ────────── ● Workbook p.34

1 ④ **2** ②, ⑤ **3** ④ **4** ④ → wanted
5 is spent teaching people something they already know

〔해설〕

1 훈련은 정말로 필요한 기술과 지식을 쌓는 것에 초점을 맞추어야 한다는 내용의 글이므로, 글의 요지로 가장 적절한 것은 ④이다.

2 앞에서 언급한 내용에 대해 부연하여 설명하고 있으므로, 빈칸에 들어갈 말로 가장 적절한 것은 '즉, 다시 말해'를 뜻하는 연결어 ②와 ⑤이다.
① 무엇보다도 ③ 그에 반해 ④ 그 동안[사이]에

3 밑줄 친 ⓑ valuable은 '귀중한, 가치 있는'이라는 의미이고 ④ worthless는 '가치 없는'이라는 의미이므로 valuable과 바꿔 쓸 수 없다.
① 가치 있는, 훌륭한 ② 귀중한, 값비싼 ③ 값을 매길 수 없는, 대단히 귀중한 ⑤ 값을 매길 수 없는, 매우 귀중한

4 ④ 현재 사실에 반대되는 가정을 하는 가정법 과거 문장에서 조건절의 동사는 과거형을 써야 하므로 want를 wanted로 고쳐야 한다.
〈오답노트〉
① '~하기 위해'라는 의미의 「in order to+동사원형」 구문이므로 to fix는 어법상 적절하다.
② it은 형식상의 주어이고 내용상의 주어인 명사절을 이끄는 접속사 that은 어법상 적절하다.
③ 앞에 선행사가 없고 뒤에 주어가 빠진 불완전한 절이 이어지므로 '~하는 것'이라는 의미로 선행사를 포함하는 관계대명사 what은 어법상 적절하다.
⑤ 전치사 on의 목적어로 쓰였으므로 동명사 형태의 building은 어법상 적절하다.

5 your time이 spend의 대상에 해당하며 '쓰이다'라는 수동의 의미가 되도록 수동태 is spent를 쓰고 teaching의 간접목적어 people 다음에 직접목적어 something과 something을 수식하는 관계절 they already know를 써서 나타낸다.

READING 34 ──────────● Workbook p.35

1 ①　2 ②　3 ⑤　4 모범 답안 한 번이라도 좋지 못한 선택을 한 적이 있다면, 그 습관을 깨는 방법을 배우는 것
5 that distract you or ask a friend to change your password

해설

1 유혹으로부터 자신을 차단함으로써 나쁜 습관을 고칠 수 있다는 내용의 글이므로, 글의 요지로 가장 적절한 것은 ① '저항할 수 없는 유혹을 이겨내려고 노력하라.'이다.
　② 나쁜 선택에는 항상 책임이 따른다.
　③ 보안상의 이유로 비밀번호를 주기적으로 변경하라.
　④ 여러분의 일에 집중하기 위해 방해물을 제거하라.
　⑤ 집중하고 싶다면 휴대 전화를 멀리하라.

2 ② 관계절에 이어지는 ship을 선행사 a captain이 소유하고 있는 것으로 이해할 수 있으므로 소유격 관계대명사 whose로 고쳐야 한다.
　〈오답노트〉
　① One great way를 수식하는 형용사적 용법의 to부정사 to trick은 어법상 적절하다.
　③ Ulysses를 의미상 주어로 하며 주절의 부수적인 상황을 나타내는 분사구문을 이끄는 현재분사 Knowing은 어법상 적절하다.
　④ '~가 …하는 것을 막다'라는 의미의 「prevent ~ from -ing」 구문의 동명사 turning은 어법상 적절하다.
　⑤ 주어 you와 동일한 대상을 가리키는 재귀대명사 yourself는 어법상 적절하다.

3 Ulysses는 선원들의 귀를 솜으로 막고 자신을 배의 돛대에 묶으라고 지시했으므로, 글의 내용과 일치하는 것은 ⑤이다.

4 밑줄 친 doing so가 가리키는 것은 앞 문장 If you've ever made a poor choice, ~ learning how to break that habit.에 나타나 있다.

5 선행사 the apps 다음에 주격 관계대명사 that을 쓰고 distract you or ~를 이어서 쓴다. 'A에게 ~하도록 요청하다'는 「ask+A+to부정사」 구문을 써서 나타낸다.

Unit 14　밑줄 친 부분 파악하기

READING 35 ──────────● Workbook p.36

1 ⑤　2 ①　3 ③　4 ① → to roll　5 neither, nor

해설

1 Sisyphus의 신화에 나오는 Sisyphus와는 다르게, 오늘날 조직의 지도자들은 적절한 기술, 근면한 노동, 약간의 운이 있으면 조직 내에서 발전을 이룰 수 있다는 내용의 글이므로, 글의 요지로 가장 적절한 것은 ⑤이다.

2 밑줄 친 they는 앞에 나오는 leaders(지도자들)를 가리킨다.

3 거대한 바위를 언덕 위로 굴려 올려도 다시 굴러떨어지는 숙명의 Sisyphus와는 다르게 지도자들은 자신의 목표를 달성하고 마땅한 보상을 얻을 수 있다고 했으므로, 빈칸에 들어갈 말로 가장 적절한 것은 ③ '자신의 바위를 언덕 꼭대기에 유지할'이다.
　① 또 다른 좋은 기회를 가질
　② 실패한 뒤에도 계속 행복할
　④ 큰 바위를 언덕 위로 반복해서 굴릴
　⑤ 다른 곳에서 새로운 기회를 찾을

4 ① for it을 의미상의 주어로 하며 「only+to부정사」 구문으로 결과를 나타내도록 roll을 to roll로 고쳐야 한다.
　〈오답노트〉
　② '중점을 둔'이라는 수동의 의미로 삽입된 분사구이므로 과거분사 focused는 어법상 적절하다.
　③ 동사 feel의 목적어로 쓰인 명사절을 이끄는 접속사 that은 어법상 적절하다.
　④ 명사구 앞에 쓰인 '~에도 불구하고'라는 의미의 전치사 despite는 어법상 적절하다.
　⑤ 등위접속사 and로 동사 meet과 함께 can에 연결되어 쓰였으므로 동사원형 earn은 어법상 적절하다.

5 '지루하지도 단조롭지도 않다'는 'A도 B도 아닌'이라는 의미의 「neither A nor B」 구문으로 나타낼 수 있다.

READING 36 ──────────● Workbook p.37

1 ②　2 ③　3 ②　4 forcing
5 longer, hold, heavier, feels

해설

1 스트레스는 절대 강도보다 기간이 더 중요하다는 내용의 글이므로, 글의 제목으로 가장 적절한 것은 ② '중요한 것은 스트레스의 지속 시간이다'이다.
　① 스트레스가 몸에 미치는 나쁜 영향
　③ 스트레스 원인 분석의 중요성
　④ 스트레스를 받지 않는 몇 가지 요령
　⑤ 스트레스 관리의 원칙을 기억하라

2 (A) 문맥상 교수가 자신의 학생들에게 '스트레스 관리 원리를 가르

치던 중'이라고 하는 것이 자연스러우므로 principles(원리들)가 적절하다. principal은 '교장, 학장'이라는 의미이다.
(B) '그것은 꽤 가볍다'라는 의미이므로 quite(꽤, 상당히)가 적절하다. quiet는 '조용한'이라는 의미이다.
(C) 어제의 스트레스의 무게를 여전히 느낀다면 그때 들고 있는 잔을 '내려' 놓아야 한다는 의미가 문맥상 자연스러우므로 down(아래로)이 적절하다. up은 '위로'라는 의미이다.

3 빈칸 앞에서 물잔의 절대 무게는 중요하지 않다고 했고, 빈칸 뒤에서 물잔을 잠깐 든다면 꽤 가볍지만 온종일 든다면 팔에 심각한 고통을 주고 물잔을 바닥에 떨어뜨리게 한다고 했으므로, 빈칸에 들어갈 말로 가장 적절한 것은 ② '내가 그것을 얼마나 오래 들고 있는지'이다.
① 그것이 얼마나 무거운지
③ 그 물잔이 가벼운지 아니면 무거운지
④ 그것이 고통을 유발하는지 아닌지
⑤ 얼마나 많은 물이 그 물잔에 있는지

4 '내가 물잔을 바닥에 떨어뜨리게 할 것이다'라는 의미로 접속사 없이 주절에 이어지므로 동시 상황을 나타내는 분사구문이 되도록 force를 forcing으로 써야 한다.

5 '더 ~할수록 더 …한'을 뜻하는 「the+비교급 ~, the+비교급 …」 구문을 사용해서 long을 longer로, heavy를 heavier로 바꿔서 나타낸다.

〈오답노트〉
② ~하는 데 어려움을 겪다, '~하느라 어려운 시간을 보내다'는 「have a hard time (in) -ing」로 나타내므로 making은 어법상 적절하다.
③ '단일한 목적으로 통합된'이라는 의미이므로 과거분사 unified는 어법상 적절하다.
⑤ 앞에 선행사가 없고 관계절의 주어 역할을 하며 '~하는 것'이라는 의미이므로 선행사를 포함하는 관계대명사 what은 어법상 적절하다.

3 앞 단락에서 단일한 목적으로 통합된 동기에 대해 설명한 후 빈칸이 속한 단락에서 복잡한 동기가 갖는 장점에 대해 서술하고 있으므로, 빈칸에 들어갈 말로 가장 적절한 것은 ③ '복잡한 동기'이다.
① 단순한 목표
② 일반적인 지혜
④ 지나치게 평범한 동기
⑤ 전통적인 질문

4 밑줄 친 ⓐ의 it은 and 앞에 나오는 a quick decision(빠른 결정)을 가리키고, ⓑ의 ones는 general에 대한 복수대명사로 generals(장군들)를 가리킨다.

5 불이 났을 때 머리가 하나뿐인 뱀이 더 생존할 가능성이 있는 이유는 머리가 하나인 뱀은 빠른 결정을 내리고 그것을 계속 따를 것이기 때문이라고 했다.

Unit 15 장문 독해하기

READING 37
Workbook p.38

1 ⑤ **2** ①, ④ **3** ③
4 ⓐ a quick decisin ⓑ generals
5 it will make a quick decision and follow through on it

해설

1 빠른 결정을 내릴 때는 단합된 것이 효율적이지만 문제가 분명하지 않을 때는 여러 입장에서 바라보아야 한다는 내용의 글이므로, 글의 요지로 가장 적절한 것은 ⑤이다.

2 ① 앞에서 언급한 두 뱀 중 '어떤' 뱀인지를 묻는 의문형용사 which로 고쳐야 한다.
④ 주어 they와 목적어가 동일한 대상이므로 them을 재귀대명사 themselves로 고쳐야 한다.

READING 38
Workbook p.39

1 ④ **2** ⑤ **3** ⑤ **4** that
5 to remember that a piece of us resides in every person we meet

해설

1 불행함을 느끼고 좌절감을 느낄 때, 다른 사람의 입장을 생각하고 그들을 이해하려고 노력하면 불행과 좌절감을 느끼지 않을 수 있다는 내용의 글이므로, 글의 주제를 가장 잘 나타내는 사자성어는 '처지를 바꿔서 생각해 보는 것'이라는 의미의 ④이다.

2 ⑤ 앞부분에서 몇 번이나 무심코 줄을 서 있는 누군가의 앞에 들어갔는지, 차량 흐름에서 끼어든 적이 있는지, 수영장에서 물을 튀게 한 적이 있는지 등을 묻고 있으므로 읽은 것에 대해 부정적인 진술을 한 적이 몇 번인지 묻는 것이 문맥상 자연스럽다. 따라서 positive(긍정적인)를 negative(부정적인)와 같은 낱말로 바꿔야 한다.

3 우리 머릿속에는 조급함, 비난, 좌절, 그리고 분노가 있다고 했으므로, 밑줄 친 부분이 의미하는 바로 가장 적절한 것은 ⑤ '(우리가) 부정적인 생각에 너무 사로잡혀 있다'이다.

① 지나치게 낙관적이다

② 많은 것을 동시에 생각하다

③ 한꺼번에 많은 것을 생각하지 않는다

④ 아무에게도 우리의 감정을 표현하지 않는다

4 선행사가 everything이고 관계절의 주어가 필요하므로 주격 관계대명사 that이 적절하다.

5 It helps 다음에 내용상의 주어 역할을 하는 명사적 용법의 to부정사 to remember를 쓰고, remember의 목적어로 쓰인 명사절을 이끄는 접속사 that, a piece of us resides in을 이어서 쓴다. '우리가 만나는 모든 사람'은 every person we meet으로 나타내는데, 선행사 every person 다음에 관계대명사 that[who]이 생략된 형태이다.

Unit 16　복합 문단 독해하기

READING 39
Workbook p.40

1 ②　**2** (A) playing　(B) playing

3 place ourselves in tune with, give our lives new meaning

해설

1 ② very는 비교급을 수식할 줄 수 없으므로 비교급 앞에서 '훨씬'의 의미를 나타내는 부사 much, even, still, far 등으로 고쳐야 한다.

〈오답노트〉

① 선행사가 장소를 나타내는 an auction이고 뒤에 완전한 절이 이어지므로 관계부사 where는 어법상 적절하다.

③ 등위접속사 and에 의해 과거시제 동사 got, walked와 병렬 연결되므로 picked는 어법상 적절하다.

④ 앞 문장의 the violin을 가리키는 대명사 it은 어법상 적절하다.

⑤ asked의 목적어 역할을 하는 의문사절을 이끄는 의문사 what은 어법상 적절하다.

2 (A) '(시험 삼아) ~해 보다'라는 의미의 「try+-ing」 구문이므로, playing으로 써야 한다.

(B) finish는 목적어로 동명사를 취하는 동사이므로, playing으로 써야 한다.

3 '우리가 영혼과에 스스로의 가락을 맞추면'은 주어가 we이므로 When we place ourselves 다음에 '~과 가락을 맞춘', 이라는 의미의 in tune with를 쓴다. '우리는 우리의 삶에 새로운 의

미를 준다'는 〈보기〉에 전치사가 제시되지 않았으므로 give new meaning에서 직접목적어 new meaning 앞에 '~에게'라는 의미의 간접목적어 our lives를 써서 문장을 완성한다.

READING 40
Workbook p.41

1 ①　**2** (1) ① → What　(2) ③ → go

4 ⓐ I'll find a school myself for you.

ⓑ Shall I bring a glass of water to you?

해설

1 여러 학교에서 푸대접을 받은 노인이 한 작은 학교에서 예의 바른 아이들을 만난 후 손자를 그 학교에 보내기로 결심했다고 했으므로, 선생님은 그 제자를 보고 판단할 수 있다는 것이 문맥상 자연스럽다. 따라서 빈칸에 들어갈 말로 가장 적절한 것은 ① '제자들'이다.

② 연설　③ 가족　④ 태도　⑤ 외모

2 ① 명사구 a funny old man을 강조하는 감탄문이므로 「What+a(n)+형용사+명사(+주어+동사)!」 형태가 되도록 How를 What으로 고쳐야 한다.

③ 등위접속사 and에 의해 would turn과 병렬로 연결된 형태이므로 went를 go로 고쳐야 한다.

〈오답노트〉

② 「ask+목적어+목적격보어(to부정사)」 구문으로 to부정사구 to look after는 어법상 적절하다.

④ 주어 he를 부연 설명하는 말로 '지친'이라는 의미의 형용사 exhausted는 어법상 적절하다.

⑤ for his grandson을 의미상 주어로 하며, 앞의 명사 arrangements를 수식하는 형용사적 용법의 to부정사 to join은 어법상 적절하다.

3 ⓐ 4형식: find+간접목적어+직접목적어 → 3형식: find+직접목적어+for+간접목적어 (find는 간접목적어 앞에 전치사 for를 쓰는 동사)

ⓑ 4형식: bring+간접목적어+직접목적어 → 3형식: bring+직접목적어+to+간접목적어 (bring은 간접목적어 앞에 전치사 to를 쓰는 동사)

Unit 01 주제 파악하기

READING 01 ● Workbook p. 42

1 Tens of thousands of years ago, / play was necessary / for the survival / of dogs' ancestors, the wolves.
수만 년 전 / 놀이가 필요했다 / 생존을 위해 / 개의 조상인 늑대의

2 They cannot survive / unless they cooperate / with other wolves.
그들은 생존할 수 없다 / 그들이 협력하지 않으면 / 다른 늑대와

3 What happens / if today we take / a small puppy, / isolate it / in a cage, / and give it water, food, and medicine?
어떻게 될까 / 오늘날 우리가 데려간다면 / 작은 강아지를 / 그것을 격리한(다면) / 우리 안에 / 그리고 그것에 물, 음식, 그리고 약을 준다(면)

4 So / even though it has / food and shelter, / if the puppy is locked / in a cage / its whole life, / it will be very miserable.
그래서 / 그것은 있음에도 불구하고 / 음식과 은신처가 / 강아지를 가두어 두면 / 우리에 / 평생 / 그것은 매우 비참할 것이다

5 This is / because / its emotional needs do not reflect / its present condition, / but rather / the influence of earlier evolutionary processes.
이것은 ~이다 / 때문에 / 그것(강아지)의 감정적 욕구가 반영하는 것이 아니라 / 자신의 현재 상태를 / 오히려 / 초기 진화 과정의 영향을 (반영하기)

READING 02 ● Workbook p. 42

1 If we give it everything / we've got / in the first mile, / how are we going to get through / the other twenty-five?
만약 우리가 이것에 모든 것을 다 쏟는다면 / 우리가 가지고 있는 / 첫 1마일에 / 우리는 어떻게 헤쳐나가겠는가 / 나머지 25마일을

2 In today's world, / we're dealing with / new stresses / coming at us, / even as we try to find our way / through a chronic stress situation.
오늘날의 세계에서 / 우리는 대처하고 있다 / 새로운 스트레스에 / 우리에게 다가오는 / 우리가 우리의 길을 찾으려고 할 때조차도 / 만성적인 스트레스 상황을 통해

3 You may be dealing with / a new baby / when an urgent situation comes up / at work.
여러분은 상대하고 있을지도 모른다 / 새로 태어난 아기를 / 긴급한 상황이 발생할 때 / 직장에서

4 When stressors are layered / on each other / without time for recovery, / you can get ill.
스트레스 요인들이 층층이 쌓이면 / 서로 / 회복할 시간 없이 / 여러분은 병에 걸릴 수 있다

READING 03 ● Workbook p. 43

1 The whole of human society operates / on knowing / the future weather.
인간 사회 전체는 운영된다 / 아는 것을 기반으로 / 미래의 날씨를

2 Farmers in Indonesia know / there are two monsoon rains / each year, / so next year / they can have two harvests.
인도네시아의 농부들은 안다 / 몬순 장마가 두 번 있다는 것을 / 매년 / 그래서 이듬해에 / 그들은 수확을 두 번 할 수 있다

3 This is based / on their knowledge of the past, / as the monsoons have always come / at about the same time / each year / in living memory.
이것은 기반을 두고 있다 / 과거에 대한 그들의 지식에 / 몬순은 항상 왔기 때문에 / 거의 같은 시기에 / 매년 / 살아 있는 기억 속에서

4 Our houses, roads, railways, airports, offices, and so on / are all designed / for the local climate.
우리의 집, 도로, 철도, 공항, 사무실 등은 / 모두 설계된다 / 지역의 기후에 맞추어

Unit 02 제목 파악하기

READING 04 ● Workbook p. 43

1 Our memories are very sensitive / to cortisol levels.
우리의 기억은 매우 민감하다 / 코르티솔 농도에

2 The hippocampus is the area of the brain / that plays important roles / in learning and memory formation, / and it's directly affected / by changes in cortisol levels.

해마는 뇌의 영역이다 / 중요한 역할을 하는 / 학습과 기억 형성에 / 그리고 그것은 직접적인 영향을 받는다 / 코르티솔 농도의 변화에

3 I'm sure / this has happened / to you: / you arrive / at an exam, / more or less prepared, / but very nervous, / and your mind goes blank.

나는 확신한다 / 이것이 일어난 적이 있음을 / 여러분에게 / 여러분은 도착한다 / 시험장에 / 거의 준비가 된 상태로 / 하지만 매우 긴장된 상태로 / 그리고 여러분의 정신은 멍해진다

4 Anticipatory nerves, / stemming from worries / like "I might fail, / I don't know / what's going to happen, / I can't remember, / they're sure to ask / about the things I didn't review" / block the hippocampus and the memory.

예측되는 긴장이 / 걱정에서 비롯된 / "나는 실패할지도 몰라"와 같은 / 나는 모르겠어 / 무슨 일이 일어날지 / 나는 기억이 안 나 / 그들은 물어볼 거야 / 내가 복습하지 않은 걸 / 해마와 기억을 차단한다

READING 05 • Workbook p. 44

1 The game developers intentionally create / a sense of *nothingness* / by removing the music, / hoping to subconsciously motivate / the player to go elsewhere.

게임 개발자는 의도적으로 만든다 / '없음'의 느낌을 / 음악을 제거하여 / 잠재의식적으로 동기를 부여하기 바라며 / 플레이어가 다른 곳으로 가도록

2 This is a time-honored technique / that has been used / across many game genres, / from old-school adventure games to modern shooting games.

이것은 유서 깊은 기법이다 / 사용되어 온 / 많은 게임 장르에 걸쳐 / 구식 어드벤처 게임에서 현대 슈팅 게임에 이르기까지

3 While it is not a particularly refined approach, / it can be very effective.

그것은 특별히 세련된 접근 방식은 아니지만 / 그것은 매우 효과적일 수 있다

4 When handled correctly, / the player should only feel / a sense of slight dissatisfaction / with the game's "emptiness" / in that area, / leading to a desire / to explore other places.

제대로 처리되면 / 플레이어는 느낄 뿐이다 / 약간의 불만을 / 게임의 '공허함'에 대해 / 해당 지역에서 / 욕구로 이어진다 / 다른 장

소를 탐색하려는

READING 06 • Workbook p. 44

1 In the words / of Harvard psychologist Susan David, / "Learning to label emotions / with a more nuanced vocabulary / can be absolutely transformative."

말을 빌리면 / Harvard 대학의 심리학자인 Susan David의 / 감정에 이름을 붙이는 법을 배우는 것은 / 더 미묘한 차이가 있는 어휘로 / 절대적으로 (사람을) 변화시킬 수 있다

2 David explains / that if we don't have a rich emotional vocabulary, / it is difficult / to communicate our needs / and to get the support / that we need / from others.

David는 설명한다 / 우리가 풍부한 감정적인 어휘를 갖고 있지 않으면 / 어렵다고 / 우리의 욕구를 전달하는 것이 / 그리고 지지를 얻는 것이 / 우리가 필요로 하는 / 다른 사람들로부터

3 But / those who are able to distinguish / between a range of various emotions / "do much, much better / at managing the ups and downs / of ordinary existence / than those who see everything / in black and white."

그러나 / 구별할 수 있는 사람들은 / 광범위한 다양한 감정을 / 훨씬, 훨씬 더 잘한다 / 좋은 일과 궂은일을 헤치며 살아가는 것을 / 평범한 생활 중에 겪는 / 모든 것을 보는 사람들보다 / 흑백 논리로

4 In fact, / research shows / that the process of labeling emotional experience is related / to greater emotional regulation and psychosocial well-being.

사실 / 연구 결과는 보여 준다 / 감정적인 경험에 이름을 붙이는 과정이 관련되어 있다는 것을 / 더 큰 감정적 통제 및 심리 사회적인 행복과

Unit 03 목적·주장 파악하기

READING 07 • Workbook p. 45

1 We attended a concert / where you were the featured cellist, / and we were absolutely fascinated / by your talent.

우리는 콘서트에 참석했습니다 / 귀하가 첼로 연주자로 특별 출연

한 / 그리고 우리는 완전히 매료되었습니다 / 귀하의 재능에

2 Your ability / to bring the sound of the cello to life / left a lasting impression / on us.
귀하의 능력은 / 첼로 소리에 생명을 불어넣는 / 오랜 감명을 남겼습니다 / 우리에게

3 My fiancé and I have always been fans / of classical music, / and having live cello / at our wedding ceremony / would make it even more special.
제 약혼자와 저는 항상 팬이었습니다 / 클래식 음악의 / 그리고 라이브 첼로 연주가 있다면 / 우리 결혼식에서 / 우리 결혼식을 훨씬 더 특별하게 만들 것입니다

4 We would be honored / if you could join us / and play our favorite piece, *Ave Maria* / by Franz Schubert.
우리는 영광이겠습니다 / 귀하가 우리와 함께하신다면 / 그리고 우리가 가장 좋아하는 '아베 마리아'를 연주해 (주시면) / 프란츠 슈베르트의

READING 08 • Workbook p. 45

1 When I was in the army, / my instructors would show up / in my barracks room, / and the first thing they would inspect / was our bed.
내가 군대에 있을 때 / 내 교관들이 모습을 드러내 보이곤 했다 / 나의 병영 생활관에 / 그리고 그들이 검사하곤 했던 처음의 것은 / 우리의 침대였다

2 It was a simple task, / but every morning / we were required / to make our bed to perfection.
그것은 단순한 일이었다 / 하지만 매일 아침 / 우리는 요구받았다 / 우리의 침대를 완벽하게 정돈하도록

3 If you make your bed / every morning, / you will have accomplished / the first task of the day.
여러분이 자신의 침대를 정돈한다면 / 매일 아침 / 여러분은 성취한 것이 된다 / 하루의 첫 번째 과업을

4 It will give / you a small sense of pride / and it will encourage / you to do another task and another.
그것은 줄 것이다 / 여러분에게 작은 자존감을 / 그리고 그것은 격려해 줄 것이다 / 여러분이 또 다른 과업을 잇달아서 하도록

5 If you can't do / little things right, / you will never do / the big things right.
여러분이 할 수 없으면 / 작은 일들을 제대로 / 여러분은 결코 할 수 없을 것이다 / 큰일들을 제대로

READING 09 • Workbook p. 46

1 It is now widely accepted / that music can increase exercise effectiveness.
이제 널리 받아들여지고 있다 / 음악이 운동 효과를 높일 수 있다는 것이

2 That is, / if we listen to music / while working out, / we are more likely to work out / longer and harder, / which will help / increase endurance and strength.
즉 / 우리가 음악을 들으면 / 운동하는 동안 / 우리는 운동할 가능성이 더 커진다 / 더 오래 그리고 더 열심히 / 그것은 도움이 될 것이다 / 지구력과 힘을 기르는 데

3 How does music have / these kinds of effects?
음악은 어떻게 가지는가 / 이런 종류의 효과를

4 Listening to complex music / (as opposed to simple music) / is thought to take up / a significant amount / of our limited attention system.
복잡한 음악을 듣는 것은 / (단순한 음악이 아닌) / 차지한다고 생각된다 / 상당 부분을 / 우리의 제한된 주의력 시스템의

5 The usual reaction / to this situation / is to work out / for longer; / music "colours" / our impression / of fatigue.
일반적인 반응은 / 이 상황에 대한 / 운동하는 것이다 / 더 오래 / 음악은 '색을 입힌다' / 우리의 인상에 / 피로에 대한

READING 10 • Workbook p. 46

1 Many people view / sleep as merely a "down time" / when their brain shuts off / and their body rests.
많은 사람이 여긴다 / 수면을 단지 '휴식 시간'으로 / 뇌가 멈추는 / 그리고 신체가 쉬는

2 In a rush / to meet work, school, family, or household responsibilities, / people cut back on / their sleep, / thinking it won't be a problem, / because all of these other activities seem much more important.
서두르는 데 급급하여 / 일, 학교, 가족, 또는 가정의 책임을 다하기 위해 / 사람들은 수면 시간을 줄인다 / 그것이 문제가 되지 않

을 것으로 생각하면서 / 왜냐하면 이러한 모든 다른 활동들이 훨씬 더 중요해 보이기 때문에

3 Without enough sleep, / you can't focus / and pay attention / or respond quickly.
충분한 수면이 없다면 / 여러분은 정신을 집중할 수 없다 / 그리고 주의를 기울일 (수 없다) / 또는 빠르게 반응할 (수 없다)

4 A lack of sleep may even cause / mood problems.
수면 부족은 심지어 일으킬 수도 있다 / 감정 (조절) 문제를

Unit 05 요약하기

READING 11 ● Workbook p. 47

1 We're just signing / our name; / the payment will be / sometime in the future.
우리는 단지 서명할 뿐이다 / 우리의 이름을 / 지불은 될 것이다 / 미래에 언젠가

2 Similarly, / when the bill comes / later, / do we really feel / like we're paying?
마찬가지로 / 청구서가 오면 / 나중에 / 우리는 정말로 기분이 드는가 / 우리가 지불하고 있는 것 같은

3 Credit cards use our desire / to avoid the pain of paying.
신용카드 회사는 우리의 욕망을 이용한다 / 지불의 고통을 회피하고자 하는

4 And / that has given them the power / to shift the way / we perceive value.
그리고 / 그것은 그들에게 힘을 부여하고 있다 / 방식을 변경시킬 / 우리가 가치를 인식하는

5 As credit cards creates a separation / between the time we consume and the time we pay, / they lessen the pain of paying, / enabling us to spend / more freely.
신용카드는 분리를 형성함으로써 / 우리가 소비하는 시간과 우리가 지불하는 시기 사이에 / 그것들은 지불의 고통을 경감시킨다 / 우리가 소비하도록 하며 / 더 자유롭게

READING 12 ● Workbook p. 47

1 We struggle / to put into words the real reasons / why we love them, / so we talk around it / or

rationalize it.
우리는 애쓴다 / 진짜 이유를 말로 표현하기 위해 / 왜 그들을 사랑하는지 / 그래서 우리는 그것을 둘러서 말한다 / 또는 그것을 합리화시키게 된다

2 But / there are lots of funny and smart people / in the world, / and we don't love them / or we don't want to marry them.
하지만 / 많은 재미있고 똑똑한 사람들이 있다 / 세상에는 / 그리고 우리는 그들을 사랑하지는 않는다 / 또는 그들과 결혼하길 원하지는 않는다

3 There is obviously more / to falling in love / than just personality and competence.
확실히 그 이상의 것이 있다 / 사랑에 빠지는 것에는 / 단순히 성격과 능력보다

4 It is / how our loved ones make us feel, / but those feelings are really hard / to put into words.
그것은 ~이다 / 연인이 우리를 느끼게 하는 방식 / 하지만 그러한 감정은 정말로 어렵다 / 말로 표현하기에는

5 It is difficult / to express our emotions in words / because the part of the brain managing our feelings has an inability / to produce language.
어렵다 / 우리의 감정을 말로 표현하는 것이 / 우리의 감정을 관리하는 뇌의 부분이 무능함을 가지고 있기 때문에 / 언어를 생산하는 데

READING 13 ● Workbook p. 48

1 One of the most powerful tools / to find meaning / in our lives / is reflective journaling / —thinking back on / and writing / about what has happened to us.
가장 강력한 도구 중 하나는 / 의미를 찾기 위한 / 우리의 삶에서 / 성찰적 일기 쓰기이다 / 즉 회상하는 것 / 그리고 쓰는 것 / 우리에게 일어난 일에 관해

2 The former students were reported / to be happier, healthier, and more confident / about their ability / to deal with stress / than the latter ones.
전자의 학생들은 보고되었다 / 더 행복하고, 더 건강하며, 더 자신 있다고 / 자신의 능력에 대해 / 스트레스를 다루는 / 후자의 학생들보다

3 Little stresses and difficulties were now signs /

of their values / in action.
작은 스트레스와 어려운 일들은 이제 보여 주는 것이었다 / 그들의 가치를 / 행동에서

4 And / all they had to do was / reflect on their experiences / with their personal values.
그리고 / 그들이 해야 했던 모든 일은 ~이었다 / 그들의 경험을 성찰하는 것 / 그들의 개인적인 가치로

Unit 06 안내문·도표 파악하기

READING **14** ● Workbook p. 48

1 Are you looking for a tour / without traffic congestion?
투어를 찾고 계십니까 / 교통 혼잡이 없는

2 We offer / city tours of Atlanta / by electric car.
우리는 제공합니다 / 애틀랜타 도시 관광을 / 전기차를 이용한

3 No pets, / but service animals / for the disabled / are allowed.
애완동물은 불가합니다 / 하지만 도우미 동물은 / 장애인을 위한 / 허용됩니다

4 This experience requires / good weather.
이 체험은 필요로 합니다 / 좋은 날씨를

5 For more information, / please contact us / at atlantacartour@citytour.org.
더 많은 정보를 위해서는 / 우리에게 연락 주세요 / atlantacartour@citytour.org로

READING **15** ● Workbook p. 49

1 Do you want to learn / to code your own games, apps, and websites?
여러분은 배우기를 원하나요 / 자신의 게임, 앱, 그리고 웹사이트를 코딩하는 것을

2 Let's have some fun / and be creative / with this class!
즐거운 시간을 보냅시다 / 그리고 창의적이 되어 (봅시다) / 이 수업과 더불어

3 This coding class is designed / for students / aged 10 to 18.

이 코딩 수업은 계획되었습니다 / 학생들을 위해 / 10~18세

4 Registration forms must be sent / by 6:00 p.m., / February 25.
등록 신청서를 보내야 합니다 / 오후 6시까지 / 2월 25일

5 Students should bring / their own laptops.
학생들은 가져와야 합니다 / 자신의 노트북을

READING **16** ● Workbook p. 49

1 The above graph shows / the percentage of people / in the UK / who used online courses and online learning materials, / by age group, / in 2020.
위 도표는 보여 준다 / 사람들의 비율을 / 영국 / 온라인 강의와 온라인 학습 자료를 이용한 / 연령 집단별로 / 2020년에

2 The 25-34 age group had the highest percentage of people / who used online courses / among all the age groups.
25세에서 34세 연령 집단이 사람들의 비율이 가장 높았다 / 온라인 강의를 이용한 / 모든 연령 집단 중에서

3 Those aged 65 and older were the least likely / to use online courses and online learning materials / among the six age groups.
65세 이상인 사람들이 가능성이 가장 낮았다 / 온라인 강의와 온라인 학습 자료를 이용할 / 여섯 개의 연령 집단 가운데서

4 Among the six age groups, / the gap between / the percentage of people / who used online courses / and that of people / who used online learning materials / was the smallest / in the 35-44 age group.
여섯 개의 연령 집단 가운데서 / ~간의 차이는 / 사람들의 비율 / 온라인 강의를 이용한 / 그리고 사람들의 비율 / 온라인 학습 자료를 이용한 / 가장 작았다 / 35세에서 44세 연령 집단에서

Unit 07 내용 일치 파악하기

READING **17** ● Workbook p. 50

1 Frantz Fanon was born / in 1925 / on a Caribbean island, / which was then a French colony.

Frantz Fanon은 태어났다 / 1925년에 / 카리브해의 섬에서 / 그곳은 당시 프랑스 식민지였다

2 His father was a descendant / of African slaves, / and worked / as a customs officer.
그의 아버지는 후손이었다 / 아프리카 노예의 / 그리고 일했다 / 세관원으로

3 One year after becoming a doctor / to treat mental illness / in 1951, / he published / his first book: *Black Skin*, *White Masks*.
의사가 된 지 일 년 뒤에 / 정신 질환을 치료하는 / 1951년에 / 그는 출판했다 / 자신의 첫 번째 저서인 'Black Skin, White Masks(검은 피부, 하얀 마스크)'를

4 He began working / for the Algerian independence movement.
그는 일하기 시작했다 / 알제리 독립운동을 위해

5 During his illness, / he wrote / his final book, *The Wretched of the Earth*, / arguing for a different world.
투병 중에 / 그는 집필했다 / 자신의 마지막 저서인 '*The Wretched of the Earth*(지구의 비참함)'를 / 다른 세상에 대해 찬성론을 펴는

READING 18 ● Workbook p. 50

1 At a very young age, / Greta Thunberg was diagnosed / with Asperger syndrome.
아주 어린 나이에 / Greta Thunberg는 진단받았다 / 아스퍼거 증후군을

2 She became a vegan, / and she refused to ride / in airplanes / because of their high carbon footprint.
그녀는 채식주의자가 되었다 / 그리고 그녀는 타는 것을 거부했다 / 비행기에 / 비행기의 높은 탄소발자국 때문에

3 She started to speak / to people around her / about climate change.
그녀는 이야기하기 시작했다 / 자신의 주위 사람들에게 / 기후 변화에 관해

4 In 2018, / she skipped school / and walked to her country's parliament / in Sweden.
2018년에 / 그녀는 학교를 빠졌다 / 그리고 자기 나라의 의회로 갔다 / 스웨덴에 있는

5 Thunberg continued to protest / once a week / by skipping school / on Fridays.
Thunberg는 시위를 계속하였다 / 일주일에 한 번씩 / 학교를 빠지면서 / 금요일마다

READING 19 ● Workbook p. 51

1 Antonie van Leeuwenhoek was a scientist / well known for his cell research.
Antonie van Leeuwenhoek는 과학자였다 / 세포 연구로 잘 알려진

2 At the age of 22, / he returned to Delft / and started his business / as a linen draper.
22살에 / 그는 Delft로 돌아왔다 / 그리고 자신의 사업을 시작했다 / 직물상으로서

3 But / his curiosity was endless, / and he worked hard.
하지만 / 그의 호기심은 끝이 없었다 / 그리고 그는 열심히 노력했다

4 This skill came in handy / when he made lenses / for his simple microscope.
이 기술은 도움이 되었다 / 그가 렌즈를 만들 때 / 자신의 간단한 현미경에 쓰일

5 Since he couldn't draw well, / he hired an artist / to draw pictures / of what he described.
그는 그림을 잘 그릴 수 없기 때문에 / 그는 화가를 고용하였다 / 그림을 그리도록 / 자신이 설명하는 것의

Unit 08 분위기·심경 파악하기

READING 20 ● Workbook p. 51

1 In the late afternoon, / Brandon finished feeding his cows / on his farm / and decided to call it a day.
늦은 오후에 / Brandon은 소에게 먹이 주는 것을 끝냈다 / 자신의 농장의 / 그리고 일과를 마치기로 했다

2 As usual, / his two sons, Louie, 6, and Everett, 3, / had followed him around / as he worked / on his farm.
평소처럼 / 그의 두 아들, 6살 난 Louie, 3살 난 Everett는 그를

따라다녔다 / 그가 일할 때 / 농장에서

3 The board covering the well opening had, / over time, / grown weak.
우물 입구를 덮고 있는 판자가 있었다 / 시간이 흐름에 따라 / 약해져

4 Everett, / his blue eyes full of fear, / told him, / "He fell in the hole!"
Everett는 / 그의 파란 눈이 두려움으로 가득 차서 / 아빠에게 말했다 / 형이 구멍에 빠졌어요

5 The-37-year old immediately realized / what had happened.
37살 난 아빠는 즉시 깨달았다 / 무슨 일이 발생했는지

READING **21** — Workbook p. 52

1 She slipped a typewritten note / into my hand, / giving me formal notice of my discharge, / including a departure date.
그녀는 타자기로 친 쪽지를 살짝 건넸다 / 내 손에 / 내게 나의 공식적인 퇴거 통지서를 주면서 / 나가야 할 날짜가 적힌

2 She gave me a sad smile / and said, / "I hate to do this / to you, / Rachel, / I honestly do."
그녀는 내게 슬픈 미소를 지었다 / 그리고 말했다 / 나도 이렇게 하기 싫어 / 너에게 / Rachel / 진심이야

3 On the train, / the tears come, / and I don't care / if people are watching me.
기차에서 / 눈물이 난다 / 그리고 나는 상관없다 / 사람들이 나를 보고 있든 말든

4 They might think / that my dog has been run over / or that I have been diagnosed / with a terminal illness.
그들은 생각할 지도 모른다 / 내 강아지가 차에 치였다고 / 또는 내가 진단받았다고 / 불치병을

READING **22** — Workbook p. 54

1 All the finalists, / including Zoe, / were waiting / for the final result.
모든 최종 입상 후보자들이 / Zoe를 포함한 / 기다리고 있었다 / 최종 결과를

2 He smiled / at the row of seats / where the twelve finalists had gathered.

그는 미소를 지었다 / 좌석 열을 향해 / 열두 명의 최종 입상 후보자가 모여 있는

3 Zoe wiped a sweaty hand / on her handkerchief / and looked at the other finalists.
Zoe는 땀에 젖은 손을 문질러 닦았다 / 자신의 손수건에 / 그리고 다른 최종 입상 후보자들을 보았다

4 They all looked / as pale and uneasy / as she did.
그들은 모두 ~해 보였다 / 창백하고 불안해 / 그녀만큼

5 She walked into the thunder of applause / with a big smile.
그녀는 우레와 같은 박수갈채를 받으며 걸어갔다 / 함박웃음을 지으며

Unit 09 글의 순서 파악하기

READING **23** — Workbook p. 53

1 Imagination expands / our horizons / in all time dimensions / — present, past, and future.
상상력은 확장한다 / 우리의 시야를 / 모든 시간의 차원에서 / 즉 현재, 과거, 미래

2 This gives us / a practical perspective / when considering / what we currently desire.
이것은 우리에게 준다 / 현실적인 시각을 / 고려할 때 / 우리가 현재 바라는 것을

3 Of the three time horizons, / the future-oriented one has the greatest impact / on our decision-making.
세 개의 시간적인 시야 중에서 / 미래 지향적인 시야는 가장 큰 영향을 미친다 / 우리의 의사 결정에

4 That's / because people tend to think more / about the future / than the past or the present.
그것은 ~이다 / 사람들이 더 많이 생각하는 경향이 있기 때문이다 / 미래에 대해 / 과거나 현재보다

5 Since many events are more pleasurable / to imagine / than to experience, / thinking of the future / greatly affects our decisions.
많은 사건은 더 즐거우므로 / 상상하는 것이 / 경험하는 것보다 / 미래를 생각하는 것은 / 우리의 결정에 크게 영향을 미친다

READING **24** ● Workbook p. 53

1 You [may be] familiar / with being kept awake / by a dripping tap, / or an alarm clock / that ticks too loudly.
여러분은 익숙할 것이다 / 계속 깨어 있는 일에 / (물이) 똑똑 떨어지는 수도꼭지에 의해 / 또는 자명종(에 의해) / 너무 시끄럽게 똑딱거리는

2 The more you [listen], / the louder it [gets].
여러분이 더 많이 들을수록 / 그 소리는 더 커진다

3 Naturally, / your perception [is playing] a trick / on you, / since no one is turning up the volume.
당연히 / 여러분의 지각이 속이고 있다 / 여러분을 / 아무도 그 소리를 키우고 있지 않으므로

4 So, / you [jump] out of bed / to make it stop.
그래서 / 여러분은 침대에서 뛰어나온다 / 그것을 멈추게 하려고

5 And yet / other people [are] capable of attending / to the sound, / only to let go of the sound.
그리고 또 / 다른 사람들은 주의할 수 있다 / 그 소리에 / 그 소리가 지나가게 할 뿐이다

READING **25** ● Workbook p. 54

1 Robert Schumann once [said], / "The laws of morals / are those of art."
Robert Schumann은 말한 적이 있다 / 도덕의 법칙은 / 예술의 법칙이다

2 What the great man is saying here / [is] that there is good music and bad music.
그 위인이 여기서 말하고 있는 것은 / 좋은 음악과 나쁜 음악이 있다는 것이다

3 Bad music, / on the other hand, / [degrades] us.
나쁜 음악은 / 반면에 / 우리를 격하시킨다

4 It[']s the same / with performances: / a bad performance [isn't] necessarily / the result of incompetence.
마찬가지다 / 연주도 / 나쁜 연주가 반드시 ~은 아니다 / 무능의 결과는

5 The performer's basic task [is] / to try to understand / the meaning of the music, / and then to communicate it honestly / to others.
연주자의 기본 임무는 ~이다 / 이해하려고 노력하는 것 / 음악의 의미를 / 그러고 나서 그것을 정직하게 전달하는 것 / 다른 사람들에게

Unit 10 주어진 문장 넣기

READING **26** ● Workbook p. 54

1 [Suppose] / you are a filmmaker / like George Lucas / and spend $11 million / to produce a film / such as *Star Wars*.
가정해 보자 / 여러분이 영화 제작자라고 / George Lucas와 같은 / 그리고 1천 1백만 달러를 사용한다고 / 영화를 만들기 위해 / 'Star Wars'와 같은

2 It [should be expensed] / over the entire economic life / of the film.
그것은 필요 경비로 취급되어야 한다 / 전체 경제 수명 동안 / 그 영화의

3 It[']s the whole period / when the film and various kinds of related products can earn money.
그것은 전체 기간이다 / 영화와 다양한 종류의 관련 상품이 돈을 벌 수 있는

4 In the case / of Twentieth Century Fox's *Star Wars*, / that [could be] more than 50 years.
경우에는 / 20세기 폭스사의 'Star Wars'의 / 그것이 50년 이상이 될 수도 있다

5 This situation [demonstrates] / the difficulty / of properly matching expensesto revenues of films.
이러한 상황은 보여 준다 / 어려움을 / 영화의 경비와 수입을 적절히 조화시키는 것의

READING **27** ● Workbook p. 55

1 Sleeping / with the lights or TV on / [is associated] / with an increased risk / of weight gain and obesity.
자는 것은 / 조명이나 TV를 켠 채로 / 연관되어 있다 / 증가한 위험과 / 체중 증가와 비만의

2 This [was proved] / by a study / published by the National Institute of Environmental Health Sciences / in North Carolina.
이것은 입증되었다 / 연구에 의해 / 국립 환경 보건 과학원에 의해

발표된 / 노스캐롤라이나 주의

3 These researchers followed / more than 43,000 women / aged between thirty-five and seventy-four years / over a five-year period.
이 연구자들은 추적했다 / 여성 4만 3천 명 이상을 / 35세에서 74세 사이의 / 5년의 기간에 걸쳐

4 Controlling senses, / then, / may be as much about removing unwanted sources / of environmental stimulation / as it is about adding new ones.
감각을 관리하는 데는 / 그렇다면 / 원치 않는 원인을 제거하는 것이 중요할 수도 있다 / 환경 자극의 / 새로운 것(환경 자극원)을 더 하는 것만큼이나

READING 28 ● Workbook p. 55

1 Friction is a force / between two surfaces / that are sliding, or trying to slide, / across each other.
마찰력은 작용하는 힘이다 / 두 표면 사이에 / 미끄러지거나 미끄러지려고 하는 / 서로 엇갈리게

2 For example, / when you try to push a book / along the floor, / friction makes this difficult.
예를 들어 / 여러분이 책을 밀려고 할 때 / 바닥을 따라 / 마찰이 이를 어렵게 만든다

3 The amount of friction depends / on the surface materials.
마찰의 양은 달려 있다 / 표면 물질에

4 For example, / if you rub your hands together quickly, / they will get warmer.
예를 들어 / 만약 여러분이 손을 빠르게 비비면 / 손이 더 따뜻해질 것이다

Unit 11 무관한 문장 찾기

READING 29 ● Workbook p. 56

1 Where do parents, teachers, and students get the idea / that math is just for some people?
부모, 교사, 학생은 생각을 어디에서 얻는 것인가 / 수학이 단지 몇몇 사람을 위한 것이라는

2 In fact, / we have found / that many teachers actually console their students / by telling them not to worry / about doing poorly in math / because not everyone can excel in it.
사실 / 우리는 발견해 왔다 / 많은 교사가 정말로 그들의 학생들을 위로하는 것을 / 그들(그들의 학생들)에게 걱정하지 말라고 말하면서 / 수학을 못하는 것에 대해 / 모든 사람이 수학에 뛰어날 수는 없으니

3 An individual political actor may not need math, / but they certainly need someone / who understands math / if they want to succeed.
개별적인 정치적 행위자에게는 수학이 필요 없을 수도 있다 / 하지만 그들은 누군가가 분명 필요하다 / 수학을 이해하는 / 그들이 성공하기를 원한다면

4 These adult enablers / — parents and teachers alike — / allow kids to give up on math / before they've barely gotten started.
이러한 성인 조력자들 / 즉 부모와 교사 모두는 / 아이들이 수학을 포기하도록 허용한다 / 그들이 거의 시작도 하기 전에

READING 30 ● Workbook p. 56

1 According to Marguerite La Caze, / fashion contributes / to our lives / and provides a medium / for us to develop and exhibit / important social virtues.
Marguerite La Caze에 따르면 / 패션은 기여한다 / 우리의 삶에 / 그리고 수단을 제공한다 / 우리가 개발하고 나타내는 / 중요한 사회적 가치를

2 Fashion may be beautiful, innovative, and useful; / we can display / creativity and good taste / in our fashion choices.
패션은 아름답고 혁신적이며 유용할 수 있다 / 우리는 드러낼 수 있다 / 창의성과 좋은 취향을 / 패션을 선택하는 데에 있어

3 There is no doubt / that fashion can be a source / of interest and pleasure / which links us / to each other.
의심의 여지가 없다 / 패션이 원천이 될 수 있다는 것에 / 흥미와 즐거움의 / 우리를 연결해 주는 / 서로

4 Although the fashion industry developed / first in Europe and America, / today it is an international and highly globalized industry.
패션 산업은 발달했지만 / 유럽과 미국에서 처음 / 오늘날에는 그것이 국제적이고 매우 세계화된 산업이 되었다

Unit 12 빈칸 완성하기1 (단어)

READING **31** ————————————● Workbook p. 57

1 We have evolved / to be a species / of teachers and learners.
우리는 진화해 왔다 / 종이 되도록 / 교사와 학습자의

2 Shared attention is the starting point / of conscious human learning.
공유된 주의는 시작점이다 / 의식적인 인간 학습의

3 It is / why infants don't learn / to talk / from video, audio, or overhearing parental conversations.
그것은 ~이다 / 유아들이 배우지 못하는 이유 / 말하는 것을 / 비디오, 오디오, 또는 부모의 대화를 (어쩌다가) 듣는 것으로부터

4 It's also / why we can't learn / from robots / — yet.
그것은 또한 ~이기도 하다 / 우리가 배울 수 없는 이유 / 로봇으로부터 / 아직은

READING **32** ————————————● Workbook p. 57

1 Generalization / without specific examples / that humanize writing / is boring / to the listener and to the reader.
일반화는 / 구체적인 사례가 없는 / 글을 인간미 있게 하는 / 지루하다 / 듣는 사람과 읽는 사람에게

2 Who wants / to hear the words great, greater, best, smartest, finest, humanitarian, on and on and on / without specific examples?
누가 ~하고 싶어 하겠는가 / 위대한, 더 위대한, 최고의, 제일 똑똑한, 가장 훌륭한, 인도주의적인, 이런 말들을 계속해서 끊임없이 듣기를 / 구체적인 사례가 없이

3 Instead of using these 'nothing words,' / leave them out completely / and just describe the particulars.
이런 '공허한 말들'을 사용하는 대신에 / 그것들을 완전히 빼라 / 그리고 세부 사항들만을 서술하라

4 There is nothing worse / than reading a scene / in a novel / in which a main character is described up front / as heroic or brave or tragic or funny, / while thereafter, / the writer quickly moves / on to something else.
더 나쁜 것은 없다 / 장면을 읽는 것보다 / 소설에서의 / 주인공을 대놓고 묘사하는 / 영웅적이거나, 용감하거나, 비극적이거나, 혹은 웃긴다고 / 그런 다음에 / 작가가 빠르게 넘어가는 / 다른 것으로

Unit 13 빈칸 완성하기2 (구·절)

READING **33** ————————————● Workbook p. 58

1 How much of your time is spent / teaching people / something they already know?
얼마나 많은 여러분의 시간이 쓰이는가 / 사람들에게 가르치는 데 / 그들이 이미 아는 것을

2 If a problem is not caused / by a lack of skill / — in other words, / if the person could do it / if they really wanted to — / then training the person / in order to fix the problem / is a waste of time.
만일 문제가 유발되는 것이 아니라면 / 기술의 부족으로 / 즉 / 그 사람이 그것을 할 수 있다면 / 그들이 정말 그것을 하기를 바랄 경우에 / 그 사람을 훈련하는 것은 / 그 문제를 해결하기 위해 / 시간 낭비이다

3 Most of the time / it's likely / that the problem won't be caused / by a genuine lack of skill.
대부분 / 가능성이 크다 / 그 문제는 유발되지 않을 / 진짜 기술의 부족으로

4 Ask yourself, / "Could he or she do it / if they really wanted to / (or if their lives depended / on it)?"
스스로 물어보라 / 그나 그녀가 그것을 할 수 있을까 / 그들이 정말 그것을 하기를 원하면 / (혹은 그들의 인생이 달려 있다면 / 그것에)

5 Training is a valuable activity / when it is focused / on building skills and knowledge / that is really needed.
훈련은 귀중한 활동이 된다 / 초점을 맞출 때 / 기술과 지식을 쌓는 것에 / 정말로 필요한

READING **34** ————————————● Workbook p. 58

1 If you've ever made a poor choice, / you might be interested / in learning / how to break that habit.
여러분이 한 번이라도 좋지 못한 선택을 한 적이 있다면 / 여러분은 관심이 있을지도 모른다 / 배우는 데 / 그 습관을 깨는 방법을

2 One great way / to trick your brain / into doing so / is to sign a "Ulysses Contract."
한 가지 좋은 방법은 / 여러분의 뇌를 속여서 / 그렇게 하게 하는 / 'Ulysses 계약'에 서명하는 것이다

3 It worked / for him, / and you can do / the same thing / by locking yourself / out of your temptations.
그것은 효과가 있었다 / 그에게 / 그리고 여러분은 할 수 있다 / 같은 일을 / 자신을 차단함으로써 / 여러분의 유혹으로부터

4 For example, / if you want to stay off your cellphone / and concentrate on your work, / delete the apps / that distract you / or ask a friend / to change your password!
예를 들어 / 만약 여러분이 휴대 전화를 멀리하고 싶다면 / 그리고 여러분의 일에 집중하고 (싶다면) / 앱들을 삭제하라 / 여러분의 주의를 산만하게 하는 / 또는 친구에게 요청하라 / 여러분의 비밀 번호를 바꿔 달라고

Unit 14 밑줄 친 부분 파악하기

READING **35**　　　　　　　　　　　Workbook p. 59

1 Surprisingly, / the myth of Sisyphus / is a valuable starting point / for seeking guidance.
놀랍게도 / Sisyphus의 신화는 / 귀중한 시작점이다 / 지침을 찾는 데서

2 This story, / focused on a bizarre punishment, / can seem far removed / from life in organizations / today.
이 이야기는 / 괴상한 처벌에 중점을 둔 / 매우 동떨어진 것 같을 수도 있다 / 조직 생활로부터 / 오늘날의

3 And / even if leaders feel, / in their low moments, / that their work is somehow Sisyphean, / that isn't the case / in any straightforward way.
그리고 / 만일 지도자들이 생각할지라도 / 우울한 순간에 / 자기 일이 어느 정도는 Sisyphus와 같다고 / 그것은 경우는 아니다 / 전혀 간단한 방식의

4 They work / with others, / not in solitude, / so they have / companionship and support.
그들은 일한다 / 다른 사람들과 / 혼자서가 아니라 / 그러므로 그들은 있다 / 동료애와 지지가

5 In other words, / they can keep their rock / at the top of the hill.
다시 말해 / 그들은 자신의 바위를 유지할 수 있다 / 언덕 꼭대기에

READING **36**　　　　　　　　　　　Workbook p. 59

1 The professor replied, / "The absolute weight of this glass / doesn't matter."
그 교수가 답했다 / 이 물잔의 절대 무게는 / 중요하지 않습니다

2 It depends / on how long I hold it.
그것은 달려 있죠 / 제가 그것을 얼마나 오래 들고 있느냐에

3 If I hold it / for a minute, / it's quite light.
만약 제가 그것을 들고 있다면 / 잠깐 / 그것은 꽤 가볍죠

4 As the class nodded their heads / in agreement, / she continued, / "Your stresses in life / are like this glass of water."
학생들이 고개를 끄덕였을 때 / 동의하며 / 교수는 이어 말했다 / 여러분이 인생에서 느끼는 스트레스들도 / 이 물잔과 같습니다

5 If you still feel / the weight of yesterday's stress, / it's a strong sign / that it's time / to put the glass down.
만약 여러분이 여전히 느낀다면 / 어제의 스트레스의 무게를 / 그것은 강한 신호입니다 / 때라는 / 잔을 내려놓아야 할

Unit 15 장문 독해하기

READING **37**　　　　　　　　　　　Workbook p. 60

1 An old story describes two snakes / that live in a barn.
한 오래된 이야기는 두 마리의 뱀을 묘사한다 / 헛간에 사는

2 If a fire breaks out / in the barn, / which snake is more likely / to survive?
만일 화재가 발생하면 / 그 헛간에 / 어떤 뱀이 가능성이 더 클까 / 살아남을

3 Napoleon said / that one bad general does better / than two good ones.
나폴레옹은 말했다 / 한 명의 나쁜 장군이 더 잘한다고 / 두 명의 좋은 장군보다

4 When a problem is uncertain and shifting, / and

when its practical and moral dimensions are unclear, / complicated motives offer important advantages.
문제가 분명하지 않고 움직일 때 / 그리고 그것의 실질적이고 도덕적인 측면이 분명하지 않을 때 / 복잡한 동기는 중요한 장점을 제공한다

5 Complicated motives often indicate / that someone really understands / what is going on, / and their motives can be valuable guides / in moving forward.
복잡한 동기는 흔히 가리킨다 / 누군가가 정말로 이해한다는 것을 / 진행되고 있는 일을 / 그리고 그들의 동기는 귀중한 안내가 될 수 있다 / 앞으로 나아가는 데

READING **38** ● Workbook p. 60

1 The longest journey / we will make / is the eighteen inches / between our head and heart.
가장 긴 여정은 / 우리가 갈 / 18인치이다 / 우리의 머리와 가슴 사이의

2 Impatience, judgment, frustration, and anger reside / in our heads.
조급함, 비난, 좌절, 그리고 분노가 있다 / 우리 머릿속에

3 But / when we take the journey / from our heads to our hearts, / something shifts inside.
그러나 / 우리가 여행을 하면 / 머리부터 가슴까지의 / 무엇인가 내면에서 바뀐다

4 What if we were able to love / everything that gets in our way?
만일 우리가 사랑할 수 있다면 어떻게 될까 / 우리를 가로막는 모든 것을

5 And / how many times / have we unknowingly stepped / in front of someone / in line?
그리고 / 몇 번이나 / 우리는 무심코 들어갔을까 / 누군가의 앞에 / 줄을 서 있는

Unit 16 복합 문단 독해하기

READING **39** ● Workbook p. 61

1 Without any additional explanation, / he placed it / onto the table.
어떤 추가 설명도 없이 / 그는 그것을 올렸다 / 탁자 위에

2 Compared with the other valuable items, / it looked much cheaper / and poorer in quality.
다른 값진 물건들과 비교해 / 그것은 훨씬 더 싸 보였다 / 그리고 품질이 더 나빠 (보였다)

3 The auctioneer looked a little surprised, / but he accepted the elderly man's request.
경매인은 약간 놀란 것 같았다 / 하지만 그는 그 노인의 요청을 수락했다

4 He placed the violin / in position / and began to play / the familiar spiritual "Amazing Grace."
그는 바이올린을 놓았다 / 제자리에 / 그리고 연주하기 시작했다 / 친숙한 흑인 영가인 'Amazing Grace'를

5 When we place ourselves in tune / with the spirit, / we give our lives new meaning.
우리가 스스로의 가락을 맞추면 / 영혼에 / 우리는 우리의 삶에 새로운 의미를 준다

READING **40** ● Workbook p. 61

1 A boy had just joined / the best school / in town.
한 소년이 가장 좋은 학교에 막 입학했다 / 마을에 있는

2 The old man took his grandson firmly by the hand, / and led him out of the school gate.
노인은 손자의 손을 꽉 잡았다 / 그리고 그를 교문 밖으로 데리고 나갔다

3 The granddad took his grandson back / to his own house, / asked the boy's grandma to look after him, / and went off / to look for a teacher himself.
할아버지는 손자를 데리고 돌아갔다 / 자신의 집으로 / 소년의 할머니에게 그를 돌봐 달라고 부탁했다 / 그리고 나섰다 / 그 자신이 선생님을 찾아

4 In some schools / the children completely ignored the old man, / and in others, / they made fun of him.
몇몇 학교에서는 / 아이들이 노인을 완전히 무시했다 / 그리고 다른 학교들에서는 / 아이들이 그를 놀렸다

5 When this happened, / he would turn sadly / and go home.
이런 일이 일어났을 때 / 그는 슬프게 돌아서곤 했다 / 그리고 집으로 가(곤 했다)